紛争地域から生まれた演劇

国際演劇協会日本センター＝編
林英樹・曽田修司＝責任編集

ひつじ書房

本書には、「紛争地域から生まれた演劇」シリーズ初回（二〇〇九年）から
第10回の準備期間（二〇一八年）までの内容を収録しました。

まえがき

「紛争地域から生まれた演劇」シリーズは、国際演劇協会（ＩＴＩ／ＵＮＥＳＣＯ）日本センター（会長：永井多恵子）が文化庁の「次代の文化を創造する新進芸術家育成事業」の一環として、「紛争」に関わる日本未紹介の海外戯曲のリーディングと関連のレクチャー、シンポジウム等を組み合わせて行う複合的な催しであり、二〇〇九年以来毎年継続して開催してきた。

演劇は、一方では、時事的な話題をニュース速報やかわら版のように取り上げることもできる。また、他方、演劇では、演じる者、観る者の多様な視点が同一の空間に同時に存在し、その共鳴・交錯がその場を共有するものにしばしば思いがけない発見を促すとともに、それを繰り返し上演することによって、ある時代の、または歴史の貴重な証言ともなりうる。

本シリーズは、機動的であるとともに時代を超える根源的な省察をも可能とする演劇のこのような特徴を活かし、世界各地で生起しているさまざまな紛争の背後にある諸集団間の歴史的葛藤に目を向け、その地域や時代の政治的文化的状況に対して新たな視座を構築することを目指している。「紛争地域から生まれた演劇」と題してはいるが、ここで取り上げる演劇は、地球上の特定の地域や時代に場所や時間を限定されるものではなく、たまたま「紛争」の当事者となった者たちが暮らす地域で書かれ、演じられたものである。これまで取り上げてきた作品群は、どれも私たち日本人の置かれた状況と無縁でない。

「紛争地域から生まれた演劇」を翻訳・紹介・上演するに当たって、常に私たちの意識にあったのは、「紛争」における「当事者性」についてである。「紛争」に直面し、破滅的な厄災を受けたり、今も受けつつある人たちが夥しく存在している一方で、当面はそのような状況におかれていない人たち（少なくともそれを自覚しないで済んでいる人たち）が存在していることも事実である。このシリーズを始めるに当たって、そのタイトルを、「紛争地域の演劇」ではなく「紛争地域から生まれた演劇」としたのは、その当時はさほど自覚的ではなかったにせよ、取り上げる戯曲が扱っている問題を自分たちとは関わりのない（薄い）こととして突き放してみるのではなく、「紛争」の当事者性に幾分なりとも目を向けようとする、やや遠慮がちながらも素直な好奇心や正義感のゆえであったように思われる。

このシリーズを続ける中で最近私たちがようやく気がついたのは、「当事者性」とは、「ある／ない」の二分法で考えるべきではないということである。「（当事者性が）ある」側に立ってそれが「ない」とされる側のものたちのコミットメントを拒絶すべきではない。多分、「当事者性」というものはグラデーションとして存在すると考えるべきなのだろう。関わりを持つ人／持たない人に二分されるのではなく、これまで関わりを持たなかった人たちが、少しずつ関わりを持つようになることによって、その事柄全体の構造に少しずつ変化が与えられるのだ。つまり、「紛争」とは認識のあり方の問題でもある。

実際、地理的歴史的には日本とは直接の関わりを持たない事件をもとにした作品であっても、それを日本でリーディング上演したいという私たちの申し出に対して、歓迎と期待を込めた反応が（多くの場合、即座に）返されてくるのが常だった。考えてみれば、古来、演劇とは、演じる者・観る者としてその場を共有する者たちの間で、そのような当事者性（の認識）の伝播と増殖が連続的に生起する場としてあった。その意味で、私たちは、このシリーズに取り組むことによって、「演劇の力」を目の当たりにすることができてきた、と言ってよい。

この書籍の出版は、「紛争地域から生まれた演劇8」のしばらく後で、ひつじ書房の松本功社長からお申し出をいただいた。それまでも私たちのこのささやかな試みが、演劇界内外で次第に注目を集めつつある実感はあったが、いまだ演劇ファン以外にほとんど知られていないことは事実である。今回の出版を機に多くの読者の方々が少しずつ「紛争」について知識や関心を増やし、「当事者性」に想いを致していただくきっかけとなることを切に願っている。

国際演劇協会日本センター常務理事・事務局長　跡見学園女子大学マネジメント学部教授　曽田修司

目次

Part 4

作家たちからのメッセージ………401

Part 5

Part 1

「紛争地域から生まれた演劇」について

演劇を通して世界と出会うための試み

林英樹（演出家）

夢と現実のはざまで

一九九〇年代に幾度もヨーロッパを訪れた。旅の目的は演劇公演、交流に留まらず様々であった。日本では昭和天皇が崩御し、バブル経済がはじけて長期経済停滞に入る頃だが世界では一九八九年の冷戦終結とベルリンの壁崩壊の一方で多民族共存の国として高い評価を得ていたユーゴスラビア連邦が独立戦争をきっかけに分裂、内戦、民族紛争、民族浄化に突入していた。ユーゴスラビア連邦は社会主義国であったが冷戦時代にはソ連とも距離を取り西側諸国とも比較的友好的な関係を築くある種中立的で独自の国家形式を取っていた。「七つの国境、六つの共和国、五つの民族、四つの言語、三つの宗教、二つの文字、一つの国家」と形容された多文化主義を尊重する国。それがソ連崩壊とともに一気に分裂することになったのである。ヨーロッパの西側では超国家的な試みとしてEU／ヨーロッパ連合が第二次世界大戦後、長い時間をかけて形成されてきている。これは過去に幾度も戦争を繰り返してきた欧州諸国が経済を先行させながら徐々に国家単位を超えより大きな共同体として共生することをめざす壮大な実験とも言えよう。東西を隔てる壁が壊れ東ヨーロッパもやがてその仲間になると思われた矢先にヨーロッパ内で起きた激しい民族紛争。その頃ヨーロッパでは、多文化主義をテーマに掲げた演劇のシンポジウムや議論の場が数多く設けられていた。民族や言語、人種、宗教、文化の違いを越えて人類は如何に共生していけるか、そのために演劇はどのような役割を果たすことができるのか？　こうした人類の多様性に対する演劇による応答の試みがなされていたのであるが、それは身近で現在進行中のユーゴスラビア紛争とパラレルであり、諸国民を統合するヨーロッパ共同体構想の夢や理想と現実に起きている民族間の激しい衝突、その拮抗関係ゆえに議論は机上の論を越えて白熱していたのである。

「紛争地域から生まれた演劇」シリーズの始まり

90年代初頭にヨーロッパを訪問したとき、パリの演劇学校に通う学生の家にホームステイさせてもらったことがある。彼の母親は国連で国際援助の仕事をしていて、当時はインドに赴任していた。彼は学校から帰ると毎日、テレビニュースにかじりついていた。ユーゴスラビアで起きていることがとても気に掛かっている様子で「紛争とか戦争というのは遠いアジアでやっている他人事とばかり思っていたらすぐ自分の身近で起きた。そのことに強烈なショックを受けているのだ」と語った。おそらく当時の欧州の人々にとってユーゴスラビアでの紛争ほど衝撃の大きな出来事はなかったのではないだろうか。それは東西冷戦、対立の時代が終わってかつて社会主義陣営に属していた東ヨーロッパの国々も欧州連合という一つの屋根の下、同じ共同体の仲間に加わるだろうという期待が不確実なものになり、どうなるのか先が見えないという不安に襲われ出したということなのかもしれない。

二十世紀の終わり、人々はより深い混迷の時代の幕開けを迎えていた。冷戦終結までは、戦争と言えば国家間の戦争であった。少なくともそういうイメージを人々は持っていた。しかし、冷戦時代以後、一九八九年から二〇〇九年の間に起きた一三〇件の武力紛争の内、国家間戦争であったのはわずか八件に過ぎないという。[*1] 戦争の形態は国家対国家から明らかに変わったのである。二〇〇一年九月十一日の同時多発テロ事件で当時のブッシュ大統領はテロへの報復を「新しい戦争」と断言したことは二十一世紀の始まりを象徴する出来事かもしれない。

こうした紛争の頻発と世界的な拡大、冷戦後のグローバリゼーションに伴う貧富の格差の増大が日本においてももはや「他人事」と言えなくなってきた二〇〇九年、国際演劇協会（ＩＴＩ）日本センターは「紛争地域から生まれた演劇」シリーズを始め、毎年十二月に日本初訳初演となる戯曲をリーディング紹介し合わせてシンポジウムやトーク、レクチャー、ラウンドテーブルを交える形で多角的な議論の場を作ることとなった。このシリーズと並行するように日本では東日本大震災、原発事故が起き、世界では「アラブの春」、その後のシリア内戦の深刻化と難民の増大、ヨーロッパでのテロ事件の頻発などが起きている。当シリーズは、二十一世紀に入ってますます混迷と混乱を深め激動する現代史の中で、海外作品の紹介に留まらず、現実と虚構の間を往還しつつ創られた場所も時期も異なる国、地域の演劇作品を通して、そのコンテクストとなる社会背景の考察と作品との関係を検証する場ともなり、同時に演劇の持つ社会的役割を確認する場ともなってきた。

ＩＴＩは一九四八年にヨーロッパで第二次世界大戦の廃墟と復興の槌音の中から産声をあげた舞台芸術の国際ネットワークである。その誕生には戦争による敵対、殺戮、荒廃の深い傷、とりわけ心の傷が大きく働いている。設立を提唱したのは国際連合教育科学文化機関（ユネスコ）。「戦争は人の心の中に生まれるものであるから、人の心の中に平和のとりでを築かなければならない」というユネスコ憲章前文は現在、約九十の国と地域にセンターを持つ世界最大の舞台芸術における国際機関であるＩＴＩにとって強固な存在理由の精神的基軸であり活動の根源を支えるモチベーションでもある。そのような主旨に沿って近年のＩＴＩでは演劇を通じた紛争地域への理解の深まりと平和構築の可能性を探る事業として「紛争地域の演劇」という取組みを行っている。世界のＩＴＩの動きに呼応する形で、日本センターは「紛争地域から生まれた演劇」シリーズを始めることとなった。このシリーズは同センターが一九七三年より毎年発行し続けている「国際演劇年鑑」の特集企画と位置づけられ、上演だけではなく戯曲集も第四回から継続発行中である。

筆者と本企画との関係はシリーズ第一回で行ったシンポジウム「平和構築と演劇」にパネリストとして招かれたことから始まる。これは旧ユーゴスラビア連邦諸国が深刻な内戦、紛争を経験した一九九〇年代に現地滞在してワークショップや舞台の共同製作を行った経験によるものであった。プロデューサーとしての関与はシリーズ第二回からである。プロデューサーの役割は対象となる戯曲を見つけること、翻訳者を探すこと、演出家を決めること、シンポジウムやトークのゲストを決め、海外からの作家招聘作業を進行させることなど多岐にわたったがこれには多くの方々の協力や支援があり日本センターの中にできた企画委員会、事業委員会や理事会のバックアップ、アドバイザリーメンバーによる貴重な情報や提言の数々などがあって可能となった。プロデューサーというより様々な専門家や研究者、海外の演劇人たちと共同で企画を進めていく進行役が正しい役割と言えようが、この過程で日本にあまり知られていない国々の演劇に関心を持つ人々のネットワークとブレーン集団が形成されてきたことも特筆しておきたい。本シリーズでは国も作品背景も時代も手法も異なる多様で魅力的な多くの作品群と出会うことができたが、以下に、このシリーズの作品をトレースしながらそこで私たちが何に出会ったかを確認してみたい。

異《い》なる存在との対話『ジハード』

言うまでもなく紛争問題は限定された特定の地域だけの問題ではない。いまや世界全体が向き合わなければならない問題である。現時点で行われている紛争から地理的に遠い日本においても無関係であるわけはない。アフガニスタン戦争、イラク戦争で日本は同盟国であるアメリカ軍の出撃基地になっている。

『ジハード』（作：イスマエル・サイディ、翻訳：田ノ口誠悟、演出：瀬戸山美咲、二〇一六年十二月／シリーズ第八回）はブリュッセルに住む移民二世の若者、ベンとレダとイスマエルが「ジハード（聖戦）」のため、内戦の続くシリアへ向かうという設定だ。モロッコ系移民二世というバックグラウンドを持つベルギー出身の作家が、生まれ持った宗教や人種により偏見や差別に苦しむ青年たちの寄る辺ない心や不条理な現状を、ユーモアを織り交ぜながら率直に描いたものである。観客には移民たちだけではなく大勢の非移民層も押し寄せ、対立的と思われた宗教や人種を越えて共有できる構造を持った作品となっている。その証拠に初演以来二年間の観客動員数は七万人を越え、ベルギーだけでなくフランス、ドイツ、イギリスでも多くのメディアが取り上げ社会現象と言われるようになった。初演は二〇一四年十二月であるがその後二〇一五年十一月十三日のパリ同時多発テロ事件、二〇一六年三月二十二日のブリュッセル連続テロ事件といった現実の事件と、舞台上の物語がパラレルな関係となり、舞台の虚構が現実に先行する事態となったことも大きな理由として挙げられよう。当シリーズでは、現実の出来事を後日に振り返る形で省察するドキュメンタリー、セミドキュメンタリー形式の演劇作品を複数紹介しているが、『ジハード』は現実と同時並行的に行われた上演作品として鮮烈であった。

観客は現実の事件を身近にしながら何故テロが起きるのか困惑しその原因や答えを見出そうとして劇場を訪れる。しかし作者は劇中で問題を投げかけはするが答えを語らない。その代わり上演後にディスカッションの場が持たれ観客同士の議論を促す。劇は劇中で閉じるのではなく観客に手渡されることで劇の外に広がっていく。「演劇内演劇」ではなく現実を土台に劇外の現実世界に対話が広がるのだ。この過程で問題を即座に解決することはできないとしても、何故問題が起きるのか、その背景やふだんは話すこともない他者の心の動きを深く理解し省察する契機となる。こういうことが『ジハード』で起き、演劇内、劇場内での出来事という範囲をはるかに超えて演劇作品が「社会現象」を引き起こしたのである。演劇が社会包摂活動となっている生きた証拠と言えよう。

社会から忘れられ、見捨てられ、排除される側の人間が演劇によって注目を集め、社会的マイノリティ、異質であると思われた存在と対立的であると思われた反対側の人間との、劇を通したコミュニケーション、対話成立のための根底を支えるコンテクストの共有をめざす。『ジハード』はこのように拡がり、宗教や人種などの異なる人々が共生してゆくための共同体の紐帯、多様性の受容のための思考訓練の場として機能するようにもなっていた。

風化する記憶をつなぐ演劇『ナパジ・ナパジ』

二〇一一年三月に東日本大震災と福島の原発事故が起きた。この年の十二月にシリーズで紹介されたのがそれまで公的な歴史で語られることのなかったオーストラリア先住民（アボリジニ）被曝体験の忘れられた記憶を再生させる作品『ナパジ・ナパジ』（作：スコット・ランキン、原案・共同創作：トレヴァー・ジェイミソン、翻訳：佐和田敬司、上演台本・演出：和田喜夫、二〇一一年十二月／シリーズ第三回）である。

第二次世界大戦後の冷戦の渦中、一九五三年から一九五六年にかけ英国によってオーストラリア、サウスオーストラリア州奥地の砂漠地帯であったマラリンガで核実験が行われ九個の核爆弾が炸裂した。『ナパジ・ナパジ』はアボリジニ俳優トレヴァー・ジェイミソンが自らの先祖や家族がマラリンガで被曝した話とその後の困難な生活を語る作品である。

マラリンガはピジャンジャラ語を話すアボリジニの人々が白人との接触を殆ど持たずに伝統的生活を営んでいた場所であり、長く人口調査もされずにいた。本作の上演は、存在するのに存在が見えない人々や長くそのような立場にあった先住民が自己の存在と風化する記憶を先住民の伝統的なストーリー・テリング方法で社会に認知させることとなった。同時に非先住民の観客と先住民の物語を共有できるように工夫がされ成功した作品でもある。

この舞台はドイツ・ハンブルクで行われたラオコーンフェスティバル（二〇〇二）で初演されて以降、アデレードフェスティバル、シドニーフェスティバルなど多くの国際フェスティバルで上演されている。タイトルはピジャンジャラ語で「私はあなたに何かを与え、あなたは私に何かを与える」という意味。演劇が埋もれた歴史を掘り起こし、社会的弱者やマイノリティに光を当て彼らの問題を自分たちの共同体全体の問題として共有することになった好例とも言える。

『ナパジ・ナパジ』は記憶の風化を克服し、貴重な歴史証言として過去の被曝体験をいまここに現在のものとして再現する演劇の力、可能性を存分に発揮した作品で、東日本大震災直後、演劇の無力さに絶望した若い演劇人が私の周りには大勢いたが、彼らにこそこの作品に触れてもらいたかった。

対話の不可能性を越えようとする試み『第三世代』

対立する者たちの対話の可能性を探る作品として『第三世代』（構成・台本：ヤエル・ロネン、翻訳：新野守広、上演台本・演出：中津留章仁、二〇一二年十二月／シリーズ第四回）を挙げることができる。本作はイスラエルのハビマ国立劇場（テルアビブ）とベルリン・シャウビューネ劇場による共同製作作品として二〇〇八年、ドイツとイスラエルでそれぞれの国の俳優が合宿に共同参加する中で創られ、ＩＴＩドイツセンター主催によるテアター・デア・ヴェルト（世界演劇祭）において「ワークインプログレス作品」として初演された。翌年にはドイツとイスラエルで上演、その後、チェコ、イタリア、ポーランド、フランス、スウェーデンなど多数の国で上演され、ヨーロッパの主要な演劇祭への招待も含め七十回を越える上演が行われた。

『第三世代』は戦争体験者から見て三世代目にあたるドイツとイスラエルの若い俳優たちが合宿を行い、作品創りのワークショップに参加し、そこで俳優たちから出された疑問や意見を元にロネンが台本を構成した集団創作作品である。

『第三世代』が創造され初演された二〇〇八年から二〇〇九年はガザ紛争が起きた時期である。ガザ紛争はイスラエル国防軍とパレスチナ自治区のガザ地区を統治するハマースとの間で起こった。この紛争に対して当時の麻生太郎首相は二〇〇八年十二月三十一日にイスラエルのエフード・オルメルト首相と電話で会談し、速やかな空爆の停止を求めたという。また、パレスチナに対して援助を与えることを表明している。二〇〇九年一月八日に国際連合安全保障理事会は、「即時かつ恒久的な停戦」とイスラエル軍の撤退を求める決議を採択したがイスラエル、ハマース双方が決議を黙殺。一月九日に国連人権理事会で可決したイスラエル非難決議案に日本政府は棄権している。

『第三世代』はユダヤ人、パレスチナ人、ドイツ人の若者十名が議論し合う十のエピソードのシークエンスで構成されている。俳優はキリスト教系パレスチナ人、ムスリム系パレスチナ人が三名、中東、北アフリカ、ヨーロッパと出自の異なるユダヤ系イスラエル人俳優三名、東ドイツで育ったドイツ人と西ドイツ出身のドイツ人四名が実名で登場。実名の俳優自身が作った劇中劇を巡って実名の彼らが議論するというメタシアター的な構造の作品である。使用する言語も彼ら自身が普段使うドイツ語、ヘブライ語、アラビア語と多言語（上演時、ドイツではドイツ語字幕、イスラエルではヘブライ語字幕を使用）で共有する部分は英語を使っての上演。歴史背景が異なり人種も言語も異なる者同士がホロコーストやインティファーダについて議論する。その議論はしばしば現実の議論と同じように激しい対立を生み、あるいは空転する。

理解する以前に先入観の壁がすでに大きく立ちはだかっているのだ。国家や民族の歴史に対するステレオタイプ、使い古されたクリシェ、建前に聞こえてしまうポリティカルコレクトネス。それらが主観的真実を歴史的な客観的事実と乖離させてしまう。ロネンはこのような過去の戦争の歴史と現在の紛争の現実という重く深刻なテーマを諧謔と笑い、ユーモラスな軽さの中で風刺し対象化しながら、対話の壁となる対立図式を打ち砕こうとする。

現実への〈切実感〉が生み出すもの

固定化されたイメージから個人を解き放つ作品として、ジャーナリストでもある作家が移民の少女たちに対してインタビューを行いその声を構成した『ヴェールを纏った女たち』（作：フェリドゥン・ザイモグル／ギュンター・ゼンケル、翻訳：初見基、演出：赤澤ムック、二〇一〇年十二月／シリーズ第二回）、アブグレイブ収容所におけるアメリカ軍によるイラク人捕虜虐待の報道写真を題材にメディアによって作られる残酷なイメージの内部に言葉の力で深く分け入っていく『ほとりで』（作：クロディーヌ・ガレア、翻訳：佐藤康、演出：深寅芥、二〇一一年十二月／シリーズ第三回）が挙げられる。

また紛争時における作家自身の体験を物語化した作品としてアルジェリア独立戦争の前段階として起きたセティフ暴動における作者自身の投獄体験から創作された『包囲された屍体』(作：カテブ・ヤシン、翻訳：鵜戸聡、演出：広田淳一、二〇一三年十二月／シリーズ第五回)、アフリカ初のノーベル賞作家によるビアフラ戦争時の投獄体験に基づく戦争の狂気を題材とした『狂人と専門家』(作：ウォレ・ショインカ、翻訳：粟飯原文子、演出：伊藤大、二〇一五年十二月／シリーズ第七回)、二〇〇一年九月十一日の同時多発テロ事件からちょうど一年となる日の前日に、飛行機に乗ろうとして周囲から怪しまれた体験を演劇化したイスラエルに住むパレスチナ人作家・俳優による『唾の届く距離で』(作：タヘル・ナジーブ、作家自身による上演、二〇一〇年十二月／シリーズ第二回)がある。

ワークショップや集団創作で俳優自身の体験をエピソード化した作品としては、タイにおける民主化運動とその挫折を取り上げた『Destination』(作：プラディット・プラサートーン、翻訳：千徳美穂、演出：鈴木アツト、二〇一二年十二月／シリーズ第四回)、パレスチナで生きることの意味を俳優自身の実際体験に基づいてエピソード化した『3 in 1』(集団創作、構成・演出：イハッブ・ザハダァ、翻訳：柳谷あゆみ、演出：杉山剛志、二〇一三年十二月／シリーズ第五回)。作者自身が国外に出ることで自身のアイデンティティを客観化し自身と国家のアイデンティティの関係を問うイスラエル人作家と多国籍俳優による『燃えるスタアのバラッド』(作・ニル・パルディ、翻訳：角田美知代、演出：大谷賢治郎、二〇一四年十二月／シリーズ第六回)を挙げることができる。

現実の出来事を背景にしながら物語化した作品では、アフリカの多くの国で起きている独裁政権と民主化運動の闘いをモデルとした『罠』(作：クワン・タワ、翻訳：佐藤康、演出：小川絵梨子、二〇一一年十二月／シリーズ第三回)、中国の文化大革命において翻弄された男女のむごたらしくも切ない悲喜劇『ボイラーマンの妻』(作：莫言、翻訳：菱沼彬晃、演出：青井陽治、二〇一一年十二月／シリーズ第三回。翌年、莫言はノーベル文学賞を受賞）、近未来に舞台を設定し若いカップルを通じて社会的風俗を滑稽かつシニカルに描いた『ブルカヴァガンザ』（作：シャーヒド・ナディーム、訳：村山和之、演出：西沢栄治、二〇一四年十二月／シリーズ第六回）、ミンダナオ島におけるイスラム教徒とキリスト教徒の闘いを描いた『イスマイルとイサベル』（作：ロディ・ヴェラ、翻訳：珍田真弓、演出：立山ひろみ、二〇一五年十二月／シリーズ第七回）、シリアで現実に起きている内戦と同時進行的に創作された『夕食の前に』（作：ヤーセル・アブー＝シャクラ、翻訳：鵜戸聡、演出：シライケイタ、二〇一五年十二月／シリーズ第七回）が挙げられる。

また極めて特殊な手法を使って兵役拒否で国外に出られない作家が演劇の新たな可能性を示した『白いウサギ、赤いウサギ』（作：ナシーム・スレイマンプール、翻訳：關智子、二〇一六年十二月／シリーズ第八回）、アフガニスタンで三十年に渡って繰り広げられた戦争の体験、誰も聞き届けてはくれない人々の声を掘り起し演劇作品としてまとめた『修復不能』（作：アフガニスタン人権民主主義連盟、翻訳：後藤絢子、演出：公家義徳、二〇一三年十二月／シリーズ第五回）がある。

「心の中に平和のとりでを」

以上、第八回までの作品について概観してみた。

正直に白状すると、本企画に筆者が関与する以前の第一回（二〇〇九年）に行われたシンポジウム「平和構築と演劇」への出席を依頼された際、戸惑いがあった。自分がどの立ち位置で関わるべきか、納得のいく答えが見いだせなかったのだ。結果的にこのシンポジウムにはパネリストではなく一聴衆として参加することにした。

一九九九年と二〇〇〇年に、私は旧ユーゴスラビアで長期滞在し、現地の演劇人と創作を行った。そこでは内戦時の体験話もずいぶん耳にした。九九年、プーラ（現クロアチア）で手がけた共同制作プロジェクトが参加を予定していたフェスティバルは、コソボ紛争の影響で中止に追い込まれた（上演予定日の直前に紛争が終結し、私たちは上演を決行した）。

このような体験から、企画には興味があったが「平和構築と演劇」というテーマで自分が何かを語れるとは思えなかった。しかし、このシンポジウムに参加できなかったことで喉の奥に何かが詰まった状態になってしまった。この「詰まったもの」が何か、それを知りたいという思いが、第二回から当企画に関与するモチベーションとなった。

私はこの「紛争地域から生まれた演劇」と題したプロジェクトとどのような関係でいるべきか、いつも自問する。

震災前の二〇一〇年、初めてこの企画の運営に関わった際、ちらしを渡した相手から、「遠いなあ」「日本で上演してリアリティがあるだろうか」という言葉が返ってきた。「紛争っていっても平和な日本にはあまり関係がないよね」とも言われた。こういう素朴な、あるいは正直な感想に対してどのように応えることが可能か。確かに良い企画だ。が、良い企画であるから自分が参加するのか。

「遠い」「日本とどういう関係がある？」といった自然な疑問に、私はきちんとした答えを見つけていきたい。「人の心の中に平和のとりでを築く」（ユネスコ憲章前文より）。この言葉が常に自分を後押しする。そして、この言葉が具体化するために演劇よあれと祈願する。

［註］

*1――『民族紛争』（月村太郎著、岩波新書、二〇一三年）より

先にはなにもない！

――紛争地域に息づくレジスタンスの精神のありか

鴻英良（演劇評論家）

「紛争地域から生まれた演劇」というシリーズが展開されている。この企画は、二〇一八年で、十回目を迎えるそうである。

確かに、世界は紛争に満ちている。その紛争は何を原因として、どのような形で生み出され、どのように推移し、そして今後どのように展開していくのか。その地域で暮らす人々はその紛争によってどのような生活を強いられているのか。世界に広がる紛争の知らせを、例えば私は、ニュースなどを通じてかすかに見聞きしているが、詳しいことは必ずしも知らない。同じ地球に生息しているにもかかわらず、である。

だが、そのような私も、「紛争地域から生まれた演劇」を目にすると、その紛争の実態について、まったく知らなかったことを含めて多くのことを知らされ、それをきっかけとしてその問題について考えたり、あるいは調べはじめたりする。そして、第九回目の二〇一七年は、十二月のヨルダン／パレスチナとシリアのふたつの作品のドラマリーディングに先立って、劇作家のひとり、ガンナーム・ガンナームが、十月に来日し、トークセッションを行ったということがあった。そればかりか、それに前後して、シリアの映画作家アルフォーズ・タンジュールも来日し、その映画作品『カーキ色の記憶』も上映された。また、フェスティバル／トーキョーでも、イナト・ヴァイツマンの『パレスチナ・イヤー・ゼロ』が上演され、エジプトの作家ワエル・シャウキーの映画『十字軍芝居』が上映されるなど、紛争地域中東をめぐる作品が多く上演・上映された。

さらに言えば、五月には、静岡で開催されたＳＰＡＣのふじのくに↑↓せかい演劇祭でも、シリアの演劇『ダマスカス　While I was waiting』が上演されていた。演出家のオマル・アブーサアダと、劇作家のムハンマド・アル＝アッタールも来日した。

いまにして思えば、このような動向へと牽引していく何かが、「紛争地域から生まれた演劇シリーズ」にはあったのではないかと思われてくるが、このように多層的に中東の作品を見ることが出来たために、これまで気づかなかったこと、よくわからなかったこと、あるいはきわめて複雑な中東問題に改めて思いを巡らせることになった。

なによりもまず、私は、「紛争地域から生まれた演劇シリーズ9」関連企画、特別講座『アラブ演劇の現在』でのガンナーム・ガンナームの話に衝撃を受けたということを告白しておかなければならない（東京芸術劇場、アトリエ・イースト、二〇一七年十月六日、七日所見）。たとえば、ガンナームは、一九五五年にジェリコで生まれたのだと言った。これを聞いて、話を聞いているうちに、ああそうですか、というわけにはいかないのだと思うようになった。そしてそのように思うということは、いったい何を意味するのか、その時以来、私は考えさせられはじめた。何か、分かりにくい書き方だと思われるかもしれない。ジェリコは、ヨルダン川西岸と呼ばれる地区の街である。あるパレスチナ人にパレスチナの街ジェリコで生まれたと言われたら、多くの人は、そうですかと言うだろう。ところで、チラシには、作＝ガンナーム・ガンナーム（ヨルダン／パレスチナ）と書かれている。つまり、パレスチナの街ジェリコで生まれ、あるとき、ヨルダンに引っ越した、ということなのだろう。ここまで来ても、何がおかしいのか、ということになるのかもしれない。しかし、やがてすぐに、ガンナームがジェリコで生まれたということ自体、パレスチナ／イスラエル問題の混迷と関係があるのだということがその本人によって告げられるのである。よく知られているように、イスラエルは、戦後、一九四八年に、きわめて人工的、強権的に建国された。そのとき、ヤッファ近郊のカフル・アーナに住んでいたというガンナームの両親たちはその村を追われ、ジェリコに逃れてきたのだ。(注：ヤッファは紀元前十六世紀の古代エジプトの記録にも出てくるパレスチナの古い都市。一九四七年十一月二十七日の国連総会の決議でパレスチナ国家の構成地区に予定されるが、一九四八－四九年のアラブ・イスラエル戦争でイスラエルに占領され、四九年、テル・アヴィヴに併合された。)一九四八年以降、多くのパレスチナ人たちがイスラエルとなった土地から追い出された。だから、一九四八年に、そのときヨルダンに割譲されたヨルダン川西岸地区のジェリコに、ガンナームの両親も移住するのである(領土をめぐってはヨルダン王国とのあいだに密約があったのだそうである)。追放移住である。ちなみに、私が追放移住の話を聞くのはこの時が初めてのことであった。ところで、追放移住を強要された人間は難民指定を受けられるのかどうか。私にはよくわからないことがたくさんある。しかし、新しく見えてきたこともある。そして、演劇を見るということは新たな領域への、新たな考察への入り口なのである。

さて、やがて、一九六七年には、ヨルダン川西岸もガザ地区もイスラエルによって占領され、おそらく、それゆえにであろうか、ガンナームはヨルダンに移住するのである。

「気がかりなのは、質問をされたアメリカ人のほとんどだれもがパレスチナの物語をまったく知らないことだ。一九四八年の出来事についても何も知らないし、イスラエルの三十四年にもわたる非合法な軍事占領についても何も知らない」と、エドワード・サイードは二〇〇一年の『戦争とプロパガンダ』(中野真紀子・早尾貴紀訳、みすず書房、二〇〇二年）で書いている。

「三十四年にもわたる」というのは、イスラエルの圧倒的な軍事力によって、イスラエルの圧倒的勝利に終わった第三次中東戦争によって、ヨルダン川西岸地区とガザ地区がイスラエルによって占領された一九六七年から二〇〇一年までのことを言っているということを理解するのに私は少し時間を必要とした。そして、その占領状態はいまも続いている。つまり、いまではサイードの言うこの非合法な軍事占領は五十年以上にも及ぶということである。そして、事態はより悪化している。そのようななかで、パレスチナ／ヨルダンの作家やイスラエル／パレスチナの作家は発言しているのだ。このようなことが話のなかから少しずつ見えてくるのである。

そして、フェスティバル／トーキョーの『パレスチナ・イヤー・ゼロ』（あうるすぽっと、二〇一七年十月二十八日所見）。私はこの作品を見ながら、ガンナームの話の続きを見ているような気がした。イスラエルによる占領地域でパレスチナ人の家は次々と破壊されていった。その有様を破壊されていく家の住人が語っていく。巨大なブルドーザーが家を壊す。家が崩れ落ち、瓦礫が散乱する。彼にできることと言えば、そのことを語り、また壊された家の残骸をバケツに入れてそれをバケツから地面に落として見せることぐらいだ。インティファーダ。パレスチナ人たちの抵抗の姿が思い浮かんでくる。一九九八年三月、私はイスラエル、テル・アヴィヴのラマットガン現代美術館にいた。そこではイスラエル人美術家ダニ・カラヴァンの個展『パサージュ97』が開催されていた。入口の吹き抜けのロビーには根こそぎにされたオリーヴの木が逆さに吊られていた。パレスチナ人たちの家の庭に植えられていたオリーヴの木、それが根こそぎにされ逆さ吊りにされている。葉は陽光を浴び、まばゆいばかりに輝いていて見え、あまりに美しいのが苦痛をもたらす。さまざまな展示は平和を呼びかけている。そして、ある部屋に入ったとき、私は息を飲んだ。床には石ころがたくさん転がっていた。壁には石をぶち当てたような傷がたくさんついている。石を投げつけた跡のようだった。ダニ・カラヴァンは投げてごらんといった。そう、ここに転がっているのはインティファーダの石なのだ。そして、武器を持たないものは石を投げるしかないと言った。部屋の入り口には、「インティファーダ：石は弱者の武器だ」と書かれていた。これはイスラエルに住むユダヤ人の作品である。そして、『パレスチナ・イヤー・ゼロ』の演出家イナト・ヴァイツマンもユダヤ人だ。武装したイスラエル軍に石を投げるパレスチナ人たち、それを暴力的だ、暴力主義者だといって否定する人たちがいるなかで、石を投げるというささやかな抵抗を支持するイスラエルのユダヤ人作家もいるのだ。ここにかすかな希望があるとはいえ、事態は一向にいい方向に向かってはいない。だが、抵抗に連動する表現活動は断念しないことに意味があるのだ。そのことを、バケツをひっくり返し、瓦礫の石を地面に投げ捨てる行為によって実践していく演劇。それを舞台上でも続けること。その実践をもって世界を巡ること、こうした演劇に私はいまも期待を寄せている。

そして、このような苦境のなかにいる人たちにさらに困難な状況が付け加わる。そのことをわれわれに知らせてくるのがガンナーム・ガンナームの『朝のライラック（ダーイシュ時代の死について）』（渡辺真帆訳、眞鍋卓嗣演出）のドラマリーディングだ（アトリエ・ウエスト、二〇一七年十二月十六日所見）。

上演時の配布資料によると、ダーイシュ（Daʻish）とは、「ＩＳ（イスラーム国）」を名のる組織の他称だそうで、この組織を支持しないアラブ人やアラビア語メディアが、ＩＳを意味するために使っている言葉で、否定的な響きをもっているのだそうだが、これはそのダーイシュに支配されはじめたある架空の村での話である。ここに住む夫婦ドゥハー（この名前は朝を意味する）とライラックは芸術を志す若者たちに教えている教師である。だが、村の若者たちは、ダーイシュの支配下で、戦闘員になっていき、ドゥハーとライラックは孤立していく。村の長老バルダーウィーはＩＳのためにドゥハーに圧力をかけてくる（この長老バルダーウィーを演じた髙山春夫が、その実態がよくわからないＩＳの不気味さ、もの恐ろしさをうまく表していて好演であった）。教え子の一人、フムードもまたダーイシュの戦闘員になると、先生のドゥハーに報告に来る。ドゥハーはいずれすぐにも、ダーイシュに渡され、死を迎えるだろう。村はダーイシュのものとなり、「後進性と、過激主義者が宗教や神の名の下に行う犯罪」（日本での上演に寄せる作家からのメッセージより。渡辺真帆訳）によって満たされることになるだろう。しかし、「これらに反対する叫びを発するには、私には演劇しかありませんでした。ダーイシュは過激主義のもっとも顕著な例です。この戯曲を書いたのは、私が同地域で歴史上もっとも長く厳しい占領に苦しんでいるパレスチナの出身だからです。シオニスト・イスラエルによるパレスチナの占領はきわめて残虐です。私の目には、ダーイシュとイスラエルが表裏一体に映ります。『朝のライラック（ダーイシュ時代の死について）』は、こうした流血に芸術、音楽、歌、演劇で抵抗するという私の決心でした」とガンナーム・ガンナームは日本での上演に寄せたメッセージ（渡辺真帆訳）のなかで書いている。つまり、ここには抵抗の具体的姿が描かれているのである。実際、ドゥハーとライラックは拘束される寸前に、教え子のフムードによってかくまわれる。学校はそのころ、ダーイシュの倉庫として使われるようになっていた。そこにかくまわれ、そして食料もその教え子によって調達されるのだ。実はこの時、まずフムードは恩師の前に、ISの戦士として登場し、一瞬、私をひどく絶望的な気分にさせたのだったが、しかし、彼はそこで恩師を拘束し、引き連れていくのではなく、その複雑な思いを語りはじめ、そして隠れ家の倉庫へと案内しはじめようとするのだった。この場面は感動的である。フムードは戦士の格好をしてはいるが、しかし、心のなかの葛藤と疑問は失っていなかったのである。この行動が差し当たってどのような結果に帰結するかは問題ではない。この教え子のささやかな、しかし、勇気ある行動が重要なのだ。武器を持たない者たちの抵抗、インティファーダのことが自然と思い出される。

しかし、私たちは、さらに多くのことを考えなければならない。たとえば、バルフォア宣言。一九一七年十一月、第一次世界大戦の最中、イギリスの外務大臣アーサー・バルフォアはロスチャイルドに宛てた手紙のなかで、パレスチナの地にユダヤ人国家を建設することを支持すると表明した。この宣言に関しては、無数の分析がなされているが、これがロシア革命の最中になされていることもあり、革命ロシアが戦線離脱することがないような配慮がここにはあるという見解も存在する。ドイツ側についたオスマン帝国を包囲しようとするロシア帝国の思惑を継続させるよう、革命後のロシアのユダヤ人へ呼びかけているのである。つまり、バルフォア宣言からイスラエル建国まで、ここには第一次世界大戦という帝国主義戦争の推移と世界的規模での帝国主義の思惑が絡んでいるというわけである。

二〇一七年四月、五月、SPACでの公演のために来日した、『ダマスカス While I was waiting』の作者ムハンマド・アル＝アッタールもまた、いまシリアで起こっている戦闘を単なる内戦と呼ばないでほしいと語っていた。この混乱と紛争と虐殺は第一次世界大戦の後、第二次世界大戦を経過し、いまに至る世界的抗争の帰結なのだというのである。そのことを前提として、彼らはシリアを舞台にした作品を作っているのだ。シリアではアサド派と反アサド派、さらにＩＳが、覇権を争いあう戦闘が続いていた。ＩＳはいま拠点を奪われ、弱体化しているが、アサド派と反アサド派との戦いは激烈をきわめており、そのアサド派を支援しているのはロシアである。そして反アサド派を米英が支持している。ここでわれわれは露土戦争をも思い浮かべなければならない。度重なるロシア帝国とオスマン帝国の長い確執の果てに、ロシアはシリアに巨大海軍基地と巨大空軍基地を所有することになり、現在に至っている。ロシアに軍事基地を提供しているアサド政権はロシアの全面的なバックアップの下に軍事的優位を保っている。だから、反アサド派が軍事的に劣勢なのは必然なのであるが、表現の自由を求めてアサド政権を批判する人たちは奇妙にねじれたポジションにいることも意識させられている。さらに悪いことに、アサド政権は、ムハンマド・アル＝アッタールの言葉を使えば、「まるで北朝鮮のように」世襲制を実現している独裁的な軍事政権なのだ。しかし、こうした軍事政権への批判的眼差しのなかで表現活動を続けている人たちがいるのだ。それが、この『ダマスカス　While I was waiting』のアル＝アッタールやアブーサアダ、そして、「紛争地域から生まれた演劇シリーズ9」で上演された『ハイル・ターイハ（さすらう馬）』のアドナーン・アルアウダたちなのだ。そして、たとえば、アル＝アッタールの演劇的理念が、ガンナームの演劇理念と共振しあっているということなどを知るとき、紛争地域における演劇の力強さの根源を知る思いがするのである。

『ダマスカス　While I was waiting』は、ダマスカスに住む青年タイームの物語である。タイームはあるとき何者かに襲撃され、意識不明の重体に陥っている。そこに家族や友人、恋人たちがやってくる。そして、何が起きたのか、いまシリアで何が起きているのかが復元されていくのである。タイームはいまのシリアの現実を映像で記録していた。その残された映像から世界を、シリアの実態を浮かび上がらせること、それも残された者たちの使命の一つだ。チュニジアに始まったアラブの春、その挫折を生きているシリア、出来事をこの作品へとつき動かしているものについて、アル＝アッタールは、二〇一六年五月、次のように書いていた。

シリアの状況は、ますます複雑に、悪くなっていきました。この地域でもっとも凶悪な独裁制に抗議する者たちへの政権による過度の暴力が、平和的な革命を凄まじい戦争に、それもシリア人を含まない国際レベル、地域レベルの代理戦争へと変えてしまったのです。このひどい図式において、未だ国に留まるシリア人、もしくは流浪するシリア人は、死や排除に抗おうとしているのです。彼らはその抵抗の中で、その最も強烈な形において、生き残ることを主張し、よりよい変革の夢を諦めることを拒否しているのです。彼らは半世紀に及び国を支配してきたアサド軍のファシズム、またＩＳＩＳなどによって代表される宗教的ファシズムのどちらも選択することを拒否しているのです。（椙山由香訳、Kunsten Festival des Arts websiteより）

つまり、この作品は、紛争と過酷な状況のなかで生き延びようとしている人たちの物語なのである。そして、われわれ観客もまた、昏睡状態についての芝居を見ながら、彼らが、そしてアル＝アッタールやアブーサアダたちが何に対して戦っているのかを知っていくことになるのだ。自由を求める運動があること、それを記録しようとしていた青年がいたこと。彼の残した映像を編集しようとしている人たちがいること、過去を、あったことを無化させることなく蘇らせようとしていること、こうして、人間は、絶望的な状況においてさえも完全には絶望に打ちひしがれているのではないのだということを、作家たちとともに確認するのである。何かができる。肝心なのは断念しないことなのだ。そして、人間は抵抗のなかで、断念しないことにおいて、何かを獲得できるのだ。そのことにおいて、この作品の意識不明の青年タイームの魂は『朝のライラック』のフムードの輝きとも遠く呼び交わしあっているように思えるのである。

そして、アドナーン・アルアウダの『ハイル・ターイハ（さすらう馬）』（中山豊子訳、坂田ゆかり演出）はまた私にはなじみがないクルド人についての芝居であることで、私をまたもうひとつの未知の領域へと導いていくのであった。ベドウィン出身の女性ターイハ（さすらい人、迷子の意）の娘ハイル（馬の意）の成長の物語、父フーザンはクルド人で、シリアの一角に住まう遊牧の民の匂いが漂ってくる。生まれるとき、預言的に死を宣告されたハイルの死ななければならない日の前の夜、ハイルの物語は歌いはじめられる。さまよいつづける人々のノマディックな世界が不安と期待を掻き立てる。そして、ホメーロスの叙事詩のように朗誦される白崎映美によるクルド語とアラブ語の歌謡が見知らぬ世界を送り届けてくる。トルコ、シリア、イラク、イラン、アルメニアにまたがり広範に点在しながら住んでいるクルド人たちは、現在人口三千万人近くもいるというのに自分たちの国を持たない。しかし、自分たちの文化は確実に息づいているのだということがひしひしと伝わってくる。そして、夜を徹して、ハイルの物語は続いていく。いつしか、私は死を運命づけられた日のことを忘れていく。しかし、その日も朝を迎える。ハイルはどうなったか。そこにこの劇の感動の極点があり、また、断念しないという生き方に呼応する作家たちの演劇的な活動の核になっているものの精神があるのだ。これまで上演された紛争地域から生まれた多くの作品のなかにも、私はそうした精神を感じていた。

先にはなにもない！
しかし、このニヒリストの叫びを
繰り返しているとき
私は気分がとてもよかった。絶望はいつもわたしに
結局は
巨大な力をあたえてくれる。
肝心なのは、断念しないことなのだ！

——タデウシュ・カントール

無傷な私たちが探すコモン・グラウンド

――「紛争地域から生まれた演劇」シリーズにおける観客の受容姿勢をめぐって

關智子（演劇研究者・批評家）

はじめに

イギリスの劇作家サラ・ケイン（Sarah Kane）はインタビューの中で次のように述べている。

そしてそこ［テレビの中］にはカメラを直接見ている女性がいた。七十歳くらいに見え、その顔は皺が寄り灰色だった――彼女はひたすら号泣していた。そしてただカメラを見つめて言った、「お願い、お願いだから私たちを助けて。どうしたら良いのかわからないの、お願いだから助けて」って、そして私はただその場に座っていた、泣きながらそれを見つつ、それはもはや無力さの感覚ですらなく、究極の痛みを見ているような感じだった。そして、その時意識していたかはわからないけど、その痛みについて書きたいと思い始めていた。*1

テレビで流れていたのは一九九二年から続いていたボスニア・ヘルツェゴヴィナ紛争の映像だった。そして彼女が書いたのが『爆破されて』(*Blasted*、一九九五)である。どこにでもありそうなホテルの一室が突如「爆破されて」、戦時下の極限状態に一変するという内容だった。

『爆破されて』の観客は、ケイン自身が体験したのと似た状況に置かれる。すなわち、究極の痛みを見させられるのだ。戦争の痛みを感じたことのない〈私たち〉は、その痛みをいかに受容できるだろうか。「紛争地域から生まれた演劇」シリーズ(以下「紛争シリーズ」)の公演に足を運ぶたびに浮かぶのはこの問いである。世界各地の紛争から生まれた問題や困難に対して、日本(特に東京)という安全な土地にいる観客はどのように向き合えるのか。これまで紛争シリーズにおけるいくつかの作品について筆者はレヴューや批評の中で個別に論じてきた。それらに通底する問題意識を、ここではもう少し視野を広げて考察する。

演劇を通じて痛みについて知ることの意義

企画意図から容易に想像できるように、紛争シリーズで上演される作品の多くは、紛争下で生きる人々の苦難を前景化している。上演と同時に開催される、ゲストを招いてのレクチャーやラウンドテーブルと併せて鑑賞することで、観客は取り上げられている紛争についての知識・理解を深めることができる。国内のニュースが優先されがちな日本において、複雑な国際情勢による紛争についての最新の情報を得る機会は重要だろう。

では、紛争シリーズで上演される作品は情報を入手するための手段の一つだろうか。確かに演劇では、他のメディアで得られない情報を得られるという特点もある。パレスチナの非政府系演劇団体「イエス・シアター(Yes Theatre)」のイハッブ・ザハダァ(Ihab Zahdeh)は、テレビ番組や映像ではカットされてしまう可能性がある物事や思想を、演劇は非-媒介的な芸術であるために、観客に対して演者が直に伝えることができると述べていた。[*2] 実際に、イエス・シアターの『3 in 1』（二〇一二）では、俳優たちが自分役として登場し、彼ら自身が体験した出来事や考えていることを作品として再構築している。また、紛争シリーズではヤエル・ロネン・アンド・ザ・カンパニー（Yael Ronen & the Company）の『第三世代』（*Dritte Generation*、二〇〇九）、シアター・アド・インフィニトゥム（Theatre Ad Infinitum）の『燃えるスタアのバラッド』（*Ballad of the Burning Star*、二〇一三）も、出演俳優達の体験を基にしたコレクティヴな作品である。

これらの作品において登場人物（≒俳優）が語る切実な想いや願いは、観客の心を強く打つ。それによって倫理的・道徳的判断・行動を喚起するのは容易だろう。だが、それは演劇という手法を使ったプロパガンダとして作品を受容することになる。情報を入手するツールとして、あるいはプロパガンダとしては、演劇は時間も手間もかかるために、他のメディアに劣ると言わざるを得ない。言うまでもないが筆者は紛争地域の悲惨な状況に対する倫理的・道徳的な行動を否定しない。ここで議論したいのは、あくまで演劇を通じて紛争地域下で生まれる物語や感情、思考を受容することの意義であり、それらに向き合ってどうするか、ではなくいかに向き合うか、という受容態度についての問いである。

他者の痛みに対する無力の自覚

前述したように、本企画で取り上げられてきた作品の多くは、紛争地域下の悲惨な状況を伝え、登場人物達が絶望しながらも生きようともがく様は、観客の感情を揺さぶる。ドラマ的な物語が構築されているものほど、観客が登場人物に共感し、その痛みを理解できるように作品は誘導する。

だが、たとえ作者や出演者が登場人物を通じて、彼らの苦難について共感して欲しいと訴えてきたとしても、観客はそれができないことを認めなければならない。スーザン・ソンタグ（Susan Sontag）は、戦時下で撮られた写真

（その多くは惨い状況を写している）について論じ、次のように述べている。

「われわれ」――この「われわれ」とはこの死者達の体験のようなものを何も体験したことのないすべての人間である――は理解しない。われわれは知らない。われわれはその体験がどのようなものであったか、本当に理解することができない。戦争がいかに恐ろしいか、どれほどの地獄であるか、その地獄がいかに平常となるか、想像できない。あなたたちには理解できない。あなたたちには想像できない。戦火のなかに身を置き、身近にいた人々を倒した死を幸運にも逃れた人々、そのような兵士、ジャーナリスト、救援活動者、個人の目撃者は断固としてそう感じる。そのとおりだと、言わねばならない。*3

写真と比較して、演劇はより共感を促しやすいメディアだと言えるが、ソンタグが述べるように「われわれ」はそれから逃れなければならない。

共感することを避けながら、それではどうやってこの痛みを受容できるだろうか。その時観客が感じるのは、自らの無力である。テリー・イーグルトン（Terry Eagleton）は悲劇論の中で、悲劇が起こす二つの感情であるおそれと憐れみの内、後者について次のように述べている。

憐れみとは災難はすでにおこってしまった、できることは嘆くこと以外にない、という知らせなのかもしれない。憐れみは困ったことに不幸に寄生する。この意味で、憐れみという感情の歴史上初めての議論が劇場という文脈のなかでおこなわれたことは当然のことだった。劇場で観客は舞台から物理的にはなれた位置にいて、社会的取り決めにより、また虚構であるという理由から、劇のアクションに参加できない。彼らにはあらかじめ脚本化された苦難が、彼らの希望や意思とは無関係に、決められたとおりに進行していくのを蒼白のおももちで眺める以外、なにもすることがない。人間的価値や人間性を確認する場としての劇場の構造には、運命や受動性や疎外の視覚的イメージを提供することが含まれている。憐れみは観るスポーツなのだ。[*4]

イーグルトンの指摘は、劇場が古代ギリシャ時代より「見る場（テアトロン）」であったことに重きを置いており、ここでは議論の場としても機能してきたことに触れていない。それでも観客の無力の指摘は示唆に富む。観客は目の前の出来事とそれによる痛みに対する己の無力を認識し、憐れみを感じるのである。

だが他方で、紛争地域から生まれた物語を悲劇化して受容することには危険が伴う。現実に起きている他者の痛みを基に作られた物語から、観客がカタルシスを得るにとどまるのでは、他者の痛みを搾取していることになる。紛争地域から生まれた演劇を前にして、痛みを知らない観客は、己の無力を自覚することによってジレンマに陥るのである。

コモン・グラウンドを探して

それでは、プロパガンダにしないように、なおかつスペクタクルや物語として消費しないようにしながら、他者の痛みをどう受け入れるのか、〈私たち〉はその痛みに対して無知かつ無力であるというのに。この問いはすぐに答えの出るものではないが、筆者が知る限りでもいくつかの演劇作品は観客と共に答えを模索している。

痛みを描く以上にその痛みに対する無力を描いたものとしては、岡田利規によるいくつかの作品が挙げられる。『あなたが彼女にしてあげられることはなにもない』（二〇一五）で観客は特殊な環境で作品を鑑賞する。ガラス張りのカフェの中に台詞を呟く俳優がおり、観客は外にいながらヘッドフォンで彼女の声を聞くのである。そこで語られるのは、世界の始まりや神の存在について知る一族の唯一の末裔が彼女であること、それらについて考え方の違う一族との争いについてである。この内容は、近年頻発している過激派宗教組織のテロリズムを観客に想起させる。だが、最後に伝票を手にして出て行く彼女に対して、観客が「してあげられることはなにもない」。

このように観客に対して無力さを強烈に自覚させる作品を書いている岡田だが、その作風は必ずしも悲観的ではない。岡田の「今はリアルと対置されそれと拮抗しうる〈想像〉をつくることに僕の関心はある」「演劇は〈想像〉のやりとり。新たな〈想像〉が喚起される温床」という言葉からは、少なくとも諦観は感じられない。[*5]

彼の『わたしたちは無傷な別人である』（二〇一〇）では、「見知らぬ男」と無傷な「妻」が仮想的に邂逅するシーンがある。そこで「見知らぬ男」は、自分は不幸であることを淡々と「妻」に主張する。実際にはそんなことは起きていないとされながらも、「妻」はその夜帰宅した「夫」に、自分が幸せであることに根拠がないことへの不安を語る。作品の最後に、「傷ついた別人」は「この夫婦は、苦しんでいます。でもこの苦しみは、無傷なまま苦しむ、苦しみです」と語る。[*6]岡田は本作品を二〇〇九年の政権交代が起きた衆議院選挙前日のことと設定しており、必ずしも紛争等を想定していないが、この夫婦の苦しみと、紛争の苦難による演劇を前にした観客の苦しみは共通している。どちらも、他者の苦痛に対して自らの無傷とその無傷の無根拠を自覚し、その自覚の痛みを抱えているのである。そして岡田は、仮想世界で傷を負った者と無傷の者が出会った後で、大きな変化（ここでは選挙）が訪れることを暗示している。想像上の邂逅が大きな変革を起こす可能性を匂わせているのである。

岡田が想像の力を用いる他方で、ヤエル・ロネンは実際に痛みを抱える者と無傷の者を向かい合わせる。彼女の『コモン・グラウンド』（*Common Ground*、二〇一四）では、旧ユーゴスラヴィアに起きた紛争の、加害者、被害者、そして部外者が一堂に会し、戦争の跡地を巡る旅に出て、その間に起きた出来事を演劇作品として再構成したものである。『第三世代』と同様に俳優達は自分役として登場し、自己紹介も行う。注目すべきは、ユーゴ紛争とは直接的に関わっていない人物達である。ドイツ人のニールスとイスラエル人のオリットは作中において、旧ユーゴのあまりの複雑さについていけずに混乱し、しばしば笑いを誘う。しかし彼らもまた、紛争の被害者と加害者となった人物達の傷を前にして、ただ沈黙してしまう。そして彼らは、加害者、被害者と共に、妥協点すなわちコモン・グラウンド（共有地）を探す。その姿は、痛みを持たない観客の姿そのものである。

紛争シリーズでは、日本の俳優によるリーディングという形で上演が行われる。したがって、舞台上に現れるのは恐らく多くの観客同様痛みを知らない者である。そのことによって、テクストに書かれている痛みが他者のものであることが一層強調される。公演会場において俳優と観客は、同じ痛みを理解しない者として、テクストとのコモン・グラウンドを探しているのである。

終わりに

『爆破されて』の最後のシーンでは、ボロボロの姿になった中年イアンの所に、彼に強姦されホテルから脱出していた若い女性ケイトが戻ってくる。彼女は戦場となった街に出て行き、傷つきながらも食べ物を持って、自分を傷つけた男の元へ戻ってきたのだ。自分の分を食べた後でケイトは、首まで床下に埋まり目玉がくり抜かれているイアンに、食べ物を食べさせてやる。そしてイアンから少し距離をとって座る。痛みを抱えた者が佇む、爆破されたホテルの一室、それを見つめる痛みを持たない観客が座る劇場。そこが、ケインが提示したコモン・グラウンドである。どこか知らない場所の出来事として看過するでもなく、痛みに安易に共感してそれを搾取するでもなく、己の無力を悟って思考停止に陥るでもなく、目の前の痛みに寄り添いつつ距離を取って座り、前に進もうともがくこと。紛争地域から生まれた痛みを前に、無傷な〈私たち〉が探すべき場所はこのコモン・グラウンドすなわち劇場であろう。

［註］

＊1――Ed. Graham Saunders. About Kane. London: Faber and Faber Ltd, 2009: 50.

＊2――イハッブ・ザハダァ氏レクチャー（平成二十五年度文化庁大学を活用した文化芸術推進事業「新しい演劇人〈ドラマトゥルク〉養成プログラム」、二〇一四年一月二十七日、於早稲田大学）の中での発言。その中でザハダァ氏は「演劇それ自体が政治である」とも述べている（http://www.engekiizo.com/dramaturg/イハッブ・ザダハァ氏レクチャー記録/、二〇一八年六月一日確認）。

＊3――スーザン・ソンタグ『他者の苦痛へのまなざし』北條文緒訳、みすず書房、二〇〇三年、一二六〜一二七頁。

＊4――テリー・イーグルトン『甘美なる暴力』森田典正訳、大月書店、二〇〇四年、二四四頁。

＊5――岡田利規「あとがき」『三月の5日間「リクリエイテッド版」』、白水社、二〇一七年、一七五〜一七六頁。

＊6――岡田利規『わたしたちは無傷な別人である』河出書房新社、二〇一四年、四〇頁。

世界とつながる演劇は死なない！

宗重博之（演劇プロデューサー）

「演劇よ死ぬな！　われわれはお前が必要だ！」

なんと力強い言葉だろう。

これは、黒色テント68／71（現在の劇団黒テント）の昭和三部作「ブランキ殺し・上海の春」公演のポスターで叫ばれていたキャッチコピーである。デザインした平野甲賀氏は、二年間の「沈黙」を経て活動を再開した黒テントの面々を鼓舞すべく、特大のB全サイズで、かつシルクスクリーンを活用してアピールした。一九七九年のことである。奇しくも、この公演はわたしのほろ苦い初舞台だった。

以来、事あるごとに演劇とは何か？　と正面切って問いかけながら、テントによる全国規模の移動演劇に全力を傾けてきた。だが、熱かった季節は過ぎ去り、当時の思いは遠い時間のかなたで解消されようとしている。

いまにして思う。そもそも、演劇は生きているのか。必要な演劇とはどんな演劇なのか。—「われわれ」とは誰なのか。演劇に何ができるのか。あれこれ自問自答してみても、どうも歯切れが悪い。つまるところ、演劇を問うことよりも、演劇をひとつの社会的な体験として問いなおすほうがはるかに意義深い気がしてきた。その背後には、演劇そのものの存在理由が根底から問い直されているのだという、逃げ場のない現実がそこにある。

さて、そこで「紛争地域の演劇」である。

忘れもしない二〇〇一年九月十一日。この日、黒テントは『ヴォイツェック』公演のためジャカルタにいた。ゲオルク・ビュヒナーの未完の戯曲『ヴォイツェック』は、実際に起きた殺人事件がそのまま素材になっている。広野で聞いた「刺し殺せ！」という声に追い詰められた下級兵士ヴォイツェックは、内縁の妻マリーをナイフで刺し、沼池は血で染まる。殺害の背景には、科学や文明の進歩といった幻想があり、確たる理由で説明のつかなくなった現代社会が横たわる。

ゲネプロを終え、わたしは評論家の七字英輔氏とホテルの同室で歓談していた。その時、演出家の佐藤信氏から電話が入った。「今すぐテレビをつけて！」。スイッチを入れると世界貿易センタービルのツインタワーに飛行機が激突する映像が何度も何度も映し出され、結局その日は明け方までテレビにかじりついていた。

そして三日後、黒テントはフランクフルトを経由してウィーンの空港に降り立ち、大型バスでセルビアの首都ベオグラードに向かった。ピーンと張り詰めた空気を感じながら二つの国境を越えた。

世界地図を見れば明らかだが、かつての大国ユーゴスラビアは南東ヨーロッパのバルカン半島に位置していた。きわめて多様な地域がひとつの国を形成しているのが魅力だった。だが一九九〇年からの内戦で、昨日までの友が殺し合うという悲劇が始まった。いわゆる「民族浄化」という狂気である。最後は一九九九年、アメリカ主導によるＮＡＴＯ軍の空爆でセルビアはズタズタにされたのである。

バスでベオグラードに入ったのは明け方だった。車窓からは、破壊されて手つかずの道路や鉄橋、ポッカリと穴の空いた黒焦げの巨大な瓦礫が視界に飛び込んできた。それはジャカルタのテレビで見た世界貿易センタービル倒壊の映像と重なった。

世界は狂っている。ここにも、確たる理由で説明のつかない現実があった。

そしてベオグラード公演。

黒テントは、ヨーロッパでも由緒あるベオグラード国際実験演劇祭に招待されていた。この演劇祭は一九六七年に始まり、三十五回目を迎えていたが、内戦状態にあっても中止することなく開催されていたというから、驚きである。ここには演劇を必要としている人たちがいた。どれほど絶望的な状況にあっても、観客は演劇を忘れていなかった。

『ヴォイツェック』の上演会場は、古いカトリック教会を改造したBITEF劇場だった。開場前から多くの観客が詰めかけ満席だったが、それとは裏腹に、教会前の広場には、錆びた蛇口やドアノブ、使い古した食器や靴類を並べて現金化しようとする、表情の浮かない人々の姿があった。開演を告げるファンファーレを複雑な気持ちで聞いた。後で知ったことだが、この国は国際社会から「悪」のレッテルを貼られ、国連による経済制裁の後遺症で慢性的な不況と失業にあえいでいた。

そんなことがあってから七年後の二〇〇八年、わたしは文化庁の海外留学制度で再びベオグラードを訪問する機会を得た。街には二〇〇一年とは違った異様なエネルギーがほとばしり、これまた予断を許さない混乱と不安定な情勢が続いていた。その最も象徴的な存在が、コソボだった。というのも、その年の春、ユーゴ崩壊の最終章ともいえる、セルビアの自治州コソボが一方的に独立を宣言したのである。これに対しセルビア政府は「コソボはセルビア人の民族的聖地だ」と主張して苛立ちを強め、独立を認めない。旧市街地には多くの若者たちがこぞって集まり、コソボ独立反対の大規模な抗議デモへと発展した。その数は二十万人とも言われる。それだけでは終わらない。デモ隊の一部は暴徒と化し、アメリカ食文化の象徴ともいえるマクドナルドの窓ガラスを粉々にし、さらには欧米国などの大使館を襲撃して死者まで出したのである。

研修で通っていたベオグラード国立劇場前の共和国広場では、「コソボはセルビアだ」と殴り書きされた横断幕とともに、「ストップＮＡＴＯ、ＥＵ反対」の看板が掲げられ、道端には焼け焦げた米国旗や火炎瓶の欠片が散乱していた。

デモは、滞在中にも断続的に行なわれ、大通りでは大音量の音楽と共に、リズム感のある太鼓や笛が加わり、ちょっとしたお祭りのパレードの様にも思えた。こうした一連の出来事は、日本では、まず取り上げられないニュースであろう。

三カ月余りの研修を終え、帰国して間もなく国際演劇協会理事の小田切ようこ氏から「日本・ドナウ交流年２００９」にちなんだ企画の相談を受けた。

ついでながら、改めて地図を見てみよう。「ドナウ」はドイツ南部の山地に源を発し、中部ヨーロッパと東ヨーロッパを貫流し、黒海に行きつく。流域はオーストリア、ルーマニア、セルビア、ブルガリアなど十一ヵ国に及ぶ。海に注ぐまでに、これほど多くの国々を流れる河川は世界でも珍しい。外務省によると、二〇〇九年は日本がドナウ流域四ヵ国との外交関係を樹立した節目の年に当たることから、「ドナウ交流年」が設定されたという。

いつとはなしに、わたしは先述の七字氏とともに「バルカンの同時代演劇」と副題のついた「紛争地域から生まれた演劇」の企画委員に名を連ね、年明け早々から、せわしなくその準備に取り掛かっていた。何もかも手さぐりの状態だった。

企画の柱であるドラマリーディングは、十数本の候補作のなかからクロアチア、ルーマニア、セルビアの三編の戯曲を選んだ。考えあぐねるなかで、わたしが推薦したセルビアの戯曲『足跡～ＴＲＡＣＫＳ』（香西史子訳）は、一九七四年生まれの女流作家ミレナ・マルコヴィッチが二〇〇二年に書き下ろしたものである。「家族」「友達」「自己」の破滅といったどうしようもない絶望のどん底で、戦争孤児となった四人の少年少女たちは行き場を失い、翻弄され、屈折しながら大人になっていく。そこには露骨で生々しい都市での生活ぶりが描かれていた。この戯曲を演出した西沢栄治氏と出演者たちは、その内容に戸惑いを感じていたにちがいない。

参考までに、クロアチアはミロ・ギャヴラン作『大統領の殺し方』、ルーマニアはジャニーナ・カルブナリウ作『ケバブ』取り上げた。

もうひとつの柱であるシンポジウムには、古くからの友人である山崎佳代子さんを招いた。彼女は旧ユーゴスラビア時代からベオグラードに暮らす詩人であり、大学では日本語を教え、加えて難民施設の子供たちを励ます活動を続けていた。

シンポジウムは、国際交流基金さくらホールで開催され、リーディング上演は、黒テントの拠点だった神楽坂シアターイワトの、コンクリートむき出しの空間で行なわれた。残念ながらこのビルは老朽化のために取り壊され、今はない。

二〇〇九年は黒テントの本公演を三本抱え、本心では青息吐息だったが、確かな手応えを残して、第一回目の「紛争地域から生まれた演劇」は終わった。

あくまでも一般論だが、バルカン半島、あるいは中東、アフリカに限らず、世界では民族や宗教、言語や文化、慣習や歴史などの違いから、いろんなグループが国の内外で衝突し、それが本格的な武力紛争へと発展する。ユーゴスラビアがそうだったように、武力を伴う紛争は人々の生活の土台であるインフラを破壊し、社会の絆を引き裂き、若い命を犠牲にし、相互不信や憎しみを増長させる。こうした紛争はたちどころに国境を越え、広大な範囲に影響を及ぼす。それを強力な軍事力や経済力で片づけようとしても、対立する紛争の火種はくすぶり続ける。

かといって演劇が紛争を解決し、平和をもたらすわけではない。「平和構築に演劇は必要だ」と何度も繰り返し叫んでみたところで、どうにもならない。

さしずめ、いま私たちにできることは、世界各地で起こっている解決困難な現実をしっかりと見定め、演劇を通して社会に示すことだろう。紛争地域の演劇についていえば、自分たちのドラマとしてどう理解し、どう捉えるかが重要な意味を持つ。わたしが関わってきた「紛争地域から生まれた演劇」の狙いも、そこにあった。

ユネスコとの繋がりを確認する企画

坂手洋二（劇作家・演出家）

「紛争地域から生まれた演劇」シリーズは、まもなく十年という節目を迎える。国際演劇協会（ＩＴＩ=International Theatre Institute）は、国連教育科学文化機関（ユネスコ）傘下のＮＧＯであり、世界各地の支部で「紛争地域の演劇」と題するプロジェクトが行われていると聞く。

かつて自分の劇団で、マケドニア・スコピエで開催された、ユネスコ主導による「ＭＯＴ国際演劇フェスティバル」に参加したことがある（一九九六年、燐光群『神々の国の首都』）。やはり国境を越えた上演による交流というのはいいものだ。当時のマケドニアはユーゴ時代からの近隣国との緊張関係が収束しきっているとはいえず、ブルガリアとの国境を陸路通過するさい、チェックポイントで半日近く待たされたのを憶えている。その年のフェスティバルの中で、建国以来対立関係にあったギリシャの作品が初めて紹介されるなど、文化芸術が国家の対立を越えた交流の糸口になることも痛感した。

「ユネスコ憲章」にあるように、戦争は、相手に対する「無知」が引き起こすものかもしれない。だから戦争を防ぎ平和を保つためには、まず知り合うことが大切だというのは、本当にそうだと思う。そして「歴史」を学ぶことも重要だ。

「紛争地域から生まれた演劇」は、『国際演劇年鑑』(Theatre Yearbook)の調査・研究事業の一環であるが、リーディングとはいえ「上演型」、未知の海外の作品を日本に紹介する機会、そして人的国際交流を実現する企画として、重要な位置を占めてきたと思う。

このシリーズについて、私はこれまで、海外演劇人の紹介、演出家や出演俳優を推薦するなどのお手伝いをしてきた。残念ながら例年の開催が十二月なので、自分の劇団もその頃に地方公演を恒例としており、上演に立ち会えない場合も多かった。

幾つか印象に残るものを振り返ってみたい。

まず、リーディングというより俳優陣がほぼ台本を手放している「上演」だったのが、四年目の『第三世代』。構成・台本はイスラエルのヤエル・ロネン。訳者は、私がいつもドイツ演劇のことを教えていただいている、新野守広さん。「ドイツ/イスラエル/パレスチナ、対立の壁を超えて」という副題がついている。オリジナル版は、ベルリン・シャウビューネ劇場とテルアビブ・ハビマ劇場の共同製作。登場するのは、イスラエル在住ユダヤ人三名、イスラエル国籍を持つパレスチナ人三名、ドイツ人四名。全員が作者同様、直接的に戦争を知る世代の次の次の代としての「第三世代」というのが、タイトルの由来だろう。稽古場で「ワーク・イン・プログレス」を繰り返し、俳優たちが発した言葉を元にテキストをまとめ、オリジナル版は俳優が本人の名前で演じたという。

劇的趣向と各国の俳優たちがそれぞれの言語を交錯して演じる臨場感は、日本版では再現し難い。かなり難しいテキストを相手に、中津留章仁演出は日本向けに細部を工夫し、俳優陣の熱意と真摯さで押しきった。おそらくベルリン公演よりいっそうメタシアター的な構造、「ゲーム性」が強調されていたはずだ。

内容については、イスラエルとパレスチナを対等に立たせているかのようだが、私にはそうは思えなかった。イスラエル国籍を持つアラブ系の俳優はパレスチナ自治区ガザの紛争当事者の声を代弁することはできない。本作が「イスラエル政府・外務省からも好感を持たれていない作品」だとしても、どうしても作品＝作者のもともとの立場、「イスラエル側」の主張を容認するプロパガンダに見えてしまう部分があった。

どうしてもこの劇の中では、パレスチナは「不在」のように思われるのだ。劇中の「比べないで」という台詞はまさにパレスチナ側が前提として言うべき言葉であり、お互いに対等に言いたいだけ言い合っているかのような「両論併記」「喧嘩両成敗」的なニュアンスにとられてしまうことは、私自身の考えとしては、認めがたい。それは「今まさにイスラエルが行っている攻撃」を矮小化し隠蔽してしまうことになりかねない。イスラエルがパレスチナを圧倒的な武力で蹂躙してきた、連綿と続く「歴史」の事実は消えないのだ。

私は、必ずしも「イスラエル経由ではパレスチナを理解できない」と決めつける気持ちはない。ドキュメンタリー映画『壊された5つのカメラ』を、パレスチナのイマード・ブルナート監督と共同監督し、主に編集に携わったガイ・ダビディ監督は、イスラエル人だった。彼は十八歳の時に徴兵を拒否した。イスラエルで兵役を拒むのは、かなり勇気のいることのはずだ。それぞれの事情はあるだろう。

なんにしても、『第三世代』が紹介されることに、演劇の「広場」としての可能性はあった。スタジオではなく劇場での上演であったことも幸いしたと思う。

二〇一二年には、アフガニスタンのヤルマー・ホルへ・ジョーフリ＝アイヒホルン氏が来日、林英樹さんに紹介したところ、彼の作品『修復不能』が「紛争地域から生まれた演劇5」で上演された。

この年は、イハッブ・ザハダア、ムハンマド・ティティ、ラエッド・シュウヒイ作『3 in 1』も上演された。

イハッブたちはパレスチナ西岸地区ヘブロンにあるイエス・シアター のメンバー。私はそれ以前にイエス・シアターのムハンマド・イサ氏と会っていたと思う。

イハッブは福島でのワークショップやその後の東京での合作など、日本との関係を広げた。郡山で高校演劇に携わる佐藤茂紀さんとの出会いもあった。福島とパレスチナが繋がったことには、意義があったと思う。

二〇一四年にも、パレスチナ自治区ガザはイスラエルの空撃を受けていた。パレスチナ人民は、決してテロリストではない。しかしイスラエルはパレスチナ側の僅かな反撃を理由に、「報復」とみられる形でパレスチナを攻撃した。「ガザからのロケット弾発射の根絶」を謳うイスラエル空軍は当たり前のように一般市民の住む地域への爆撃を行っている。それがほとんど一方的な「虐殺」だ。パレスチナとイスラエルについて、「双方が互いに攻撃している」という多くの日本での報道は、完全に「イスラエル寄り」だ。

その後、日本とイスラエルは共同声明を出し、世界の目から見れば「準同盟国」になってしまった。

二〇一五年、イスラム過激派組織「イスラム国」による日本人人質事件があった。「イスラム国」は、拘束されていたジャーナリストの後藤健二さんを撮影した「日本政府へのメッセージ」というビデオ映像を、インターネットに公開した。その中で「イスラム国」は、安倍政権を批判し、日本が「イスラム国」と戦う連合に参加したことが、後藤さんを殺害する理由であるとした。

日本政府がちゃんとした外交策を取らなかったのは、誰の目からも明白である。安倍総理は「非道、卑劣きわまりないテロ」というが、イスラム社会からすれば、イスラエルと手を組むことを世界に宣言し、先に彼らを挑発したのは、日本側だ。安倍政権の「テロとの戦い」などという言葉には、何のリアリティも実態もない。

七年目に上演された、フィリピンのロディ・ヴェラ作の音楽劇『イスマイルとイサベル』は、イスラム教徒とキリスト教徒が共に住むミンダナオ島で長年続く紛争を背景としている。政府と反政府勢力（MILF）の抗争に巻き込まれた子どもたちを描いている。オリジナル版を製作したPETA（フィリピン教育演劇協会）は、名前の通り、フィリピン各地で演劇を通したワークショップ等、青少年教育に勤しんでいる。

作者のロディ・ヴェラは私の劇団に俳優・劇作家として何度も参加している。二〇〇七年には、新作『アスワン〜フィリピン吸血鬼の誕生〜』を書き下ろしてくれた。

彼はフィリピンにある劇作家団体「ライターズ・ブロック（Writer's Bloc）」の代表である。名前の由来は、作家（ライターズ）がかたまる（ブロック）、つまり、書けなくなる、というブラックユーモアのネーミングである。彼らはマニラで月に一回くらい、メンバーが集まって新作のリーディングをしている。このグループの作品をメインに、マニラの国立劇場でもう十三年にわたって開催されているのが、新人の作品を上演する短編演劇祭「ヴァージン・ラブフェスト（Virgin Labfest）」。上演作品は一つのグループで一時間以内の作品を三本ずつ、三週間の公演となる。日本の劇作家協会がやっている短編コンテスト「劇王」のデラックス版というべきものだ。

この時は、国際演劇協会日本センター＋日本劇作家協会国際部の連携企画であるシアタートーク「日本とフィリピンの演劇交流」も開催した。パネリストは、ロディ、竹内一郎（劇作家・演出家）、佐野晶子（アーツカウンシル東京シニア・プログラムオフィサー）だった。

『イスマイルとイサベル』上演に向けては、スタッフ、一部の出演者を推薦した。私にとっては、まず、ロディの豊かな作品群の一つということであり、その上演は喜ばしいものだった。

ただ、実際にいろいろな対立の歴史が背景にある作品とはいえ、「紛争地域から生まれた演劇シリーズ」の中で紹介されることに、いささか違和感があった。それは、舞台になっている場所について、「イスラム国」にまつわる、まことしやかな噂が流されていたことに対する反発があったからかもしれない。ＩＳの拠点云々以前に、もともとミンダナオには独自の「フィリピン人としてのイスラムの人たち」が住んでいるので、イスラム系の人たちが存在し、または出入りするのは、当たり前のことである。もともとフィリピンでは、国民総生産の三分の一が国外で働く人たちが送金してくる外貨であり、中東への出稼ぎも多い。中東とミンダナオを行き来する中にたまさか武装集団の一員が紛れていたとしても、あたかもミンダナオが「イスラム国」の新たな拠点になりつつあるかのような報道は無責任だし、アメリカとフィリピンの支配層にとって都合のいいデマでしかない。

フィリピン南部は確かに「紛争地域」である。第二次大戦後の独立以来、三人の大統領によって戒厳令が敷かれ、そのたびに超法規的殺害が行われてきた。その数は、マルコス時代より、アロヨ政権の時に急増している。アロヨ政権期だけで九百人の反体制勢力が謀殺されている。その理由は、当時アメリカで「同時多発テロ」が起こり、ブッシュ大統領が報復として、アフガン戦争・イラク戦争を起点に、世界共通の「反テロ戦争」を煽ったからである。超法規的殺害がフィリピンで多発したのは、いってみれば、その東南アジア版ということである。市場・利潤を優先するグローバリゼーションを隠れ蓑にした、アメリカ中心の帝国主義は、自分たちのスタイルを守って暮らしてきた人々から、正義と尊厳、平和を奪ってきたのだ。

そして今、ドゥテルテ政権下でまたもや戒厳令が敷かれ、ミンダナオのイスラム系住民、政府批判をする市民や活動家等を主なターゲットに、超法規的殺害が増えている。ミンダナオのマラウイに対して同大統領が大仕掛けの攻撃を仕掛けたことは、自分の政権維持に有利になるよう、戒厳令を長引かせるためのキャンペーンだったとも言われている。

そんなわけで私は『イスマイルとイサベル』が、フィリピン現代史の中で、「イスラム国」に支配されているかのようなフィリピン南部についての誤解を増幅させせまいようにと、神経質になっていたかもしれない。

さて、このシリーズの中で、演劇上演の試みとして圧倒的に斬新であったのは、イランの『白いウサギ、赤いウサギ』だろう。(作：ナシーム・スレイマンプール、訳：關智子)「俳優は封印された台本の頁を観客の前で初めて開く。演じることができるのは一生に一度だけ！(この作品を一度でもご覧になった方は、今後一切本作品を演じることはできません)」というキャッチフレーズには、どきどきさせられる。

毎回出演者が異なる、しかも一度きりという珍しい上演になるこの一人芝居は、演出家はいなくて俳優が一人で仕切るが、俳優も本番幕が開くまで台本を読んではいけないという仕掛けがある。

寺山修司さんに見せたかった、と思ったら、髙田恵篤、美加理といった天井桟敷界隈の方々、占部房子ら多彩な顔ぶれを揃えることが出来たし、この上演を機に、「さいたまネクスト・シアター」とのコネクションもうまれた。

自国イランを脱出できない、執筆当時二十九歳だった若手作家は、自分の場所にいながら世界を旅する作品を書いたのだ。

そして、ベルギー作品『ジハード』(作：イスマエル・サイディ)の演出には、瀬戸山美咲を推薦した。二〇一八年、さいたまネクスト・シアターでのこの作品の正式上演が決まったことは喜ばしい。

二〇一七年秋、パレスチナ占領地報道の第一人者であるイスラエル人ジャーナリスト、アミラ・ハス氏が来日した。彼女はイスラエルの有力紙『ハアレツ』の占領地特派員として、一九九三年のオスロ合意直後からガザ地区やヨルダン川西岸地区に定住した。ホロコースト生存者の両親を持つイスラエル人でありながら、現地から占領の実態を伝え続けてきた。もちろん彼女は一部のイスラエル国民からは「祖国への裏切り者」と呼ばれ脅迫に晒され、ハス氏が歯に衣着せず批判するパレスチナ自治政府やハマス政権からは追放や脅迫を受けてきたという。

パレスチナでの出来事は、「遠い問題」ではない。人権と尊厳が踏みにじられ続けている現場であり、それはちょうど、沖縄の高江、辺野古で、米軍基地建設の強制から自分たちの生活を守るため非暴力の方法でたたかっている人たちと通底する部分がある。

「沖縄を取材したい」と申し出てくれたハス氏の沖縄滞在中、住民が「集団自決」(強制集団死)に追い込まれた現場である読谷村波平の鍾乳洞(ガマ)「チビチリガマ」が、荒らされるという事件が起きた。

そのニュースを聞いて、いやな予感がした。それは、ハス氏が、ちょうど読谷村でチビチリガマの証言収集などに長年携わっている知花昌一さんのところに滞在されていると聞いていたからだ。

その直感は当たっていた。知花さんが、ハス氏はじめ受け入れ側の日本のジャーナリストも含めた一行をガマに案内したまさにその時、この惨状を発見することになったのだという。

なんとも残念だ。氏に、日本のひどい現実を見せることになってしまった。しかしこれが現実である。

ガマ内部では、遺骨が集められている部分も荒らされていたという。辛い死を余儀なくされた方々の亡骸にまで手をつけるとは、人間のやることではない。折り鶴が引きちぎられ、ガマの入り口にある「世代を結ぶ平和の像」の石垣が破壊されていた。立ち入り禁止の看板も倒され、遠くに投げられていたという。

チビチリガマでは、一九八七年十一月にも「平和の像」が破壊された。これは、知花さんが、国体の開会式で日の丸を燃やしたことに対する愛国者たちの反発であった。

日の丸を燃やした事件は全国で知られた。チビチリガマで何が起きたかを、戦後三十年経って知ることになった知花さんの、日本国家への憤りから、為されたことだ(その頃の知花さんのことを、私は『海の沸点』という戯曲に書いた)。

チビチリガマは「墓」である。平和学習のためとしても、奥の方には入らないでもらいたいという住民の方々の声は皆に尊重されるようになり、知花さんたちもその後、現場ではさらに丁寧にガマに接してきていたのだ。

その時アミラ・ハス氏の通訳を担当していたのは、「紛争地域から生まれた演劇」シリーズでもお世話になっている渡辺真帆さんで、『海の沸点』を事前に読んでくれていたので、知花さんのところではお役に立てたのではないかと思う。しかし、こんなことになるとは。

この件は、「平和」を訴えることが「反国家」であると決めつける人間たちの仕業ではないかと予想されたが、事件直後に私は、推定で話をすることは避けたいと書いた。案の定、イデオロギーによる犯行ではなく、犯人はノンポリの若者達だとわかった。

その頃の報道によれば、アメリカはユネスコを脱退すると発表している。二〇一八年十二月三十一日付で正式に脱退し、その後は正式加盟国ではなく、オブザーバーとして関与していく方針だという。トランプ政権の「米国第一主義」の姿勢の反映だ。

ユネスコが「反イスラエル」で偏向しているのが理由だという。二〇一一年にも、ユネスコがパレスチナを完全な加盟国と認めたため、米国は分担金八千万ドル以上の支払いを凍結していた。

かねてから日本もユネスコに対し、「分担金の比率では日本が事実上のトップだが、それに見合う影響力を行使できていない」と、不満げだった。

ユネスコは二〇一五年、中国が申請した「南京大虐殺文書」を記憶遺産に登録。日本政府は強く反発し、昨年の分担金約三十八億五千万円の拠出を同年末まで留保したことがあった。かつてはユネスコの「世界の記憶」(記憶遺産)に、民間団体が登録を目指した慰安婦問題の審査をにらんで、分担金の拠出をいったん見合わせたこともある。

それにしても、アメリカに追随することを恥ずかしいと思っていない、アメリカの真似をするこの国だが、後を追って脱退、ということは、やめてもらいたいと思う。

そして二〇一八年。トランプ大統領がエルサレムをイスラエルの首都と「認定」、イスラエルの建国七十年に合わせ、アメリカ大使館をエルサレムに移転した。

東エルサレムを将来の独立国家の首都と想定するパレスチナは反発、ガザでは四万人が抗議デモに参加。イスラエル軍との衝突で、少なくともパレスチナ人五十二人が死亡、二千人以上が負傷。また多くの犠牲者が出た。


本当に戦闘が行われている最中に、演劇は有効だろうか。最低限の市民生活がなければ、観客もいない。そんな状態が長い間続いたら？　そのことを思うと、気が遠くなる。そんな世界にならないようにと願うことが、演劇に向かう初源の衝動のような気がする。

そして紛争は、いつも紛争の顔をしているとは限らない。住民に対する一方的な統制は、必ずしもわかりやすい抑圧の姿を示さない場合もある。そこにはいっけん「平和」に見える場合も含めた、生活の中の「紛争」がある。私たちは演劇の作り手として、そのことに対する敏感さを維持していたい。

このような志を支えるものとして、「紛争地域から生まれた演劇」シリーズは、貴重な十年を積み重ねてきたと思う。この企画は私にとって、ＩＴＩという組織とユネスコとの繋がりを確認する機会ともなっている。

継続方針を守ってきたＩＴＩ日本センターと、この企画を優れたリーダーシップで導いてくださった林英樹さんの尽力に、感謝したい。

「紛争地域から生まれた演劇」の意義

七字英輔（演劇評論）

国際演劇協会（ITI／UNESCO）日本センターが主催するドラマ・リーディング「紛争地域から生まれた演劇」シリーズは、二〇〇九年に始まった。一九九〇年代に激しい内戦が起こった旧ユーゴスラヴィアの紛争、わけてもセルビアとボスニア・ヘルツェゴビナの間で戦われた紛争は民兵を含む旧ユーゴ軍（当時はセルビア・モンテネグロの連邦軍だったわけだが）がボスニアの首都サラエボを包囲して攻撃し、一般市民にも多大な犠牲を生んだことはよく知られている。結局、この紛争はセルビアに対する国連の経済封鎖、およびNATO軍によるセルビアの首都ベオグラードへの空爆によって終わりを告げるのだが（以後も、セルビア内の自治共和国コソボとの間で紛争が起きるのは周知の通りだ）、しかし、この内戦にセルビアの人々はほとんど関与していないことは、日本のテレビでも報道された。同時に、ベオグラード市民の窮乏生活が画面に映し出されてもいた。

二〇〇一年、黒テントのビュヒナー作『ヴォイツェック』のBITEF（ベオグラード国際演劇祭）公演に参加した私は、戦争の傷跡がまだそこここに残っているにもかかわらず、廃墟となったカトリック教会の二階内陣を本舞台とし、一階にPCを多数備えた事務所を置くその活力に恐れ入った。働いている若者は、言うまでもなく皆、学生のボランティアである。ＢＩＴＥＦはユーゴスラヴィア連邦の時代から開催され、天井桟敷や人形劇団の結城座も参加している、当時、東欧随一の世界演劇祭だった（勿論、空爆期間中の九八、九九年は開催中止に追い込まれた）。私が滞在中に観たのはイギリスのスティーブン・バーコフのカンパニーによる『メシア』や、芸術監督にアラン・プラテルを擁するベルギーのダンス・カンパニー"Les Ballets C de la B"の『Rien de Rien』（演出・振付は今や日本でも知られるシディ・ラルビ・シェルカウイ）で、ダンサーがエルサレムの「嘆きの壁」に何度も勢いよく体をぶつけ、血塗れになるほどの激しいものだった。考えてみれば、両作ともにその後も続くイスラエル・パレスチナ紛争を主題とするような内容だった。

その後もセルビアとの演劇交流を続けた黒テント代表（当時）の宗重博之氏から、セルビア、クロアチア（いうまでもなく、旧ユーゴ内戦で最も激しくセルビアを中心とするユーゴ軍と戦い、独立を勝ち取った国だ）の最新の戯曲を持ち寄り、「紛争地域から生まれた演劇」としてリーディング上演できないか、という提案を受けたのが〇八年。「紛争地域」とは当時はまだ耳慣れない言葉だったが、それ以前から外務省へ行けば、どこそこは紛争地域なので渡航を控えるように、という文字が否が応でも目につくようになっていた。要するに、それでも行くなら命の危険までを含めて、あとは自己責任だよ、という政府の見解の表明である。この「紛争地域」という言葉が頻出するようになるのが、一九八九年に東欧社会主義諸国に民主革命が起き、次いで九一年にソヴィエト連邦が瓦解して、多くの独立国が生まれた九〇年代以降といってもいいだろう。ロシア軍がチェチェン自治共和国に攻撃を加えた「チェチェン紛争」、ドニエストル河を挟んでロシア軍とモルドヴァ軍が対峙した「モルドヴァ内戦」、ロシア住民が多い南オセチア自治共和国、アブハジア自治共和国との間で戦われた「ジョージア（グルジア）内戦」などは皆、九〇年代に起こっている（ロシアの覇権拡大の動きは近年のウクライナのクリミア半島奪取、ウクライナ東部の親ロシア派住民による独立の動きへの軍事支援にまで続いている）。しかし、その最大の紛争が旧ユーゴ内戦であったことに異論の余地はない。

セルビア（初演当時はセルビア・モンテネグロ）からもたらされた戯曲は内戦下を生きる少年少女たちの過酷な日々とその中で成長していく彼らの姿を描く、ミレナ・マルコヴィッチ作『足跡〜ＴＲＡＣＫＳ』（香西史子訳）であり、クロアチアのものは、来訪するアメリカ大統領の暗殺を企む青年が、精神科医として成功した義姉に精神病に仕立てられ、病院に隔離されてしまうミロ・ギャヴラン作『大統領の殺し方』（舟川絢子訳）である。問題は、青年が米国留学からテロリストとして帰国することだ。世界のアメリカ一国支配とグローバリゼーションに危機感を覚え、大統領暗殺を思いつめる。「世界の火薬庫」と言われた「バルカン」の、第一次世界大戦を誘発したサラエボにおけるオーストリア皇太子暗殺事件を想起させるが、そればかりではない。欧米を敵視する、当時はまだ存在しなかったＩＳ（イスラム国）へ西欧社会から続々と加わった若者たちを考えると、この戯曲の先見性に唖然とする（ＩＳへの渡航を企てる娘によって家庭が崩壊する劇を、私は一六年にモルドヴァで見た）。

「バルカン」特集のためにもう一作加えようということになり、私は、大阪外国語大学教授（当時）市川明氏が翻訳（ドイツ語からの重訳）・自主公演していたルーマニアのジャニーナ・カルブナリウ作『ケバブ』を推薦した（ちなみに大阪公演がすでに行われていたので、本シリーズでは唯一、初演ではない）。ルーマニアは旧ユーゴの隣国であり、チャウシェスク大統領独裁政権打倒のプロセスでは流血を伴っていた。『ケバブ』は民主革命が達成された後の社会を扱う。恋人がより豊かな生活を求めてアイルランドへ移住し、主人公の少女も彼を追って渡航するが、そこに待っていたのはケバブ店での労働と恋人による売春の強要だった。本公演のために招聘した劇作家・演劇評論家のミハエラ・ミハイロフ氏が社会主義時代は政府の検閲のため、「メタファー」や「シンボル」を劇中で使ったが、「革命」後は「社会」を「リアル」に描くことに変わった、と語っていたことが印象深い。その代表的作家がカリブナリウなのであろう。ちなみに、彼女は現在、ルーマニア国内の国・公立劇場で毎年、新作を発表する人気劇作家で、社会批判の舌鋒は相変わらず鋭い。

勿論、九〇年代の「紛争地域」は何もバルカン半島に限ったことではない。イスラエルとアラブ諸国との間で戦われた「第一～三次中東戦争」（一九四八～六七年）で欧米列強の支援を受けたイスラエルが勝利した結果、イスラエルはパレスチナの八十パーセントを占領し、同地に住んでいたアラブ人七十～八十万人が難民化した。六四年にはＰＬＯ（パレスチナ解放機構）が結成され、イスラエルとの間の紛争は、一時的な停戦はあったものの、第一～二次インティファーダ（イスラエルの軍事占領に対する抵抗運動、六七～〇五年）を経て、その紛争は現在までも続いている。本来、パレスチナ人が居住していた土地に、第二次大戦後、英米主導の下でユダヤ人国家が建設された。そこに紛争の根がある。しかも、パレスチナ人は狭いガザ地区とヨルダン河西岸に囲い込まれた。そこに紛争の根があることはいうまでもない（最近では、トランプ米大統領がエルサレムをイスラエルの首都と認め、そこに米大使館を移管して、東エルサレムを首都とするパレスチナ人の怒りを買っている。新しい紛争の火種を今もアメリカが生み出している）。

翌二〇一〇年はそうした中東の紛争を主題にした「パレスチナ・トルコ特集」。この年から企画委員に、ＩＴＩ日本センター理事である林英樹氏が加わったことが企画の趣旨を大幅に広げた。パレスチナに関して言えば、すでにフエスティバル／トーキョーにパレスチナの名門劇場アルカサバ・シアターが招聘されて、彼らが置かれた理不尽な状況を優れたパフォーマンスで見せていた。しかし、本企画で試みたことはそれとは一線を画す。作者のパレスチナ人、ターヘル・ナジーブ自らが自作『唾の届く距離で』をリーディング上演（字幕付き）したからである。同作は、作者自身の体験から生まれた三部構成の作品。第一部は四方をイスラエル軍に囲まれたヨルダン河西岸のラマラが舞台で、日常的に攻撃にさらされている若者たちは、ローブル通りに集まってはそんな街にせつせと唾を吐く。タイトルには徒手空拳の彼らにとって「唾」が唯一の対抗手段なのだが、それも相手には届かない、という含意がある。語り手は「俳優」だが、もう劇場の内と外の区別もつかなくなって、パリに向けて出国する。第二部はその六か月後。イスラエルの劇場からオファーがあって国に帰るパリの空港が舞台。パスポートのイスラエル名とチケットの名（本名）が違うため、なかなかチェックインができない。しかもその日は、9・11から明日で一年という日だった。三人の屈強なガードマンの看視つきでパスポートチェックを受け、ようやく飛行機の最後尾に座らされる。そして第三部が、到着したテルアビブ空港。ここでも彼は別室に通されて厳重なセキュリティ・チェックを受ける。そこで彼は初めて、ワールド・トレード・センターに飛行機が突っ込む映像を見ることになる。解放された彼は、女友達と一緒にカフェに入るが、ビールを注文した途端、客たちが一斉に席を立つ（自爆テロを恐れてのことだろう）。彼はそこで「唾」について考えるのだ。唾を吐くために生きてるわけじゃない、と。

「紛争地域から生まれた演劇」では通常、日本語に訳した海外戯曲を日本の俳優が演ずるが、この作品だけは作者本人によって演じられた。屈辱さえもぐっとこらえて飲み込まねばならない語り手が置かれた理不尽、不条理な状況を、ナジーブは、台本を手にすることなく、時折、ユーモアを交えながら淀みなく語った。実に見事なパフォーマンスだったが、そこに見られたのはやはり強い瞋《いか》りの感情だった。

この年上演されたもう一本は、ドイツ在住のトルコ人フェリドゥン・ザイモグルとドイツ人のギュンター・ゼンケルの共作『ヴェールを纏った女たち』（初見基訳）である。タイトルはいうまでもなく、イスラム教徒の女性の全身を覆うブルカ（ヴェール）のことだが、ドイツ在住の、西欧の生活にすっかり馴染んだ身体障害者を含む四人のイスラム教徒の女性の性や生活と、信仰と戒律の齟齬を描く一方、ドイツ人女性がイスラム教に帰依し、最後には静かに黒いヴェールを纏うというドラマ。前年にフランスで、公共の場所でのイスラム教徒のブルカ着用を禁じた法律がいずれも議会を通過していて、西欧社会での移民との文化的摩擦が問題になっていた。観客席から、テキストもドイツ語であり、トルコ戯曲とは言えないという声が上がったが、「紛争地域」を異文化が軋轢を起こす地域と考えれば、移民・難民を数多く受け入れてきた西欧諸国も「紛争地域」に連なる。この時点では、トルコは比較的政情が安定していたが、その後、ISの台頭とともに、大統領の権限を強める強権国家と化した。クルドの独立を求める自国内の武装組織クルディスタン解放戦線への攻撃を強め、イラク国境まで侵しているのは周知のことだろう。なお、ブルカとヒジャーブ（身体を覆うヴェール）については一四年に再度、取り上げた。パキスタンの作家シャーヒド・ナディーム作『ブルカヴァガンザ』（村山和之訳）だ。タリバーンと繋がるイスラム原理主義政党の台頭がみられるパキスタンで、女性たちを抑圧するブルカ、ヒジャーブの着用が暴力を伴って強制される。ノーベル平和賞を一四年に受賞したパキスタンの少女、マララ・ユスフザイが女子教育の必要を訴えて銃撃を受けたのは一二年である。その意味でも、この作品は最もアップ・トゥ・デートなものだったといえよう。

三回目は「動乱と演劇」の名の下に、さらに地域を広げた。中国とカメルーン、そしてオーストラリア。いずれも、この時点では「紛争地域」とされる実態はないが、過去に国内の動乱を経験し、その結果、現在までどういうトラウマを引きずってきたか、という問題を扱った。ノーベル賞作家の莫言《モーイエン》作『ボイラーマンの妻』（菱沼彬《よし》晁《あき》訳）は、文化大革命によって地方の農村に下放された音楽家志望の女性を描く。きつい労働に耐えられず、恋人を捨てて貧しい農家に嫁した女は、文革終息後、都会にひとり戻るが、夫が彼女を追ってくる。ピアノ教師で生計を立てる女に対し、夫は彼女の元恋人が斡旋してくれたボイラーマンの仕事で、わずかな賃金を手にするだけだ。一日中、日が差さない地下室の労働という農民にとっては屈辱的な仕事。彼を見る彼女の冷ややかな眼差し。そんなとき、彼女の妊娠がわかる。大喜びした夫は、大金を得ようと盗みに入り、捕まってしまう。元恋人は永遠に彼女の許を去り、身重の体で一人残される女の絶望——。

莫言には三本の戯曲作品があるが、どれも中国では未上演だという。したがって、本作もリーディングとはいえ、世界初演だった。

カメルーン出身、フランス在住のクワン・タワ作『罠』（佐藤康訳）は、アフリカの架空の都市エボリが舞台の詩劇。登場人物はわずか三人。物乞いの男と旅人と娼婦が、寂れた、いかがわしい街角で出会う。かつては美しく、栄光に満ちていたエボリも今やセックスと麻薬と盗みが蔓延する汚濁に支配された町に変わってしまった、と物乞いが語る。彼は教職に就くためにエボリへとやってきたが、突如起こった革命とその頓挫、さらには経済破綻とその後の民主主義の導入で貧富の格差が広がり、金持ちと外国の銀行を潤しただけで、国力は衰え、次第に森や大地が失われていった、と嘆く。国境を挟んだ隣町ティマティの医者だった旅人も、エボリ人であることが反乱軍の怨嗟を買い、命からがら逃げてきたことを告白する。娼婦もまた、別な国で幸せな少女時代を過ごし、成長してナイトクラブの歌手をしていたが、バンドマスターの愛人を追ってこの国に来たあと、捨てられて生活のために娼婦になった、と語る。三人は強権に抵抗した先駆者たちを思い出し、この国で開催される大陸首脳による国際会議に合わせて、革命運動を呼びかけようと計画するが、警察による街頭の物売りや乞食の一斉検挙が始まって、そこで幕。

エボリは、作者の故国カメルーンを表徴するが、それだけではない。強権国家や部族主義が横行するすべてのアフリカ国家のメタファーなのである。例えば、旅人が身ひとつで逃げてきたティマティの虐殺事件は、一九九四年にルワンダで発生した、多数部族フツ族による少数部族ツチ族の殺戮、約百万人の犠牲者を出した「ルワンダ虐殺」を容易に思い起こさせる（被災者にはツチ族だけでなく、ツチに寛容な態度を示した多数のフツ族も含まれる。ちなみに、この殺戮の煽動を行ったのがラジオ・ルワンダなどのラジオ局で、それに一枚噛んでいたのがかつての宗主国のベルギー人であったことも知られている。この戦争犯罪の法廷がベルギーで開かれているのはそうした理由だ。一三年の静岡「ふじのくに↑↓せかい演劇祭」で上演されたスイス・ドイツ・ルワンダの国際共同制作『Hate Radio』（ミロ・ラウ脚本・演出）はラジオ局を舞台にした臨場感溢れるドキュメンタリー演劇で、傑作だった）。

タワ氏は、母国とフランスを往還しながら活動している俳優、劇作家、詩人。この戯曲は古いタイプのフランス語で書かれているという。あえてそこにフランスとの距離感を滲ませているのではないか、と翻訳者の佐藤氏はシンポジウムの席上で語った。ちなみに、タワ氏はリーディング公演に際し来日、アフリカ演劇についての報告を行った後、シンポジウムにも参加した。ついでに言うなら、二〇一〇年代に入って、隣国ナイジェリアにアルカーイダに繋がるイスラム原理主義の組織「ボコ・ハラム」が生まれた。拠点にしているのはナイジェリアとチャドの国境地帯だが、一四年にナイジェリアの女子中学校を襲って、生徒二百名を拉致したことは記憶に新しい。その後も、拉致したと思われる年少の少女に自爆装置を付け、街中を歩かせて遠隔操作でそれを爆発させるという非情な手段を辞さないテロリスト集団である。そのボコ・ハラムの活動はナイジェリアのみならず、カメルーンにも広がっている。タワ氏ならずとも、気になるところだ。

オーストラリアの作品、トレヴァー・ジェイミソン、スコット・ランキン作『ナパジ・ナパジ』(佐和田敬司訳)はさらに衝撃的だった。ここにはもう「動乱」という、攻撃が双方向性を伴うような紛争の実態すらない。イギリスによって核実験場にされたため、先祖伝来の土地を追われたアボリジニ(オーストラリア先住民)一家の年代史《クロニクル》である。舞台は語り手として登場する作者(トレヴァー)が見聞きし、実際に体験したことからなっている(ちなみに共作者のランキンは白人作家である)。十九世紀初めに西海岸からの白人たちの入植が始まり、隊列をなす馬やラクダを不思議な生き物として眺めていたことなどが語られ、やがて祖父の時代になる。イギリスの核実験は一九五三年から六五年にかけてで、避難を強制されながらも、土地に留まった者が大勢いたという。一つには、避難を指示する政府の英語が理解できなかったためであり、二つにはそこに居住するアボリジニの人々の実数をオーストラリア政府が把握できていなかったためという。いずれにしろ、被曝した先住民の人々は数多い。トレヴァーも祖父を失う。そして土地を失ったアボリジニの人々は居留地へ送られ、更なる苦難を強いられることになる。

『ナパジ・ナパジ』とは、トレヴァーの母語であるピジャンジャラ語で「私はあなたに何かを与え、あなたは私に何かを与える」の意味だという。文化人類学でいうホスピタリティのことだろう。戯曲《テキスト》にはそのピジャンジャラ語が交えられ、数多くの場面で映像の使用を指示する。さらにコーラス（合唱隊）による歌や踊りが随所に出てきて、リーディング上演には適さないと思われたが、オーストラリア演劇に造詣が深い和田喜夫氏を演出に迎えて、素晴らしい公演になった。何より、唯一の被爆国を自認している私たちにこの公演は修正を強いるものになった。しかも二〇〇二年にパースのアボリジニ劇団「ブラックスワン」によって初演されるまでは当のオーストラリア人にも隠されていたのである。アフタートークに出席した佐和田氏は、〇三年の東京国際芸術祭（現在のフェスティバル／トーキョー）で上演されたメルボルンのプレイボックス・シアター『ストールン』（「盗まれた子供」の意）以後のアボリジニ演劇で、アボリジニの人々が受けてきた抑圧の歴史に違った側面から新しい照明を当てた、と評価したが、その思いは公演を観た私たちにとっても同じである。

さて、第一回から第三回までを詳述してきたが、それは、第四回以降の戯曲はＩＴＩ日本センターが毎年刊行している「国際演劇年鑑」の別冊に収載されているからだ。しかし、第三回までに見る通り、「紛争地域」の概念の広がりやその地域における問題の多様性は驚くべきほどであり、にも拘らず、それらの地域から演劇が生まれていることは「表現の現在」を希求する私たちにとっても貴重なものだった。常識的に考えれば、「紛争地域」からの演劇の発信は非常な困難を伴う。『唾の届く距離で』の中でも、ナジーブは、劇場の内と外が繋がってしまったところでは俳優をしていられないと言って、国を去り、パリに赴く。それでもなお、壁で囲まれたヨルダン川西岸地区で粘り強く演劇活動を続けているアルカサバ・シアター（〇四年、『アライブ・フロム・パレスチナ―占領下の物語―』、〇五年、『壁―占領下の物語Ⅱ』で来日、昨年もその主宰、ジョージ・イブラヒムが主演する『パレスチナ、イヤーゼロ』

（イスラエルの女優、人権活動家のイナト・ヴァイツマン作・演出）で来日）や第五回（一三年）に『3 in 1』（柳谷あゆみ訳）がリーディング上演された、同じくヨルダン川西岸地区のヘブロンで活動するイエス・シアターのような例は貴重である。ましてこの公演は、小中学校向けプロジェクトとして制作されたものという。出演俳優であり、共同作者である三人の俳優に敬意を表したい。

　多くはやはり、紛争地域や強権国家を逃れて、他国から発信するものだ。強権国家の場合は、政府の検閲にさらされるだけでなく、作品の発表それ自体が、作者の逮捕や拘禁にすぐに結びつく。したがって、それらは母語によるのではなく、タワ氏の『罠』のようにかつての宗主国の言葉であるフランス語や英語が使用されるケースが多い。大戦後のアルジェリア戦争前、独立運動に身を投じる若者たちを描く、「北アフリカ演劇における古典」（鵜戸《うど》聡《さとし》氏〔訳者〕）、カテブ・ヤシン作『包囲された屍体』（第五回、一三年）もまたフランス語で書かれたものだが、ベルギーのブリュッセルのモリエール座で「不法に」初演されたのは、発表（一九五四年）後、四年を経た五八年のことである（ちなみに、五四年末に勃発したアルジェリア戦争は六二年に終結する）。検閲に関して言うなら、中国では今に至るも、天安門事件（八九年）に触れることはタブーであり、わずかな例外がフランスに亡命したノーベル賞作家・高行健の作品ということだ（菱沼氏）。ヤシンや莫言同様に、著名なナイジェリアの作家ウォレ・ショインカ（アフリカ大陸初のノーベル賞作家）の『狂人と専門家』（粟飯原《あいはら》文子《あやこ》訳）が第七回（一五年）に上演されたことも意義深い。これは、一九六七年から七〇年まで続くビアフラ戦争（ナイジェリア内戦）の最中に、投獄されたショインカが獄中で構想を練ったものである（粟飯原氏の解説による）。ナイジェリアを再び「紛争地域」とするボコ・ハラムの活動にショインカ氏は何を思っているだろうか。

　とはいうものの、二〇一〇年代のアラブ・中東地域の状況は悲惨この上ない。北アフリカに「アラブの春」が起こったのは二〇一〇年。長きに渡る独裁政権から民衆に政治の実権を取り戻そうという動きである。チュニジアに始まり、エジプト、リビア、イエメン、シリアへと波及していく。しかし、根深いイスラム教の宗派対立も加わり、紛争が継続している地域も多い。ことにシリア。アサド政権を覆そうという民衆の蜂起から始まった紛争は、政権側が銃撃で応えたことから内戦が勃発する。反アサド政権側には英米のほか、トルコが支援し、アサド政権には利害で繋がるロシアと宗派（スンニ派）を同じくするイランが後ろ盾になった。さらに、シリアの政治的空白を狙ったかのようにシリアとイラクの国境をまたぐ形で、イスラム原理主義のＩＳが出現した（一四年。一七年、イラク軍が「完全制圧」と勝利宣言）。戦火に苦しむ、シリアを始めとするアラブ諸国から数百万に及ぶ人々が難民としてヨーロッパを目指し、ＥＵ諸国間に軋轢を惹き起こしたのは周知のことだろう。今や紛争はヨーロッパへと浸透しつつある。

そのシリアからも二本の戯曲が寄せられた。第七回のヤーセル・アブー＝シャクラ作『夕食の前に』（鵜戸聡訳）と第九回のアドナーン・アルアウダ作『ハイル・ターイハ（さすらう馬）』（中山豊子訳）。前者は、まさに戦争が母子の関係をずたずたに切り裂いてしまう話であり、後者は、ベドウィン（遊牧民）である親子のアイデンティティを探るドラマだった。勿論、二人とも現在は同国には住んでいない。トルコとオランダからの発信である。

第九回では、ヨルダンの劇作家ガンナーム・ガンナーム作『朝のライラック（ダーイシュ時代の死について）』も上演された。「ダーイシュ」とはＩＳの他称であり、アラブ世界では侮蔑的な意味を込めてＩＳをこう呼ぶ。舞台は架空の村だが、ダーイシュによって引き裂かれる教師と生徒たちの関係は、明らかにＩＳが蹂躙した地域での出来事である。こうして「紛争地域から生まれた演劇」は、いま現在の世界を照射しはじめる。「紛争」が過去のものか、現在も継続中であるかを問わず、それがもたらす社会の変容や人心の荒廃を多彩な角度から紹介したことを本シリーズの第一の意義だとすれば、「意義」の二つ目はそれである。それにしても、どんな過酷な状況下でも演劇を発信する作家たちの意思の力には敬服せざるを得ない。

そして三つ目の「意義」は、紛争地域だからこそ、さまざまな先鋭的な手法で演劇が書かれ、上演されたということである。このリーディング公演はそれによく応えた。

先述した『ナパジ・ナパジ』以外でも、例えば、第五回（一三年）のアフガニスタンの『修復不能』（後藤絢子訳）がある。アフガニスタン人権民主主義連盟（ＡＨＲＤＯ）によってテキスト化されたそれは、「プレイバック・シアター」の手法を使っている（後藤氏）。観客やワークショップの参加者が個人的な経験を語り、それを即興的に演じて見せる手法という（ポル・ポト時代のカンボジアで、唯一生き残った宮廷舞踊の名手が弟子たちと踊るオン・ケンセン演出『キリング・フィールド』をやはりふじのくに⇅せかい演劇祭で観たことがある）。言うまでもないが、それを日本の役者が演じる場合、臨場感を抱かせることはやはり難しいだろう。そして驚いたのが、第八回のイラン、ナシーム・スレイマンプール作『白いウサギ、赤いウサギ』（關智子訳）である。このリーディング用（！）に書かれた戯曲には、始めに出演者（独り）に対して十四項目にわたる細々とした指示が書かれ、その指示は上演の四十八時間前にプロデューサーから出演者に直接手渡されるよう指定されている。そのうえ、指定には公演当日、舞台上で台本を出演者に渡すことまでが定められているのだ。つまり、出演者には作品に対する一切の予断や先入主が入り込むことがないことが前提になっていて、一度出演したり、内容を知ってしまった者は、二度とこの作品に出演できない。なんという奇妙で、ミステリアスな仕掛けだろうか。一見、ファンタジーを思わせるタイトルを持つこの舞台は、こうして出演者と観客を巻き込んだ一種の思考実験の場と化す。兵役を拒否したために国外に出られなかった作家が、母語のペルシア語ではなく英語で書き、イラン国内に留まりながら、自身のいない場所での上演を目指したという背景がある。スレイマンプールは結局、一三年まで出国を許可されなかった。「紛争地域」からは時として優れて実験的な演劇が生まれてくる。

こうして「紛争地域から生まれた演劇」シリーズは、単に紛争地域への理解を深めるといった啓蒙的な次元から、紛争地域の中での「演劇」という表現そのものを問う思考の場へと移りつつある。それがこのシリーズの最大の意義といえるのではなかろうか。

Part 2-1

戯曲と解説

——作家・作品とその背景

本書に収めた三つの戯曲には、テキストの一部に不適切と思われる表現が含まれる場合がありますが、それぞれの社会的背景を踏まえた表現であることから、原文を尊重する立場に立ってそのままとしました。

第三世代

Dritte Generation

ワーク・イン・プログレス

二〇〇九年三月二十日ベルリン初演（ベルリン・シャウビューネ劇場）上演台本

台本・構成―ヤエル・ロネン（イスラエル／ドイツ）&ザ・カンパニー

Yael Ronen & the Company

翻訳―――新野守広

監修―――細田和江

【登場人物（俳優本人が登場する）**】**

ドイツ人（ユーディトのみ東ドイツ出身者）

ニールス・ボアマン

カルステン
クヌート
ユーディト

ユダヤ人（イスラエル在住）
イシャイ
アイエレット
オリート

パレスチナ人（イスラエル在住）
ラウダ
ユーセフ
ジョージ

上演台本は基本的にドイツ語と英語で書かれている。ドイツ語の台詞には［ドイツ語で］などと記す。ト書きには両言語以外の言語で台詞を言う指示もあるが、そのような個所も上演台本では英語で書かれている。

第一場

ニールス……［ドイツ語で］ハロー、今晩は。僕はニールス・ボアマンと言います。皆さん、最初にすこし謝っておきたいんですが、今日の舞台には装置も衣装もありません。イスラエルの演劇って、かなり違うんです。何ていうか……　ちょっと……　アフリカ的って言えばいいんでしょうか。お手元のパンフをお読みになればおわかりのように、この作品はワーク・イン・プログレス、つまり現在進行中の作品です。テル・アビブで上演したときは、これで完成って思われたようです。僕個人は違う意見ですけど。このプロジェクトにかかわれたおかげで、ほかの国の俳優たちと敬意をもって付き合うことができました。もちろん仕事の進め方は全然違っていました。一人ひとりの演技のレベルがバラバラなのも興味深い点でした。これはそれぞれの国の演劇教育の「違い」によるものでしょう。演出家はイスラエルの女性です。ユーモアのセンスも僕のとはちょっと違う。なんでも笑っていいってわけではないんです。でも僕たちがみんなそろってここに来れて、芸術的にチャレンジできるなんて素晴らしいことです。ドイツ人以外の俳優が僕らと同じだってことにも、本当に驚きました！　彼らはちょっと小さくて、肌が黒っぽいんですけどね。さて、さっそく舞台を始めましょう。（おっと、もう始めちゃいました、ごめんなさい）さぁて……

おっとその前に一つ、ドイツでは正面から語られないことをお話します。少しだけお時間をください、ごめんなさい。僕は生き残ったユダヤ人やその子孫から直接話を聞く機会がありました。強制収容所のあったザクセンハウゼンも見学しました。その結果、とても不幸な気持ちになりました。六百万人もの人々が、ユダヤ人だけではありませんよ、六百万人もの人間がガス室で殺され、銃殺され、虐待され、差別され、アドルフ・ヒトラーの引き起こしたおそるべき環境破壊にさらされたのです。これはなにを意味するのか……

えーと、長くなるので短くまとめます……

客席にユダヤ人の方はいらっしゃいますか？

シンティ・ロマの方はいらっしゃいますか？　いませんね、劇場の外でうろうろしてるんでしょう。

障害者の方は？

ホモセクシャルの方は？

この場をお借りして、ドイツ国民の名のもとに、ドイツ連邦共和国の名のもとに、ドイツ人である私は、ユダヤ人の皆さんに（今客席にいらっしゃる方はその代理です）謝罪します。大変申し訳ありませんでした……

申し訳ありませんでした。

皆さんに言いたい。あのようなことが再びドイツの大地で起こるとは思いません。少なくとも僕は絶対やりません。僕はホロコーストの支持者です。いえ、間違いました。ベルリンに建てられたホロコースト記念碑の完全な支持者です。私たちは常に過去を考え、思い起こし続けなければなりません、なぜなら私たちが注意を怠れば、あのようなことが人類の歴史上常に繰り返されるからです。

会場にトルコ人の方はいらっしゃいますか。

トルコ人とお知り合いの方はいらっしゃいますか？

九〇年代のはじめ、ドイツに移民・難民申請した人々の収容施設が焼き打ちにあったことを謝罪します。まったく恐ろしいことで、本当に申し訳ありませんでした。当時のドイツ政府は毎年五十万人もの外国人をドイツに受け入れましたが、あんなに大量の外国人を受け入れるなんて、ドイツ人には無理だったんです。多すぎました。この点、謝罪いたします。

最後にもう一つ、僕の心からの謝罪を聞いてください。会場に東ドイツ出身の方はいらっしゃいますか？　いえ、手を挙げていただかなくても大丈夫、ほんとお気の毒ですから。東の方が会場にいらっしゃることはわかっています。西ドイツの西ベルリンの劇場においでになるなんて、珍しいですね。それに西ドイツの俳優は登場するのに、東ドイツの俳優は劇場に来ない。アンクラム[*1]で飲んだくれてアフリカ移民を殴っているなんて、おかしいですね。この点、心から謝罪します。おっとそうだ、今日はこれから英語の台詞が山のように出てきます。でも驚かないで下さい。東ドイツ出身の皆さんのために特別に字幕を用意しました、早すぎて読めないなんてことないといいんですけど。

ごめんなさい、たくさんしゃべってお時間を取ってしまいました、謝ります。さあ、始まりです‼

いえ、もう少し、もう数秒お願いします。

イシャイ、君に個人的に謝罪したい。君のお祖父さんはザクセンハウゼン強制収容所で電流の流れている柵に触れて死んでしまった。申し訳ない、心から謝罪する。


イシャイ……［英語で］忘れな！


ニールス……［英語で］うん、忘れるって本当に簡単なときもあるけどね……

［ドイツ語に戻る］そうだ、もう一言、ラウダ、君たちパレスチナ人を襲ったカタストロフを謝罪します。僕たちドイツ人もパレスチナ人の災難に無実ではないんだ。ドイツ人がユダヤ人を追い出した。そのユダヤ人が君たちを追い出した。その結果君たちは六十年間、不十分な教育しか受けられず、劣悪なインフラにおかれてしまった。

ああ、ムハンマドとユーセフ、君たちと一緒に出掛けたベルリンのキットカット・クラブ*2の件では、特に謝りたい。あんなポルノ・クラブ、ドイツと思わないでくれ。

さて、それじゃ、始めよう！

第二場

椅子に戻るときは、走ること！

ニールス……［第二場はすべて英語で］彼女はアイエレット。正真正銘のユダヤ人です。お母さんから生まれるとき、お尻から出てきました。だから尻から生まれたお尻の子です。

お祖母さんは二人ともホロコーストの生き残りです。お一人はそのことを絶対に話さない。もうお一人は話し出すと止まない。

少女の頃のアイエレットは、敬虔なユダヤ教徒でした。でも十五でやめた。初めて知ったのは十六歳のとき。すこしヒポコンデリー（心気症）で、高いところが怖い、水が怖い、大きな音が怖い、広い空間が怖い、ばい菌が怖い。ドイツ人は怖くない。

アイエレットの笑い方はちょっと変わっています。

彼女は包茎[*3]を見たことがない、触ったこともない。ほら、どう、触ってもいいよ。

彼はカルステン。

身長一八六センチ。でも僕のように一九〇は欲しいと思ってる、お祖父さんは五年間ロシア戦線で戦い、一年間ソ連の刑務所にいた。お祖父さんがドイツの村に戻ってきたとき、お祖母さんはてっきり幽霊だと思って悲鳴を上げて逃げたそうです。

お祖父さんはカルステンに戦争のことをまったく話さなかった。代わりに一頭の黒い仔馬をくれた。名前はスモーキー。スモーキーが死んだとき…… ばい菌で脚が腐る、かわいそう、頼む、死んでくれ！とカルステンは一日中泣いた。サッカーのワールドカップでドイツがアルゼンチンに負けたとき、カルステンは二日間泣いた。

ファーストキスは九歳のとき。相手はウルズラ・ハステンフルーク…… 卓球のクイーンだった。あご髭はちょっとしか生えていない。額に傷跡がある…… 喧嘩でできた名誉の傷だって言ってるけど、本当は子どものときにガラスのドアにぶつかって出来たんです。

カルステンは包茎です。


彼女はラウダ。

お祖母さんはナクバ[*4]のとき、パレスチナ人のアイン・ハウド村から強制退去させられた…… 一九四八年、パレスチナのカタストロフの年だった…… それ以来、故郷の村に戻るのを許されない。ところでお祖母さんはとても太っていた…… ううん…… 君はきれいだよ、ラウダ、でもちょっと太り気味かな！

……　太っていたお祖母さんを運び出すのに村人総出だった。ラウダは今でもお祖母さんの家の鍵を持っています。

十九歳のとき、ラウダは二階から飛び降りたけど、足にかすり傷をこしらえただけですんだ。飛び降りたのは、恋に落ちたから。相手は敵の宗教の信者。彼の家にいるところを誰にも見られたくなかったので、飛び降りた。

ラウダはフェミニストですが、毛を気にして剃っています。以前はよくデモに参加しました。デモに参加しても何も変わらないとわかってから、やめてしまった。

ラウダには男の子が二人いる。二人とも包茎です。


ラウダ……違うわ、包茎じゃないわよ。


ニールス……ごめん。

彼はクヌート。ベルリン動物園の有名な白熊です。うそ、うそ、君は人間だね。

クヌートはイスラエルではシリアスなドイツ人俳優として通っている。

八歳のとき、たまたまお祖母さんの家で、お祖母さんがナチスのユニフォームを着た家族と一緒に写っている写真を見てしまった。お祖父さんとお祖母さんに戦争体験を尋ねても、ちゃんと答えてもらったことはない。

包茎だったクヌートは、子どもの頃バスタブにつかって練習した、両親もがんばれって応援してくれた。厳しい訓練の結果、今日クヌートの包茎はとてもフレキシブルで柔らかい。

彼はイシャイ。

生まれたのは一九七三年の第四次中東戦争[*5]の最中でした。前線にいたお父さんは、息子の誕生をラジオで知った。「こちらはイスラエル放送。たった今、イシャイ・ゴランが生まれました」

お祖父さんはドイツのライプツィヒ生まれ。かろうじてナチスから脱出して、イスラエルにたどり着き、イギリス軍に入隊した。

イシャイの妹はパレスチナ人と結婚して、アラファトを守るために人生を捧げた。

イシャイは包茎ではありません。


彼はユーセフ。

ナクバが始まるとお祖父さんはハイファの自宅から強制退去させられた。ユダヤ人のせいだ。何ひとつ持ち出せなかった。コーヒーを飲み終える時間もなかった。自宅が没収されたので、一家は別の四家族と一緒に一軒の家に住まざるをえなかった。

ティーンエイジャーの頃、キリスト教の修道士になるのが夢だった。でも聖母マリアの誘惑と戦ううちに、キリスト教は自分の宗教ではないことに気がついた。

ユーセフはつい最近このプロジェクトのメンバーに加わった。演出家と結婚しているから参加した……　というわけではない。

ユーセフ……［英語で］僕がいい役者だからさ。

ニールス……ユーセフのお母さんは息子に割礼を施したけれど、それは美容の観点からだった。お母さんは息子の幸運を祈って、切り取った皮をいまでも大事に取っている。

彼女はユーディト。

ユーディトはとても醜い未熟児として生まれた。

お祖父さんは若い頃サーカスに加わるのが夢だったけど、兵隊にとられてロシア戦線に送られ、ロシアの刑務所で三年過ごし、解放されると同時に死んだ。

ユーディトの両親は西ドイツの知り合いを訪ねるとき、担保として娘を東ドイツに置いていかざるをえなかった。

ユーディトの彼氏のいない期間は短い。最近十三年間で彼氏がいなかったのは、最長でも三カ月。彼女のボーイフレンドは、包茎じゃないのが二人、包茎が五人。つまりユーディトは包茎が大好き。

彼はジョージ。

ジョージのお祖母さん一家は、パレスチナ人のバル・アム村を追い出された難民だ。一家はロバに乗って逃げた。お祖父さんは百五歳まで生きた。二度結婚し、十人の子どもに恵まれた。

ジョージの両親は、結婚するまで一度も会ったことがなかった。叔父さんはイスラエルのユダヤ人と結婚してユダヤ人になった。それ以来、家族は誰も叔父さんと口をきいていない。

ジョージは第二次インティファーダ[*6]が始まる最初の石を投げた。

ジョージは包茎です。

彼女はオリート。

オリートは麻薬売買で今の夫と知り合った。

オリートのお祖父さんは、ホロコーストで家族を全員失った。ナチスが生きたまま焼いたんだ。オリート、ごめん。

オリート……………忘れな。

ニールス………………オーケー。お祖父さんのガールフレンドはキリスト教徒だった……　彼女はイスラエルに行くといって聞かず、死ぬまでユダヤ人として振る舞った。シャバト・シャローム（安らかに眠りたまえ）。

オリートのお父さんは、イスラエル軍のスパイとして活動した。名前はサッソン・ナフミアス。

最近オリートは、テル・アビブから郊外の村に引っ越した。そこはアラブ人を追い出した廃墟に建てられた村だ。

田島亮（上演当時は田島優成）（手前）と天乃舞衣子（奥）　撮影＝奥秋圭

オリートは一度だけ包茎を見たことがあるけど、酔っ払っていてよく覚えていない。

ニールス……（観客に向かって）さて、僕はニールス・ボァマンです。（沈黙）祖父はナチスでした。

全員……ニールス、僕らは友達だ！

ニールス……祖父のボァマンは子ども好きのとても優しい男でした、ナチスの子どもしか好きじゃなかったかもしれないけど……　とにかく子どもたちを愛していました。僕個人はユダヤ人を尊敬しています、愛しています。百パーセントユダヤ人の彼がイスラエルにいたこともあります。包茎じゃなかったけど。彼の名前はジミー（Jimmy）でした。

全員……（訂正する）シミー（Shimi）。

ニールス……ごめん、シミーだった。僕たちがイスラエルに出発したときのことはよく覚えています。あれは過ぎ越しの祭り[*7]の頃だった、過ぎ越しの祭りって、キリストの血を飲む祭りです。出発のとき、とても遅くなってしまいました。僕はスーツケースに荷物を詰めていました。

第三場

カルステンが舞台にスーツケースを運んでくる。ニールスは電気掃除機を使って荷造りしている。イシャイが自分の持物をゴミ袋に詰めて現れ、ニールスを見る。イシャイは「ハイ」と二度言うが、ニールスは気づかない。

イシャイ……（どなる）ハイル！

ニールスは彼を見る。

ニールス……君たちイスラエル人って、こんなに遅刻しても三十分遅れちゃったたって感覚なのか?!

イシャイ……そんなにドイツ的にきちきちするなよ。荷造りしてたんだから（ゴミ袋を見せる）。

ニールス……何だそれ？　今から飛行機だろ、家畜用の貨車*8に乗るつもりか！

イシャイ……ルフトハンザさ、バック一個しか機内に持ちこめないって聞いたから！

ニールス……スーツケースの代わりにゴミ袋を持ちこむユダヤ人と旅行できるか！

イシャイ……僕、パッキングの仕方知らないんだ。三年間の上級パッキングコースなんて、高校にないよ！　僕の代わりに荷造りしてくれないかな、お願いだから。

ニールス……おい、無理言うな……　これから家の中を片づけなきゃならない、台所を片づけて、植物に水をやって、電気を止めて……　一気に片付けるって言ってもヒトラーのファイナル・ソルーション[*9]はご免だ！　まっ、やってやるけど、無理言うなよ！（電気掃除機のスイッチを入れてゴミ袋の空気を吸引し、ゴミ袋を小さくする）

ネズミとしてアイェレットが入ってくる。ネズミの音、前後三回ぶつかる……　狂ったように走る彼女のあとを、全員で追う……　アイェレットは走って壁にぶつかる。

電気掃除機のスイッチが切れる。

イシャイ……どうした……？

ニールス……ネズミだ。ネズミを吸い込んだ！

イシャイ……ネズミって？

ニールス……言っただろう、家にはネズミがいる。俺はネズミが嫌いだ。

イシャイ……ネズミ捕り、買ったろ？

ニールス……もちろん……　これが電気ネズミ捕りだ……　ほら！

ニールスはラウダとクヌートの間を通り壁に向かって電気掃除機をかける。

イシャイ……殺す気か？

ニールス……いや、殺すんじゃない、駆除するんだ。（掃除機でネズミを吸い込む）

イシャイ……うわ、まず連中を集めて、ガスでとどめをさすんだな。

ニールス……（掃除機の音が大きいので叫ぶ）なに?!　おまえ、昨日の夜、蚊をつぶしたろ。そのイシャイ……でかい手、血まみれじゃないか……

イシャイ……蚊はネズミと違うし、昨日は蚊がうるさくて眠れなかった。正当防衛だよ……だいたいネズミが君に何かしたか？

ニールス……典型的なイスラエル人の理屈だ、自分のやってることを反省しない。

イシャイ……なに？

ニールス……（掃除機を切る）典型的なイスラエル人の理屈だ、自分のやってることを反省しないって言ったんだ。

イシャイ……どういう意味だ?!

ニールス……（ジョージとクヌートの間の椅子のラインまで下がる）わかってるくせに。殺す殺すってうるさい奴だ。ネズミを駆除しただけだろ。自動小銃の訓練も受けてないぞ。

イシャイ……なにが言いたいんだ？

ニールス……ネズミを駆除した俺をナチス呼ばわりするお前らは、パレスチナ人なら殺しても平気だろ。なんだよ……？（電気掃除機から離れて、イシャイのそばに来る）

イシャイ……僕がパレスチナ人を殺したか？

ニールス……知るか。一般的な話をしたんだ。ひょっとして本当に殺したことあるのか？

イシャイ……君のじいさんはユダヤ人を殺したのか？

ニールス……訊いたこともない。関係ないだろう？

イシャイ……イスラエルで泣きっ面かくなよ……

ニールス……なに？　俺がイスラエルで泣きっ面かくのか、え？　俺がこれから行くのはイイシャイ……スラエルじゃない、パレスチナだ！　おまえの飛行機代は俺たちが払った、ところがお前は臭いゴミ袋をかついで現れた……

ニールス……ほぉ、飛行機代を自分たちが払ったから対等になったつもりか？　金で僕の傷を治せると思ってるのか？

イシャイ……傷って何だ？

ニールス……（客席に向かって）「傷って何だ?!」（ニールスに向かって）この心が血を流している！　僕は死んでいる。

イシャイ……おい、その話を繰り返すのは止めてくれ、その話は終わってるんだ。

ニールス……どうしたら終わる、あんなことをした君たちをどうしたら信じられる？　僕らに忘れてくれって言うのか？

イシャイ……なんべん謝らなきゃいけないんだ、なんでそんなにしつこいんだ？

ニールス……あんなこと、僕は絶対君にしない。

イシャイ……そりゃしないだろ。お前たちは選ばれた民なんだし、過ちから清められているし、スマートで、過ちを犯すことなんて絶対ないんだから。（イシャイの衣類の入ったバッグを遠くへ放り投げる）

ニールス……もちろん僕たちだって過ちを犯す……　でもアラブとつるんで君たちをだましたりしない！

アイェレットはネズミの音を立てる。ニールスとイシャイは彼女を見る。

ニールス……お前たちこそレイシスト（排他的民族主義者）だ。お前たちはアラブ人を憎んでる。一日中ナチスを笑いものにしてる、お前たち、イスラエル人は……（オリートが駆けて来て、二人の間に割って入る）

第四場

オリート……（ヘブライ語でイシャイに話し出す、椅子から立ち、ニールスに向かって歩く）ちょっとちょっと、違う違う、比べちゃダメ。ごめんなさい、口出しする気はないんだけど、でも言わざるを得ないから、ごめんね。でもこう言えって今回のプロジェクトの契約書に書いてあるの……　私たちは比べない！（椅子に戻って、再び止まる）パレスチナ人はパレスチナ人、ドイツ人はドイツ人、ホロコーストはホロコースト……　椅子に座りましょう……　ホロコーストは人類史上一回限りの出来事です。もちろん人類の歴史にはさまざまなジェノサイドがありました……　例えば……

ニールス……クルド人へのジェノサイド……　アルメニア人へのジェノサイド、スーダンでの大量虐殺、ルワンダでの大量虐殺。

オリート……旧ユーゴスラビアでの大量虐殺。でもお願いだから、比べないで。ホロコーストはホロコースト、ルワンダはルワンダ。大陸も全然違うでしょ。

ユーセフ、椅子をちょうだい。

何度も何度も聞かされる、たくさんの人から、たくさんの国から、スイス人やベルギー人から、どうして君たちユダヤ人は――　ありがとう、ユーセフ――どうして君たちユダヤ人は……　生き延びた今ごろになって……　パレスチナ人に同じことができるんだって。私は反論する、しかるべき敬意を払って。どうしてあなたたちは比べることができるのって。

ホロコーストはユダヤ人のための教訓じゃない……　百歩譲って、全世界のための実験室。**でも**、こんなこと言うからって、パレスチナ人に行っていることを私が正しいって考えてるなんて、思わないでね……　私たちユダヤ人がやっていることは正しくない。

間違っている。とってもとっても間違っている。**でも**……　比べないで。たとえば、パレスチナとの境にイスラエルが築いた分離壁[*10]……　あの壁はとってもひどい、とってもとってもひどい壁です……　**でも**、壁ができてから、テロはなくなった。**でも**、テロをなくすために、私たちは百万人以上の人々を囲い込まねばならない。**でも**、イスラエル人はテロから身を守る権利を持っている。**でも**、壁はテロを防げない、なぜならもしあなたがテロリストなら、かならず抜け道を見つけるから。**でも**、壁があって、テロリストは抜け道を見つけられない。それからあの貧しい人々……　百万人どころじゃないわ！　十分な食料も医薬品もなく、壁に囲まれた「牢獄」で暮らさざるをえない。人間として暮らす基本的な条件が満たされない。ひどい、ひどい。

ナチス時代のゲットー[*11]はどうだった？　ひどかったわね？　とってもひどかった。とってもとってもひどかった。でも比べないで。

イスラエルとパレスチナの闘いはホロコーストのような人種同士の闘いじゃないことを思い出して欲しい……　そもそもホロコーストは闘いじゃなかった。

でも、だからと言ってイスラエル人がレイシストじゃないなんて言うつもりはない。イスラエル人はとってもとってもレイシスト。

正統派のユダヤ教徒[*12]はシオニスト[*13]のユダヤ人を憎んでいる、シオニストのユダヤ人はアラブ人を憎んでいる。アラブ人はすべてのユダヤ人を憎んでいる。イスラム教のアラブ人はキリスト教のアラブ人を憎んでいる。ヨーロッパ人はイスラム教徒を憎んでいる……　ヨーロッパ人はユダヤ人も憎んでいる。それから、ドイツ人は全世界から憎まれている。

でも、そのドイツ人でさえも人間だってことがしばしば忘れられている。（客席に向かって）そう、あなたたちは人間です、ベルギー人と同じ人間です……　でも、比べてはいけません。

もちろん、すべてのドイツ人がナチスだったわけではありません。**でも**、すべてのアラブ人がテロリストであるわけでもありません。**でも**、なかには自爆テロに走って無実の女性や子どもを殺す者がいるんです。**でも**、イスラエル軍も無実の女性や子どもを殺しています。

でも、それはテロリストが家族の中に隠れているからです。**でも、**テロリストがそうするのは他に選択肢がないからです、彼らには失うものがない。でも、イスラエルもほかに選択肢がない。**でも、**行為はいつも選択の結果です。ナチスの行為だって選択の結果でした。今でもそうです、あなたたちドイツ人は、戦後、完璧な民主主義国家を作り上げましたけれど、その裏に隠れている外国人嫌悪と反ユダヤ主義を見つめる選択もあります。これは醜い、とってもとっても醜い。だからレッツ・ノット・カンペアー。

ユーディト……compare って、どういう意味？

オリート……そうね、少しホロコーストの話をしましょう。私たちユダヤ人が大量虐殺されたホロコーストの話をするとき、当時ドイツ人はどこにいたのですかと尋ねざるをえません。皆さんと同じドイツ人に、ホロコーストの当時どこにいたのですかと尋ねれば、たぶんホロコーストのことは知らなかったと答えるでしょう。知らなかったとはどういうことなのですか？　知らなかったなんてありえないのではありませんか？　当時のドイツ人は、ユダヤ人は遠くからでも臭うなんて、平気で言っていました、ユダヤ人を焼く焼却炉の煙に囲まれて、ドイツ人は突然嗅覚を失ってしまったのでしょうか？　バッハかワーグナーか聴いただけでわかるドイツ人が、何百万もの人々の死の行進の足音は聞こえなかったと言い訳するのは、とても興味深い現象です、森のなかで銃殺されたユダヤ人は悲鳴をあげたのに……　あなたたちドイツ人の眠りの邪魔にもならなかった……　聞こえなかった！（極めて皮肉に）あなたたちは「知らなかった」。ちょうど私の初めてのセックスと同じ。とても気持ちいいってわけじゃなかった。ていうか、とってもとっても良くなかった。でも、妊娠して、中絶しなければならなかった。

ユーディト……ひどい。

オリート……そう、彼に電話して助けてって言ったら、関わりたくないって言うの、おまえピル飲まなかったのかって。えっ？　って聞き直したわ、あなた私がピル飲むとこ見たの？　どうしてゴム使わなかったの？　私が何歳か知らなかったの？　十五歳だったのよ？　ヴァージンかどうか、訊く気にならなかったの？　どうでもよかった！　知ろうとしなかった！　典型的なイスラエル人、知ろうとしない、領土に執着して、巨大な壁を作る政府。だから何が起きているのか見えない。将来私たち言うことになるわ「私たちは知らなかった」って。でも、ラッキーなことに、マスメディアはどこにでもいる。どこにでもどこにでもどこにでもいる。でも、全部信じちゃダメ。でも、いったい誰を信じるつもりなの？　誰も信じられない！　誰も信じられない……　中絶しなきゃだめ！　ねっ、お願い、お願いだから比べないで。（起き上がる）カンペアーする必要なんてないんだから。

ユーディト……compare って、どういう意味？

オリート……比べたくなる気持ちはわかるわ。比べたくなる誘惑はとってもとっても強い。ドイツ人は比較を愛する。ホロコーストは世界中のいたるところで誰にでも起こせるって信じさせようとしている。**でも、**ホロコーストはスイスでは起きなかった、ベルギーでも起きなかった、そうでしょ？　パレスチナ人は世界中の人々に比べろって言う。ユダヤ人はホロコーストから何にも学ばなかった、だからホロコーストをやってるんだ、比べろって……　**でも、**パレスチナ人こそ自分たちのやったテロから何にも学ばなかったんじゃないの？　それに、イスラエル人は比べるなって言う。**でも、**イスラエル人だって比べ続けている。ドイツ人がやりはじめたユダヤ人大量虐殺を最後までやる気なのはアラブ人だって、世界中に言ってるのはイスラエル人。だからお願い、お願いだから比べないで。

椅子を持って下がる。

第五場

ユーディト……オリート？
オリート……なに、ユーディト？
ユーディト……カンペアー（compare）って、どういう意味？
オリート……ドント・カンペアー！
ユーディト……ニールス、カンペアーってドイツ語でどう言うの？

ニールス……フェアグライヒェン（vergleichen）。

オリート……（観客に向かって）ドント・フェアグライヒェン。

ユーディト……えー。ほんと？

オリート……そうよ！

ユーディト……どうして？（オリートは座る）ごめんなさい、私にはわかることもわからないこともたくさんあるけど、あっ、私の英語、めちゃ下手でごめんなさいね、［以下ドイツ語になる］私、東ドイツの生まれだから、ロシア語ならしっかり勉強したんだけど、英語はやったことないの。だからこのプロジェクト、すごく難しかった。ほんとよそ者って感じだったわ。（座る）それで、例の……ホロコーストの議論なんだけど、これも私にはよそ者って感じなの。だって、私、東ドイツの出身でしょ。つまりあれって、私たちじゃなかったんだから。

クヌートとニールス……［ドイツ語で］えっ？　君たちじゃなかった？

ユーディト……［ドイツ語で］だってそうでしょ。やったのはナチスなんだから！　あなたたちの反応、典型的に西ドイツ的。まったくもうイスラエルの仲間の方が正しい。［英語に戻る］ドイツ人は過去と向き合わなかった。（アイェレットは拍手する）

観客に向かって話す、他の俳優にはほとんど反応しない。

ユーディト……［以下英語で］えっとー、英語で話してみるわ。さあ、話すわよ。（拍手）so the Israelis（イスラエルの仲間も）……

ユーセフ……………………and Palestinians（パレスチナの仲間も）……

ユーディト……………………私の言うことを理解してくれる。まず言いたいのは、私ほんとにハッピー。この多文化プロジェクトに参加できてハッピー（拍手）、それにイスラエルにも行くことができて、ほんとにハッピー……

ユーセフ……………………パレスチナだよ。

ユーディト……………………私の両親は私がイスラエルに行くって言っただけで、全身パニックになっちゃった。

カルステン……………………［ドイツ語で］僕の両親も同じだった。

ユーディト……………………［以下英語で］ほんと言うと、私こわかった！ だってイランが核兵器やカッサム・ロケット[*14]を開発しているし、戦争犯罪だ、ヒズボラだ[*15]、ハマスだ[*16]なんて聞くし……

カルステン……………………アル＝カイダ[*17]、アル＝アクサ[*18]……

ユーセフ……………………イスラエル軍だってこわいぞ……

オリート……………………比べないで！

ユーディト……………………ファタハ[*19]、原理主義のユダヤ人入植者、パレスチナ人、ユダヤ人、アラブ人、何が何だかわからない。それにおそろしくひどいことも聞いたわ、ユダヤ人がこんなこと言ってるって、「アラブの連中は俺たちを海に投げ込もうとしている」。

オリート……………………ほんとよ。

ユーディト……………………でもアラブ人も言ってるんだって、「ユダヤの連中は俺たちを海に投げ込もうとしている」。

ユーセフ……その通り。

ユーディト……オーケー。じゃあ、誰が誰を海に投げ込みたいの？（ジェスチャー、「彼ら」—「私たち」）私たちの国の歴史を考えると、人間を海に投げ込むという表現は政治的に正しくない。

ニールス……そんな⁉（立ち上がる）

ユーセフ……おまえの国に海はないのか。

ニールス……（ユーセフに）まさか、ドイツは北と東に海がある。（観客に秘密を明かすように）ほんとにごめんなさい……　［ドイツ語で］ちょっと恥ずかしいです、彼女の発言はソビエト的な短絡化、ショートです。（ユーディトは話し続けている）予定ではここでダンスが入ります、ザクセン地方の風習とユダヤの風習を混ぜ、パレスチナの民族舞踊ダブケ[*20]とエルツ山地の民族ダンスを踊って、鐘を鳴らすことになっています。練習もしました、見てください（ダンスを始める。それらしく踊る。踊りながら観客に向かって話す）このショー・タイムのコンセプトはフィジカルシアターでした。つっ立ってしゃべるだけじゃないんです。

ユーディト……（彼を無視して、ドイツ語で）しゃべるのは大切でしょ。［以下英語で］私はちょっと驚きました。どんな文化も独自の伝統を持っていますから、それを尊敬しなければなりません。でも、中東で何が起こっているか本当に理解する気なら、実際に行かなければダメです。私たちドイツ人は、とても安全で民主的な国にいるんですから。

ニールスはダンスをはじめる、ユーディトは回転し、ニールスは止まる。

ユーディト……繰り返します、私たちドイツ人はとても静かで安全で民主的な国に暮らしています。

クヌート……民主的。

ユーディト……あなたは何も知らないんでしょ。誰が犠牲者なのか（俳優たちは自分自身を指す）、誰が犯罪者なのか（俳優たちは自分以外の俳優を指す）、理解することは、特に私たちドイツ人にとってとても重要です。そうでないと誰に味方すべきか（俳優たちは自分自身を示す）わからないから。だから私はイスラエルに行ってみた。

ユーセフ……パレスチナだ！

イシャイ……イスラエルだ。

ユーディト…………とにかくそこへ行った。誰が良い人で（俳優たちは自分自身を指す）誰が悪い人か（俳優たちは自分以外の俳優を指す）、見分けるのが最初の課題だった。行く前は簡単だろうと思ってた（イシャイに近づき、彼の頭を背後から示す）。だってユダヤ人は皆白人で鼻が大きく、このちょっとユダヤ的な帽子キッパ[*21]をかぶってると思ってたから（イシャイを見ずに彼を指しながら、観客に話しかける）。

イシャイ……なに？（自分の鼻と頭に触る）

ユーディト……そう、あなたのことよ。（ジョージのところへ行く）それからアラブ人は皆肌が黒いだろうと思ってた。（ジョージは自分の手を見る）毛むくじゃらの顔とクーフィーヤ[*22]（ジョージとニールスはたがいの顔と首に触る……　ニールスはジョージのクーフィーヤを取る）、パレスチナ人のスカーフ。でも着いたらびっくり、だってユダヤもアラブも混じっていたんです！　皆思い思いにキッパやクーフィーヤをかぶり、鼻は大きくてひげだらけ。私にはだれも同じ顔に見えた！

全員……そんな？

全員いらいらの動きが大きくなる、立ちあがって他人と違う動きを確認して観客に示す！

ユーディト……そう、（観客に向かって）ほら、この人たちを見て。誰がアラブ人で（俳優たちはアラブ人俳優を指す）、誰がユダヤ人か（俳優たちはユダヤ人俳優を指す）、見分けられないなら、どうやって犯罪者と（俳優たちはそれぞれ他の俳優を指す）犠牲者を（俳優たちは自分自身を指す）見分けるの？　正直言って、誰を海に投げ落として（俳優たちは立ちあがって思い思いの俳優を指す）、誰を海岸に残すか（俳優たちは思い思いの俳優を指す）、彼らの間ではどうやって見分けてるの？

見分けるシステムはどこにもない。誰かがシステムを組織する必要があるわ！

カルステン……（手を挙げる）［ドイツ語で］僕らドイツ人なら簡単に組織できるのに。

ユーディト……（ユーセフに話しかける）［英語で］オーケー、わかったわ、パレスチナ人は（ジョージの背後に回る）アラブ人だから、こげ茶色の肌をしている。その大部分はイスラムユーセフ……教徒（ラウダを指す。彼女はイスラム教徒である）。（ユーセフの背後で）はじめて知ったんだけど、キリスト教徒のアラブ人は本物のアラブ人じゃないんですって。

ユーディト……えっ？（ラウダに向かってアラビア語で）そんなこと彼女に話したのか？

ユーディト……どうしたらキリスト教徒がアラブ人になれるのか、説明してくれる？　その場合の肌の色は？　彼のように（ユーセフを見る）……　ベージュなの？　でももっと複雑なのね。ユダヤ人にもいろんな種類があるし、ユダヤ人同士で憎み合ってるんだから。

オリート……そうよ。

ユーディト……例えばユダヤ人の中の一種類……　正統派ユダヤ教徒、巻き毛でペンギンみたいな人たち……　彼らのなかにはイスラエル国家を信じてない人もいる。じゃあ彼らは海に飛び込んで自殺したいのかしら？　オリートは割礼した男はユダヤ人だって教えてくれたでしょ。

オリート……ええ。

ユーディト……思ったんだけど、結局最後の決め手は出来る限り多くの男と寝てみるってことね。

ジョージ……（うなずく）

ユーセフ……ええ？

イシャイ……その通り。

ユーディト……ところがやってみるとかえってわけがわからないの。最初の男は包茎じゃなかった（イシャイに確認する）。だから最初の男はユダヤ人。次の男も包茎じゃなかったけれど、自分でイスラム教徒だって言ってたわ（ジョージは手を振る）。三番目の男は包茎で自分はアラブ人だって言ってたけど、キリスト教徒だった。ところが彼はこう言うの、自分の兄は……

ユーセフ……うん？

ユーディト…………自分の兄と彼が紹介してくれた友達は全員

ユーセフ……うん？

ユーディト…………包茎じゃないって。美容整形で包茎をとっちゃったんですって！　その方が美しいから？

ユーディト……ドイツでは美しくなるために体を切る人なんていないわ。イスラエルへのリスペクトを示すために、私にも体の一部を切って欲しいのかこの人たちって思うと、ほんとにもうまったく［ドイツ語になる］この人たちは何なの?!　局部を切っちゃうし、お互い同士殺し合ってるし、海に投げ込むとか言ってるし、私は彼らのそばにいても何もできない、だって誰が誰だかわからないんだから！　それで私、本気になった、中東の歴史を全部本当にわかろうと思った。でも……

ユーセフが来て彼女を慰める。彼女を連れ出し、イシャイとハイタッチする。彼女を連れて歩く間、ユーセフの手は彼女の尻に向う。

ユーディト……［ドイツ語で］英語で話したくない……　英語で話すなんて、このプロジェクトの契約書にはなかった……

ユーセフ………落ち着いて、マリア。

ユーディト………［ドイツ語で］私はユーディト（二人は去る）。

第六場

会話は主として観客を相手に行うこと。個人的な事柄が観客に伝わることが重要。台詞のすべてを大きな声で言わなくても、リアクションは示すこと。

ラウダ………（ユーセフがユーディトを慰めている間に、観客に向けて話し始める）舞台が始まって二十分経つけど、ホロコーストとユダヤ人の話ばかりじゃない。

アイエレット………え？

オリート………それは違う。

ラウダ………本当よ、ほんと。えんえんと過去の話ばかり。有罪か無罪か、比べてる。

オリート………（観客に向かって）比べないで。

ラウダ………はい、その話は終わり、ハラース。今の話をしよう。今起こっていることを話そう。ガザでの戦争、占領、パレスチナ人の苦しみについて話そう。ユダヤ人の話はもういい。

イシャイ……………この舞台をハマスの宣伝に使うな。

ニールス……………うーん、まあ、いいだろう。

ラウダ……………じゃあ、あなたが感じたことを言って。

ニールス……………僕が感じたこと？（全員彼を見る）（観客に向かって）感動した。

ラウダ……………イスラエルをどう感じたか、言って。

イシャイ……………僕も聞きたい、ニールス、イスラエルをどう感じた？

ニールス……………（視線をパレスチナ人からイスラエル人へ移し、それから後ろを見ながら）えーと、イスラエルの、天気は素晴らしい、茄子もうまい……

ラウダ……………ねえ、あなたイスラエルが憎いって、言ったじゃない、イスラエルはパレスチナ人を隔離するアパルトヘイト国家だって。


イスラエル人は非常に驚き、ショックを受ける。


オリート……………比べるな、ドント・カンペアー！

ニールス……………（観客に向かって）アパルトヘイト国家だなんて言ってない。

イシャイ……………なるほど、ニールス？　じゃあ、なんて言った？


全員フィジカルにニールスに向き合う。

ニールス……………（立ち上がる）（観客に向かって）僕が言ったのは、もちろん今言うとそのときのコンテクストからはずれるけど、その、ガザへの攻撃はＯＫじゃないってことだ。

（イシャイに向かって）もちろん建設的な意見として言ったんだけどね（観客に向かって微笑む）。

イシャイ……おい、本気か？（立ち上がる）

ラウダ……空港での体験を話して。

ニールス……えーと、ま、ちょっと検査されたけど。（自分の椅子に戻る）

ラウダ……（立ち上がり、舞台の前面に歩み出る）イスラエル人はニールスのスーツケースを調べただけでなく、全身をくまなく検査しました、すっぱだかにして。

ユーディト……ほんと？　ひどい。

イシャイ……（椅子に戻りながら、観客に向かって）彼自身の安全のための検査だ。本人が知らない間に荷物に何か入っていることだってあるから、確認したんだ。

ニールス……肛門まで検査されたぜ。

全員ニールスを見る。ニールスは観客を見る。恥ずかしく、屈辱的な気分。イシャイは自分の椅子に戻る途中で立ち止まる。

オリート……（立ち上がり、やっかいな状況を静めようとする）（観客に向かって）ねえ……　ときどき悪い奴がいてこっそり後ろで盗んだりするけど、あなただって気づかないでしょ。

ラウダ……（立ち上がる）それじゃあ、ラマッラー[*23]に行ったときのことを話して。

イシャイ……（立ち上がる）こいつらをラマッラーに連れて行ったのか？

ラウダ……そうよ、占領の実態を見せたかったから。

アイエレット……（立ち上がる）（観客に向かって）フェアじゃない。私たちはみんなをスデロットやアシュケロン[*24]に連れて行ってパレスチナのカッサム・ロケットの威力を見せたりしてないでしょ。

ラウダ……ガザにいとこが住んでる。こないだの戦闘を生き延びるのは本当に大変だったって、私に言うの（以下、アラビア語で話しだす。［台詞は英語で書かれている］俳優たちは字幕を見るために後ろを向く）。「二十二日間一睡もできなかった、ヘリが自宅の上を飛び回って、まるでうちの台所にハマスの幹部が全部隠れているって感じよ。もしハマスの幹部がうちの台所に隠れてたら、イスラエルが捕まえる前ににおいで窒息しちゃうわ」

ユーセフは手にリンゴを持ってラウダに近づく。

ラウダ……おや、もう起きたの？　寝てないじゃない。

ユーセフ……うんち。

ラウダ……また？　爆撃のせいでこの子はうんちマシーンになっちゃったよ。（ユーセフ戻る）終わった？

ユーセフ……あっち臭い。

ラウダ……臭いよね、水流せないのに、トイレはおまえもパパも使っちゃやって。

ユーセフ……パンツ濡らしちゃった。

ラウダ……おやおや！　水が使えないのにどうやって洗おうかねえ？　おまえ、ばっちいね……　そのままでいなさい、みんなばっちいよ……

ジョージは 彼女の夫として登場、クーフィーヤを膝に巻いている。

ジョージ……おはよう。

ラウダ……おはよう！

ジョージ……何食べよう？

ラウダ……何もないわ！

ジョージ……このリンゴは？

ラウダ……子どもたちのリンゴだけど？（観客に向かって）ここにはガスも水道も小麦粉もミルクもない。でも人道援助はガザに来ている……ちゃーんと！　援助は来ている！　でもハマスに行っちゃう。ハマスから買うときの値段ときたら、とんでもない。
一週間前、ハマスは夫の膝を撃った……　ファタハの支持者を外出させないために、ハマスはこんなことをする。連中は私たちが支持を集めることを恐れている。そんなこと考えもしないのに。こっちは息子のうんちも満足にできない。
これがガザ……？

ユーセフは膝を怪我しているジョージを助けて、椅子に座らせる。ユーセフは自分のリンゴを食べる。ジョージは電話を取り出す。

ラウダ……ハマスに聞かせてやりたい、おまえら私の舌を切るつもりかって。比喩じゃない、ほんと、チェーンソーやナイフや、とにかくなんでも使って私の舌を切るつもりだ。危い目に遭いたくない。しゃべっちゃだめ。いつちくられるかわからない、気が狂いそう。みんなこわい。息子のちっちゃなクラスメートだってちくるかもしれない。こわい。誰が洗脳されてるか、わからない。隣近所や、自分の親だって密告する。空からイスラエルの空爆、地上はハマスが見張ってる。

ジョージ……電話、お義母さんから。（ユーセフはラウダにケイタイを持ってくる）

ラウダ……どうしたの？　なにか起こったの？　なに？　お母さん……？　えっ、いつ？
（全員彼女を見る）……　今行くから……　お母さん……　まだ埋めないで、私も行く……　お母さん……　お母さん？……

ジョージ……どうした？

ラウダ……もしもし？　ああ、また電池切れ……　電気止められてるから。（他の俳優たちは後ろのスクリーンを見る）

ジョージ……誰が死んだ？

ラウダ……弟。空爆があった。自宅に直撃。弟は家で寝ていた。

ユーセフはクヌートのひざに座る、クヌートはユーセフを愛撫する。

ジョージ……弟さんは、少なくとも苦しまなかった。

ラウダ……それであなたは満足？　弟は苦しまなかった……　気の利いたことが言えない

なら、黙って。
私はユーセフを連れて（ユーセフを手でつかむ）通りに出た……　まるで地震の後のようだった……　町中廃墟。

ユーセフはとても悲しい、頭をラウダの肩に隠す。

ラウダ……泣かないで、いい子ね。おじさんを埋葬したら、動物園に行きましょう。泣かないで。ほら、動物園が見えるわ……

ユーセフ……動物園、どこ？

ラウダ……ああ、ひどい。あいつら動物園も破壊した。（椅子に座って両手で頭を抱えているジョージに向かって）攻撃されたとき、どこにいたの？

ジョージ……（顔を上げる）神の裁きを。砲撃は朝までやまなかった。こんなことするなんて、畜生、悪魔の子め。動物がなにをした。なんでだ？　ここに何があったというんだ？　象がカッサム・ロケットを発射したか？　ハマスの手先のサルがいたか？　ダチョウがトンネルを掘るか？　クマがイランから武器を密輸したか？　ライオンが歩き回っていただけだ。

ユーセフ……行こう。ライオンこわい。

ユーセフはジョージにリンゴを手渡し、座る。

ラウダ……（観客に向かって）今、私は両親の家の前に立つ。ナイフでまっぷたつに切り裂かれたよう。リビングは通りから丸見え。弟の部屋は吹っ飛んでる。両親は壊れた壁に座って、泣いてもいない。廃墟を指して、声にならない声で、ほらここ、おまえに言われたから、待っていた。最後のお別れをしなさい、って。

アラビア語の会話が終わる。ラウダはゆっくり席に戻り、座る。

ユーディト……まあ、ほんとに悲惨ね。

ラウダ座る。

イシャイ……今のはパレスチナのプロパガンダです、スポンサーは、君？

アイエレット……ごめんね、ラウダ。

ユーディト……あなたたちアラブ人がどうしてこんな暮らしに耐えられるのか、わからないわ。

第七場

ジョージ……（この場の最後までリンゴを食べている）えー、実は僕ら三人は（ユーセフとラウダを指す）ガザには住んでいません。つまり、トラブルはありません。

ユーセフ……そんな？　トラブルないなんて？　僕らはイスラエルの二級市民だ。

イシャイ……パレスチナの。

ユーセフ……めちゃくちゃ差別されてるじゃないか。

ジョージ……そうかい？　僕は尊敬されているよ。僕って、イスラエルでとっても有名な俳優なんです（ユーセフとラウダは驚き、笑う。ジョージは立ちあがる）。うそじゃない！　自慢じゃないけど、セレブだよ（笑い）。超有名人さ（立ち上がり、観客に向かって話し始める）。

ブレイクしたのは、映画で自爆テロリストを演じてからです。なかなかいいテロリストだった。ニュースに出てくるようなテロリストじゃない。心が広くて傷つきやすい、苦しんで苦しんで最後に決断するテロリスト。苦しいよ、だって現実の生活はつらいから。そんなテロリストを上手に演じた、ユダヤ女性も恋に落ちるナンバー・ワン・テロリスト。ただ正直言うと、完璧に演じすぎた。そのあとテロリストの役しか来ないから。あまりにも迫真の演技だったせいか、今でも町を歩いてると、本物のテロリストに間違われてしまう。ベルリンで地下鉄に乗ってても、みんな僕をテロリストと思っているように感じる（他の俳優たちに向かって）……　僕の映画がドイツでもヒットするなんて驚いたよ。

イスラエルのセレブの話に戻るけど、僕はパパラッチにつきまとわれて、ひどい目に遭ってる。あいつら、ストーカーだ。パチパチ撮る、しつこい。いつだったか、ヨルダンを旅行しているとき、僕の写真を撮るやつがいた。「おい、やめろ！」ってどなった、だって礼儀知らずだろ。ところがそのバカ、偽の身分証を出して「イスラエル秘密警察の者だ」って言う。そこで俺は「そーかい……　で」、つまり映画と同じように演ってみたかったわけ。「そーかい、で、俺は自爆テロリストだ、ドカーン！」って言ってやった。ところがそのバカ野郎、まともに尋問し出して、ここで何している、いつ来た、誰に会った、とか訊くわけ。信じられなかった、プライバシーの侵害だよ！　でもちゃんと答えた、だって新聞に僕のことスノッブだなんて書かれたくないから。

ユーセフ……（立ち上がる）ジョージ、止めろよ。

ジョージ……飛行機に乗るときの話をするよ。空港のＶＩＰレセプションがどういうものかわかるから。僕を飛行機にエスコートする特別なセキュリティー・サービスの御一行が控えている。かわいい女の子たちが待ってて、スーツケースを開けて、僕の服に体をこすりつける。燃えるらしいよ。それからいつもゲイの男が一人はいて、裸のおつきあいを求めてくる。もちろんびびっちゃうけど、結局お付き合いするね、だってゲイが嫌いだって思われたくないから。

ユーセフ……ジョージ、止めろ。自分のことしか話さない奴だな。

ラウダ……彼はパレスチナ人じゃない。デモで見かけたこと一度もないし。

ユーセフ……おまえ、戦争反対のデモに参加したことないのか？

ジョージ……どの戦争のこと？

アイエレット……私だって戦争反対のデモに参加してるのよ。

クヌート……僕もだ。

第八場

ニールス……（観客に向かって）連れてって！　連れてって！（クヌートに向かって）まだ僕を愛してるなら？　覚えてる？（観客に向かって）あれは素晴らしい体験でした。クヌートと僕。覚えてる？　何度もデモに参加したね。覚えてる？　はじめてクヌートと個人的に知り合ったのは二〇〇六年。

クヌート……二〇〇七年！

ニールス……ドイツのハイリゲンダムで行われたG8反対デモでした。三日間、フェンスに体を縛りつけて抗議したのが彼。重い鎖で縛られて、裸で……　覚えてる？　身にまとっていたのはオーガニックのウールだけだった。（脇に行く）セクシーでピュアで、ぜったい資本主義なんかにけがされないって感じ。その瞬間、僕はこの人について世界の果てまで行くんだってわかった。クヌートも僕をボーイフレンドとして受け入れてくれた。覚えてる、クヌート？　それから僕らは身の回りの不正と闘う細胞核になった。こないだの休暇は二人でイスラエルのデモに参加した。

クヌート……［ここから二人はドイツ語で会話する］シオニズムが生んだ国。

ニールス……その通り、それがパレスチナを作った。

クヌート……三十七分も待たせてくれて、ありがとう。ようやく僕の出番だ。スタバで待たせてもらったよ！

ニールス……スタバで？　知らなかった……

クヌート……知らなかった？　多国籍企業スターバックスがエチオピアの農民からコーヒー豆五百グラムを一ドル四十二セントで買って、これを世界中の一万三千店で五百グラム、二十六ドルで売っている。エチオピアの農民の搾取だ。知らなかった？

ニールス……知らなかった。

クヌート……なんでお前、ロナルド・マクドナルドに似てるんだ？

ニールス……道化師だから。僕たち、娯楽産業のエンタメ・ゲリラなの。

クヌート……そのかつら、どこで買った？

ニールス……ドイツで借りてきた。

坂東工（左）、阿部薫（中央奥）、天乃舞衣子（右）　撮影＝奥秋圭

クヌート……（かつらを奪って中を見る）メイド・イン・チャイナ。低賃金長時間労働の産物。時給がハーフ・セントにも満たない労働者の手で作られたかつらだ。

ニールス……知らなかった。

クヌート……（ニールスの鼻をひっかく、ニールスの悲鳴）メイド・イン・インディア。児童労働に加担したな。負のスパイラル。低賃金で働く子どもたちより、親の収入はもっと少ない。だから親たちは子どもたちの労働に依存し、子どもたちは労働から抜け出せない。すごいな、ニールス。

ニールス……ほんとにごめん……

クヌート……俺に謝ってもしょうがない、インドの労働者に謝れ……

ニールス……客席にインドのお客様はいらっしゃいますか？

クヌート……バカ！

ニールス……わかった、こんな犯罪の店、出よう。

クヌート……だめだ、いろ。

ニールス……ええー。わかった。じゃあ、水を一杯注文したいんだけど……

クヌート……だめだ。注文はだめ。直接行動だ！　この場を占拠して、なにも消費するな。（観客に笑顔を見せる）椅子をくれ！

ニールスはアイェレットとともに椅子を持ってきて、クヌートのように座るが、椅子から落ちるので、自分を椅子に縛る。アイェレットは椅子に座る。

クヌート……リスト持ってきたか？

ニールス……リスト？

クヌート……シンドラーのリストだ。[25]

ニールス……なるほど。ほら、持ってきた。さあプラカードが完成したぞ。まずベルリンへ行こう、パレスチナ分離壁に反対する大規模なデモに参加だ（スローガン「We are against the wall!」）。次はヴェジタリアンの受刑者に適切な食事を求めるデモに参加しよう（スローガン「STOP FEEDING HUMAN PRISIONERS WITH NON HUMAN PRISIONERS」。卵、ミルク、革も禁止！）。続いてキブツ[26]の強制養鶏収容所反対デモに参加しよう（スローガン「DONT SUPPORT THE CHICKEN HOLOCAUST」）。ごめん、クヌート、ガザの虐殺に反対するデモも行われるから、養鶏所のホロコースト化に反対するデモには参加できない……

クヌート……ニールス、おまえホロコーストから何を学んだ？

ニールス……えっ、なに？

クヌート……ドイツ人としてホロコーストから何を学んだ？

ニールス……また急にどうして？

クヌート……どうしてなんて、どうして言える？　いかなる人種も他の人種に優越しない。いかなる種も他の種に優越しない。今日では生活の隅々にいたるまですべてを人間という動物が支配している。資本主義はその最終目標に到達した。人間以外のあらゆる動物を人間という動物が完璧に搾取している。犬を殺して食べるのはダメ。でも豚を殺して食べるのはオーケー。(微笑む) 本当にそうだろうか？ このように同胞たる動物たちを大量に殺害し続ける人類は、ナチス第三帝国が行った人類同胞の大量虐殺から何を学んだというのか？ 断じて何ひとつ学んでいない！

(客席に向かってとても丁寧に) 猫を一時間いじめたらビスケットをあげましょうと言われて、あなたは本当に猫をいじめますか？

(ニールスに向かってとてもぶっきらぼうに) ニールス、猫を一時間いじめたら褒美にビスケットをやると言われたら、猫をいじめるか？

ニールス……そのビスケット、美味しいか？

クヌート……いじめるのか？

ニールス……まさか。

クヌート……(観客に説明している間、ニールスに合図を送り続ける) 養鶏所のニワトリは卵を一個産むたびに丸一日狭いケージの中で虐待される。おまえの好物のビスケットは、卵一個で二十四枚焼かれる。だからおまえが一枚ビスケットを食べるたびに、ニワトリは一時間苦しむわけだ。これを一年間続けたあと、用済みになったニワトリは殺される。オスのヒナは卵を産まないから、生まれるとすぐに殺される。ガス室送りだ。

(観客に向かって) 皆さん、知っていましたか？ もちろん聞いたことはあったでしょうけど、これほどひどいとは、これほど大規模だとは知らなかったのではありませんか？（ニールスに向かって）人類が行っていることは間違いだらけだ、このことを、たとえ知りたくなくても、つねに人々の目の前に突きつけなければならない。第二次世界大戦の直後にも、強制収容所に積み重なった死体の山を近所の村の住民たちが直視せざるをえないことがあった。いずれにせよ我々はこんながらくたを全部引きずっていくことはできない。必要なのはスローガンだ。

ニールス……「人間という動物も、人間以外の動物も、虐待をやめろー。［英語で］人間という動物も、人間以外の動物も、虐待をやめろー。」

クヌート……［以下、二人はドイツ語で会話を続ける］いいぞ（ニールスは観客に向かって微笑む）。目を凝らして見るのです……　注意を怠ってはいけません……

ニールス……（観客に向かって。クヌートを見ながら、合図して確認をとりつつ）僕もクヌートと同じ考えです。すべての生き物は平等です。したがってすべての生き物は平等に扱われるべきです。でもすべての動物が平等だとは思いません。たとえば女性からけっして乳が絞られてはなりません、だって良くないでしょ、人間の、あるいは人間以外の動物の体液を栄養として採取するなんて。ただし例外があります。自発的な贈りものとして与えられた精液です（クヌートに向かって微笑む）。精液は人間という動物にも、人間以外の動物にも平等です。（観客に直接語りかけるために、椅子を動かし、数字を描く）そういうわけで僕は三年前からルワンダの餓えた男の子二人を支援しています。毎月二十五ユーロの援助ですが、一日に直すと八十三セントになり、税金控除の対象となり、それをまた……

クヌート……ゲイの虚栄心から二人の子どもを養子にして、君自身の生殖活動の欠陥を隠したわけだね。だって男としてはもうダメなんだから。

ニールス……おまえもゲイだ……

クヌート……まさか。違う！

ニールス……クヌート、おまえはゲイだ。ほんまもんのゲイだ。ゲイだ、ゲイだ、ゲイだ！

クヌート……僕たちがある種の関係を取るためにときどきセックスするからといって、ゲイなのか？　そんなことはありえない！（観客に向かって）ホモセクシャルというカテゴリーで人を括ることは、病的な性的偏見です。私たちはみな平等です！　私はこの地球のすべての生き物と愛し合い、セックスできます！

ニールス……カブトムシや野の草花でも萌える？

クヌート……内的な価値が一致すれば……　カブトムシでも草花でもできる！　できないなんて決めつけてはいけない。いずれにせよ、死体好きで頭が固くて狂信的なナチ野郎のお前のセックスアピールは植物以下だ。［ドイツ語はここまで］

クヌートは椅子を自分の位置に戻す。ニールスは花を引きちぎり、椅子に倒れこむ。

第九場

ニールスは舞台中央で椅子に縛られたまま。

アイエレット……おしまい？　もう終わり？

ニールス……うん。

クヌート……なにか問題ある？

アイエレット……ううん、問題ってわけじゃないけど……　ドイツ人のパフォーマンス、楽しみにしてたんだ、ちょっとがっかりかな。

ニールス……ごめん、力不足で。

アイエレット……ううん……　あなたたちの演技がつまんなかったんじゃなくて……　期待していたものと違ってたの。私たちのこの舞台、第三世代についてでしょ。だから**ナチス**からみて三つ目の世代の若者について演じて欲しかった。ニールスのお祖父さんはナチスだったんでしょ。だから家族の恥を告白して、ちょっと泣くぐらいしてもよかったんじゃない。そりゃドイツ人にはむずかしい、わかってる、あなたたちはクールで冷静だから。でも必要でしょ！　ドイツ人が爆発すれば、ユダヤ人も爆発する……　私もホロコーストを体験した我が家のファミリー・ヒストリーを語れる。きっと泣いちゃう。ニールス、あなたも泣けるよ。あなたたちドイツ人が全員泣く。その上で私に許してくれって頭を下げる。で、私は言う、「許せないわ。でもそれは許したくないから許せないんじゃなくて、私が許せたり許せなかったりする問題じゃないから許せないの」。その後でみんな一緒に泣きましょう。ハグしましょう、つながりましょう。

（沈黙）

なんてシーンを期待していた……　馬鹿バカしく思うかもしれないけど、あなたたちから出してもらいたかった。

クヌート……………馬鹿バカしくないよ。

アイエレット……………（デモのスローガンを取り上げて）デモの場面、あなた本気だった？　ニワトリじゃないのよ？　目の前にいるのは、ユダヤ人の女の子よ。とても素敵な女の子、なのに罪の意識を全然感じないわけ？

あなたは数百万人のユダヤ人を虐殺した責任を感じなければならない。いつまでも永遠に!!!　クヌート、ユダヤ人って、ニワトリじゃないの、わかる！

そういうシーンを演じるべきだった。

ニールス……………すまない、君の不満はわかる。

アイエレット……………当然よ……　（観客に向かって）あなたたちにとって歴史になってしまった過去は、私たちにとっては今だに現実です。私たちのアイデンティティです。あなたたちが八十歳だろうが、六十歳だろうが、ティーンエイジャーだろうが、関係ありません。

第十場

オリート……イエイ、イエイ。ティーンエイジャーって私のことかしら。

ニールス……ぶっ？　おまえ、三十に見えるよ。

まだ椅子に縛られて舞台前面に横たわっていたニールスは、以下の場面を見るために移動する。

オリート……そういう設定なのよ、ニールス。

私、ティーンエイジャーです。名前はオリート。（椅子から立ち、観客に向かって語る）私は第三世代です。祖父母の世代は全員ホロコーストに巻き込まれてしまいましたが、なんとか生き残りました。（座ろうとするが、セリフのたびに立ち上がる）でももうみんな死にました。死んじゃったから、体験を語れない。生き残った人たちも同じ、みんな死んじゃったから、体験を語れない。こうしてホロコーストの記憶の火を絶やさぬよう、私たちが受け継ぎました。実は、ちょっと前まで、ホロコーストのことはあまり考えなかった。ハイスクールのティーンエイジャーだったから、（再び立ち上がる）小テストとか、期末試験とか、男の子たちのことに忙しくて。（アイエレットとイシャイが来る。アイエレットはギターを持って椅子に座る）でも二週間前にクラスメートと一緒にポーランドの絶滅収容所の跡を見学しました。その後、私たちの生活はまったく変わりました。収容所見学の旅は、私たちを今の私たちにしたのです。私たちは別人になって帰国しました、より成熟して……

イシャイ……僕たちは変わった。

オリート…………もう無邪気な若者じゃないんです。信じてくれてもくれなくてもいいけど、私はユダヤ人と呼ばれることに誇りを持ちます。

イシャイ……僕はユダヤ人だ。

オリート……でも、収容所見学ツアーの資金は底をついたそうです。もうお金はないんですって。

イシャイ……お金はない。

オリート……だから私たちは、今日ここに来ることにしました。ホロコーストの体験をあなたたちと分かち合うためです。だってホロコーストについていくら学校で話を聞かされても意味ないんです、本当にわかるなんて無理ですから。でも収容所という巨大な墓の上に立って、何百人、何千人、何百万人ものユダヤ人がこの下に埋葬されたってことを実感すると、ようやくホロコーストの意味がわかりだすんです。ユダヤ人を焼いた、それがホロコーストの本当の意味です。[*27]

イシャイ……僕たちは五つの強制収容所をまわりました。個人的にはアウシュヴィッツが最高。隣りのビルケナウはクール。トゥレブリンカは雑草と石だらけ。[*28]

オリート……証拠を残さないためにナチスが焼き払ったからです。

イシャイ……それに比べるとアウシュヴィッツは……　うぉぉー……。殺された人たちが身に着けていた靴やシャツが展示されていました。死んだ人たちがまるでそこにいるみたいです。それに、さらに、焼却炉がありました。連中がユダヤ人を料理したオーブンです。泣きました。

オリート……うそ、私あなたをずっと見ていたけど、泣かなかったでしょ。

イシャイ……なんで見てたんだ、バカ。

オリート……ナチスの手で虐殺されたユダヤ人は、私たちが生まれるために、自らの命を犠牲にしたのです……　彼らは死ぬことで、私たちに生きろと命じました。そしてイスラエル人が自らの家を持つために、イスラエル国家が作られました。そこはユダヤ人がくつろげる故郷です。アイエレットはホロコースト記念日に歌う曲を作りました。アイエレット、歌って。

アイエレット……（歌う）

アウシュヴィッツに行く前は
人生の意味を知らなかった
アウシュヴィッツに行く前は
私はひどい無知だった
でも今この目で私は見た
起こった恐ろしいことを見た
今私は知っている

なぜユダヤ人であるかを

オリート……ありがとう、アイエレット。ヨーロッパはもちろん、世界中の反ユダヤ主義は今でも消えていないって教わってきたけど…… でも、その通りだった。だってポーランドでも、真紅のカーペットを敷いて土下座して私たちを出迎えるべきポーランドでも、空港でブーツを脱がされたり、家から持ってきたペットボトルの水を捨てさせられたりしたんです。第二のホロコーストはいつでも起きる。今この瞬間にも！ だから今日、以前にも増して、ユダヤ人は自分たちだけの国家をもつべきです。でもアラブ人もパレスチナ人も、世界中の人々も、私たちを望まない、それどころか私たちを破壊したいんです、私たちには行くところがない！ アラブなんか二十二も国を持っている。

イシャイ……二十三かそれ以上だ。

オリート……いいえ、二十二よ！

イシャイ……二十二以上。

オリート……二十二。

イシャイ……ああもう、七十ぐらい。

オリート……それに比べたら私たちはあのちっぽけな国ひとつだけ。二週間のホロコースト見学ツアーを終えた私たちは、たったひとつの国を守らなければならないことを自覚しました。

イシャイ……その通りです。本当に自分と家族を守りたいと思っています。ディフェンスに徹する。見て守りたい。ホロコースト見学に出かける前には、守ろうなんて思いませんでした。

自分のことしか考えてなかった。でもあそこに行って、ドイツ人がユダヤ人に出ていけと命じ……　ユダヤ人が出て行ったことを教わった。とんでもない。今、アラブがやってきて出ていけって言ったら、いやだ！って言う。出て行け、出て行け、いやだ、出ていけ、吹っ飛ばすぞ、僕はピストルをにぎる、自分だけじゃない、家族も守る……


オリート……それから友達も……

イシャイ……祖国も……

オリート……友達も……

イシャイ……だって誰かが守らないといけない。守ろうとしない奴は山のようにいる。もし僕が守らないなら、誰も守ってくれないなら、誰が守る？　君たちは守ってくれるか、守るか、守る気あるか。ないだろ、だってホロコーストのとき、君たちは何もしなかった、世界は沈黙していた。ポーランドで僕は学んだ、自分と……　自分と家族以外の誰も信じるなって。

オリート……アイエレットはイスラエル軍への入隊を呼びかける歌を作りました。彼女は軍の徴兵パーティーで歌います。

アイエレット……（歌う）

子どものころはおもちゃのピストル
十八の今は本物を持つ
そうしたいんじゃないけどほかに道はない
だって世界は私たちを殺そうとしている
たとえ殺さないって言っていても

オリート……ありがとう、アイエレット、感動的だったわ。ガザで戦争が続いている間、ヨーロッパでは私たちに反対するデモがたくさん起こっています。それはあなたたちのなかに反ユダヤ主義者がいるからです。たとえあなたが反ユダヤ主義者でないとしても、デモに参加するなら、メディアで見たものに影響を受けているからです。メディアの報道は一方的です、現地のリアリティを反映していません。

テレビが報道するのはガザで起こっていることだけです。傷つけられ、死にゆくパレスチナ人。イスラエル空軍のパレスチナ住民への空爆。でも私たちだって多くの人々が傷ついています。普通の人だけじゃない、老人も女性も子どもも傷ついています。傷つけられる不安。

アイエレット……（歌う）
傷つけられる不安とは、ほんとにほんとにほんとにほんとにおびえることオリート……世界のメディアに私たちの痛みを取り上げさせよう。

イシャイ……たとえばテレビ。

オリート……アラブの連中の卑劣で挑発的なやり方をやめさせましょう。そうすれば世界は私たちを理解します。だってこの八年間、イスラエルは傷つけられてきました。敵はイスラエルにロケットを打ち込みました。ロケットが撃ち込まれても何もしない国なんて、ありますか？

アイエレット……（歌う）
ドイツは戦う、フランスも戦う、ポーランドも戦う、イタリアも戦う！
スウェーデンも戦う、ベルギーも戦う、ルクセンブルクも戦う！
イスラエルだけが何もしないしないしないしないしないしない!!!

イシャイ……イスラエルは平和のためならなんでもするのに、アラブは平和を望まない。イスラエルは君たちにガザをあげる、独立すればいい。なのにアラブはカッサム・ロケットを打ち込んでくる。イスラエルが入植地を放棄して君たちに土地をあげても、アラブは、まだ十分じゃない、エルサレムを返せって言い続ける。エルサレムはイスラエルのものだし、僕らはたくさんあげたのに、君たちはいつもノーだ。イスラエル国家さえ認めない……　僕らはでっかい軍隊をもってるけど、君たちをファックする気はない。アラブ、やってみろ、イスラエルはやるぜ、さあこい、こいこいこいこい……　やるか。

オリート……ガザの戦争中もイスラエルは一般市民の殺害を避けるためにあらゆることを行いました。イスラエル国防軍ツァハル[*29]はきわめて高価できわめて性能の高い爆弾を使用しています。ものすごく正確なのでハマスしか殺害しません。ところがハマスは子どもたちを人間の盾に使います。

イシャイ……子どもたちの中から撃ってくるんだ。

オリート……罪のない人々の殺害を避けるために、ツァハルは味方の兵士さえ危険にさらします。でも、戦争は戦争です。

イシャイ……戦争中になにができる。

オリート……罪のない人々も殺害されます。でも今のツァハルは世界中でもっとも道徳的で、もっとも人間的な軍隊です。

アイエレット……（歌う）

私たちの兵隊さんは世界でもっとも人間的
私たちの兵隊さんは子猫が好き
私たちの兵隊さんは子ども好き
私たちの兵隊さんは私を愛している
私たちの兵隊さんは世界でもっとも人間的
私たちの兵隊さんはリサイクル
私たちの兵隊さんはサイクリング
私たちの兵隊さんは私を愛している

オリート……アイエレットの彼はイスラエル軍の兵士です。今ここで皆さんにお願いしている私たちは犠牲者ではありません。イスラエルは身体的にも精神的にもとてもタフです。シオニストの夢を絶やさない、若い世代に自分が何者であるかを忘れさせない、どこから来たのか、どこへ行くのか、私たちは忘れません。そうよね、アイエレット？

アイエレット……（歌う）

私たちはどこから来たの？
アウシュヴィッツから来た
私たちはどこへ行くの？
それがわかればいいのに
私が欲しいものは平和
平和になってほしいほんとに
ほんのちっぽけな平和でもいい
だからアウシュヴィッツ見学ツアーをやめないで
二度とアウシュヴィッツが起きないために／第二のアウシュヴィッツが起きないため
アウシュヴィッツ見学ツアーをやめないで
アウシュヴィッツが起きないために　あなたに

オリート……ありがとう。

彼らは座る、アイェレットは椅子に戻る

第十一場

カルステン……［ドイツ語で］イスラエルでワークショップをやった費用をドイツ側が出したなんて、僕は知りませんでした。思いもかけませんでした。［英語に戻って］ごめん、これって政治的に適切かどうかわからないけど、僕らは正直に言おうって話したよね。（イスラエル人たちに向かって）言ってもいいかい？

イシャイ、アイエレット、オリート……大丈夫、大丈夫、言いたいことならなんでも言えよ。（自分たちの場所に行く）

カルステン……ありがとう。［以下、ドイツ語での会話が続く］これまでイスラエルを金銭的に支援することはたしかに正しかったし大事だったけど、いつか終わりにすべきです。僕らは自分たちの未来を考え始めるべきです。ドイツの国益を考えるべきです。ドイツ人だからといって恥じる必要はない……　我が国の誇りを考えるべきです。僕は第三世代です。世界中の旅行先でドイツ人だから謝んなきゃいけないなんて嫌だ（ごめん、アイエレット）。（観客に向かって）こんにちは、お名前を教えてください。外国に旅行に出かけて、

「ハァイ、私は西ドイツから来た＊＊です。そのことに誇りを持っています」って言いたいですよね。

ユーディト……「私は東ドイツから来ました、そのことに誇りを持っています！」って言いたい。

カルステン……（客席に目配せして）ダメ、彼女には言えません。実は、私たちが誇れるものはたくさんあります。ナチスだってドイツの遺産ですし、もちろん、それだけではありません。私たちはすばらしい遺産をたくさん持っています。ゲーテ、シラー……

ユーディト……マルクス、ブレヒト、ブラシュ。

クヌート……西ドイツ赤軍派、アンドレアス・バーダー、ウルリケ・マインホーフ[*30]……

ニールス……アニメのプムックル[*31]……　ポルノショップのベアーテ・ウーゼ[*32]……　連ドラのお母さんヘルガ・バイマー[*33]……

カルステン……言い直します……　旅行好きのドイツ人の皆さん、僕は世界中でドイツ製品が使われているのを見ると、誇りを感じます。皆さんもそうではありませんか、ジーメンス、ボッシュ、アーエーゲー[*34]（ドイツ人俳優たちは唱和する）。私たちドイツ人は一生懸命働きました。ですから、夢を見ても構わないのではないでしょうか。来年のサッカー・ワールドカップ南アフリカ大会では優勝を狙いましょう（客席の一部とともに拍手する）。優勝を祝いましょう。こういうわけだから、イシャイ、たとえば舞台でこんなこと聞くと、ちょっと穏やかじゃないんだ、「［英語で］カルステン、君らドイツ人は過去に向き合わなかった」。［ドイツ語に戻って］彼はどうしてこんなことが言えるのでしょう？　ドイツは賠償金を払いました、今でもナチス撲滅のため、反ユダヤ主義と戦っています。イシャイ、ベルリンは、巨大なユダヤ博物館のようじゃないか。戦争で殺されたユダヤ人を追悼する広大な施設を首都のど真ん中に建てたよ。サッカーのスタジアムより広い。このことは認めるだろ？
イシャイ、ホロコースト追悼記念碑を作るのにいくらかかったか、知ってるか？

イシャイ……［英語で］んっ、なに？　ドイツ語で言われてもわからない。

カルステン……［英語で］いくらかかったと思う！

イシャイ……なにがいくらかかったって！

カルステン……追悼記念碑！

イシャイ……何の追悼記念碑？

カルステン……［ドイツ語に戻る］おわかりでしょう？　彼らは私たちが彼らのために建てた記念碑のことを知らないのです。建設に費やされた税金は、二千八百万ユーロ［約三十億円強］です。私の税金です。あなたの税金です。ところが彼らは無視。（イシャイに微笑む）なぜでしょう？　これからも私たちに圧力をかけ続けるためです。これは金だけの問題ではない。イスラエルは世界中でただ一つ、なんでもやりたい放題の国です。国際法を踏みにじっても平気です。ところがイスラエルを批判するドイツ人がいると、反ユダヤ主義者だと決めつけてくる。あらゆる議論を許しません。ユダヤ人協会がドイツ政府の首根っこを押さえているのです。

イシャイ……〔英語で〕カルステン…… 君の発言は反ユダヤ主義だ。

カルステン……〔ドイツ語で〕ほら、この通り。議論はおしまい。ホロコーストの御旗がふたたび翻るってわけです。もちろん私は、ホロコーストが歴史上類をみない絶対的なカタストロフだったことは覚えておくつもりです、六百万人ものユダヤ人が殺されたのですから。

ちなみにスターリンは九百万人殺しました、毛沢東は三千万人殺しました……

オリート……〔英語で〕比べないで。

カルステン……〔ドイツ語で〕この連中がいつまでもホロコーストについて語り続けるのは、たった一つの理由からなんです。それは、今日の世界で自分たちが行っていることを正当化するためです。

イシャイ、オリート、アイェレットは憤慨し、客席に語りかけるため前に出る。

カルステン……〔ドイツ語で〕今から彼らは、僕が極悪のナチスで反ユダヤ主義者であることを皆さんに語ります。

イスラエル人たちは自分たちの場所に戻る。

カルステン……〔ドイツ語で〕イシャイ、君たちのシオニスト・ファシズムのテロの犠牲になったイスラム教徒たちは僕らが面倒見るんだよ。ラウダのようなたくさんのムハンマドたちやイスラム教徒たちはドイツに逃げてきた、ジョージ……［英語で］僕の名前はムハンマドじゃない。

カルステン……［ドイツ語で］ムハンマド、アブドゥラー。名前なんかどうでもいい。逃げてきたイスラム教徒たちは僕らの国の社会福祉のお世話になる。そうなんだ。ラウダ、君の息子はハノーヴァー大学の学生だね。ドイツ国民の税金で暮らしてるんだよ。

ラウダ……［英語で］節約しています！

カルステン……［ドイツ語で］まずドイツ語を勉強しろ。

クヌート……［ドイツ語でカルステンに］おいファシスト、くそ野郎。言いたいことはそれだけか。

カルステン……［ドイツ語で］ヨーロッパはイスラムに占拠されている。このことは認めなければならない。僕はベルリンのクロイツベルク[*35]に住んでいる。僕のアパートにドイツ語を話す住民はいない。自分の祖国なのに外国人のような気分だ。しかもですよ、ポリティカル・コレクトネスのせいで、この事実を公に語ることができない。会場の皆さん、声を挙げないあなたたちも、同じ状況に悩んでいませんか？　ご静聴ありがとうございました（座る）。

第十二場

当惑の沈黙

ニールス……〔以後、全員英語で〕踊ろう、ダンスだ、さあ、みんなで踊ろう!

クヌート……ニールス、黙れ。

人形[*36]……ハロー!(オリートはショックを受ける。ユーセフも驚く)

ユーセフ……お祖父さん!

人形……〔この台詞のみアラビア語〕やあ、ユーセフ、元気か?(キスする)

クヌート……おいおい、ここは大人の劇場だ。チェーホフやシェイクスピアをやるところだ。こんな子どもだましの人形芝居、バカバカしくてやってられるか。

人形……バカとはなんじゃ。わしはパレスチナ人。孫もパレスチナ人。立派な人間じゃ!年寄りを敬いなさい。ハイファの人々はわしを尊敬している。

ラウダ……本当よ。

ユーセフ……なぜならわしは立派な人間であり、一九四八年を戦った真のアラブの一人だからじゃ。わしらは祖国のために国に残って戦った本物のヒーローじゃや。(カルステンとイシャイは椅子にとどまり、二人を除く全員が舞台の前方に来る)シオニストたちに言わせれば、わしらはパレスチナから逃げたことになっとる。連中がパレスチナに来たとき、ここには何もなかった、砂漠とラクダしかなかった、アラブ人はいなかったと言っとる。

オリート……その通りです!

ユーセフ……あんたがそう思うのは、ユダヤ人学校がそう教えとるからじゃや。

オリート……だってそうなんですもん。

ユーセフ……おまえたちは我が祖国を盗んだ！　わしらは自分の家から追い出された！　追放された!!!　ユダヤ人どもがやってきて言いおった、「おい、アラブ、出ていけ。おい、アラブ、おまえら追放だ。出ていけ。おい、アラブ、もし出て行かないなら、出て行かせるぞ。出ていけ！」だがわしは出て行かなかった。この地にとどまり、祖国のために戦った。（拍手）シリア、レバノン、ヨルダンでは、一九四八年に祖国に残ったパレスチナ人はイスラエルのＩＤカードを持つ裏切り者だと思われておる。なんじゃと？　わしは裏切り者か？　わしはトルコ人が来おったとき（ひげを出す）ここにいた。[*37] イギリス人が来おったとき（紅茶のカップを出す）ここにいた。いまユダヤ人が来ておるが、いつか彼らも出ていくじゃろう、わしはまだここにおるからな。

イシャイ……（自分の席で）なにが言いたいんだい、じいさん？

ユーセフ……なにっ、おまえら永久にここにおるつもりか？　はぁ！

イシャイ……僕たちにどこへ行けって言うんです？

ユーセフ……知らん、わしには関係ない。ただな、わしはパレスチナ人が困難な状況に陥るたびに「アラブの仲間はどこにいる、アラブの同胞はどこだ？」とみなが叫びだすのが忌々しいのじゃ。おまえらはアラブの同胞がどこにいるか、知りたくないか？

全員……教えて下さい。

ユーセフ……ここじゃ、わしのケツの穴の中じゃ。

ラウダ……マジ！　ユーセフじゃないの！　言葉を謹んで。

ユーセフ……アラブの同胞はパレスチナ問題を自分たちの利益のために利用したいだけじゃ。わしらのことなんかどうでもいいんじゃ。ヨルダンのフセイン国王はパレスチナ人を何千人も殺害しおった（喉を切るポーズ）。レバノンはわしらを虐待する。シリアはわしらに難民の権利を認めない。エジプトは（らくだを出す）国境を開けない。イスラエルの空爆からガザの女、子どもを助けるためなのに。（ブー！）アラブの同胞よ、（ラウダ、反応する）わしらを助ける気があるなら、金を送れ、金だ金だーーー。

ラウダ……（観客に向かって）アラブの同胞は金を送っています。

ユーセフ……じゃあ、どこにあるんじゃ、金は？　見たことない……　金を見せろ！　そうか、じゃあ、わしがどこにあるか言ってやろう。アラファトの……

オリート……ケツの穴の中。

ユーセフ……違う！　ポケットの中じゃ！　わしらのリーダーはユダヤ人なみにどん欲なのじゃ。

イシャイ……おい、ユーセフ（人形を脇にどけて、ユーセフ本人に向かって）、その発言は反ユダヤ主義だ！

ユーセフ……悪いか、わしは反ユダヤ主義のケツの穴じゃ。だがわしがユダヤ人を憎んでいると思うか？　逆だ、わしはユダヤ人を愛している。ユダヤ人とは誰か、見せてやろう。ユダヤ人、ここに来い！（オリート来る、ユーセフは彼女に触り、キスする、オリートは逃げる）わしはおまえのようなシオニストが大嫌いじゃ！（イシャイは人形をなぐる。）

ユーディト……（イシャイに向かって）何するの？　ご老人なのよ！

イシャイ……人形じゃないか！

ユーディト……でもお年寄りの人形よ。

ユーセフ……見たか?!　こいつらは反人形主義者だ！（全員「ブー！」）ろくでなしども。あいつらはパレスチナをほとんど消してしまった、それなのに犠牲者づらしておる。犠牲になったのはわしのケツの穴じゃ。ユダヤ人は蛇だ、おまえは蛇主義者じゃ……

イシャイ……ちょっと待って？　ニールス、こんな発言させていいのか。君たちドイツ人はこいつらの言いがかりを聞くのが楽しいんだろ。（客席に向かって）そうでしょう、皆さん愉快ですね。

ユーセフ……　……ユダヤ人は抜け目ない……　やつらはガザから撤退したと世界に訴えるが、ヨルダン川西岸の入植地建設をやめない。

イシャイ……僕たちをナチス呼ばわりする気か。

ユーセフ……くされシオニストめ！

イシャイとユーセフは喧嘩になる、ユーセフは人形にイシャイの耳をかじらせ、唾を

吐かせる（蛇）、イシャイは耳をおさえて床に倒れる。

ユーセフ……おや、すまなかったな、わしは暴力的な人間ではない、立派な人間なのじゃ、暴力は信じておらん、シオニストの蛇主義の方がまだましじゃ、なのでアラブの仲間に言うんじゃ、「アラブの人々よ、お聞きなさい、蛇のようにずるがしこくなりなさい。われらを憎むユダヤ人どもが憎み合うように仕向けなさい」とな。

ラウダ……本当ね。

ユーセフ……わしらが黙っておれば、連中はわしらを殺さず、お互い同士殺し合いを始める。なのでわしは、「戦争はいらん、血もいらん、蛇になれ」と言うんじゃ。

人形に拍手が起こる、皆ユーセフのあとを追い、ニールスを助け起こし、人形に優しく触れたがる。

第十三場

イシャイ……（かじられた耳をおさえながらカルステンに話しかける）なに、これ？　わかんない。いきなり僕の耳がかじられたのに、誰も注意しない。こいつがアラブだから。アラブは犠牲者づらして、僕の耳を勝手にかじってもいいんだ。なに、これ？（歩き回る。カルステンはイシャイに応急処置を施す）ありがとう、アイエレット。ありがとう、オリート、アイエレット。アラブのじじい人形が僕らを蛇と呼んでも、イスラエル人は誇りある態度を失わない。僕は血を見ると人間が変わるんだ。インティファーダには二回とも派兵された。第二次レバノン戦争[*38]にも行った。ガザの任務にもついた。いやというほど血を見てきた。

カルステンは彼の耳に包帯を巻く。

イシャイ……僕ら第三世代は戦争で育った。気が狂って当たり前。お祖母ちゃんはとてもやさしくて素敵なレディだったけど、完全に狂っていた。けど誰がお祖母ちゃんを非難できる……　お祖母ちゃんはドクター・メンゲレの医学実験[*39]を生き延びたんだ。

おやじもお祖母ちゃんと一緒に収容所を生き延びた。すげーだろ。ところが六七年に六日間戦争[*40]が起こった。あのナチスを生き延びたおやじだ、今度も生き延びると思ってた。

ジョージ……おやじは誰か殺したろ？

イシャイ……ああ……　殺した。戦争だったから、敵を殺した。

ジョージ……敵って、誰だ？

イシャイ……敵は……　たしかヨルダンの兵士だった。でも問題はそこじゃない！

ジョージ……なんで？

イシャイ……いいか……　問題はそこじゃない。おやじは戦争から帰ってきた、みんな大丈夫だと思った。ところがある日、いきなり叫び出して、死ぬまで叫び続けた。

ユーディト……ひどい。

イシャイ……それで息子の僕だけど、ぜんぜん平気だった。そういう体質だと思っていたんだな。おやじやばあちゃん、それにレバノンの戦友たちはダメだった。（ジョージに話しかける）戦場では年端も行かない十八歳の少年たちが、仲間が死ぬたびに残骸をシャベルで片付けてバッグに詰めねばならなかった。（椅子を舞台中央に置く）

ジョージ……それで？

イシャイ……除隊後何年も家から出られなくなった奴。二十歳なのに寝しょんべんでベッドをびしょぬれにする奴。僕の知り合いは皆どこかやられた。ところが僕はまったく平気だった（座る）。それがある晩、あいつらがやってきた。（テレビが始まる。皆テレビを見る。ユーディトはなにか不愉快なことを感じて合図する。カルステンはクヌートの椅子に行く）

ここからオリートとイシャイはヘブライ語で、ユーセフはアラビア語で、ユーディトはイディッシュ語で話し出す。

オリート……ねえ、ベッドへ来ない？

イシャイ……ちょっと待って。

オリート……一日中テレビにくぎ付けね、ほかの情報も必要よ。

オリートはイシャイの前に立つ。イシャイは彼女を振り返ろうとする。カルステンは椅子の上に立つ。クヌートはその隣に立つ。オリートはカルステンにリモコンを投げる。皆見ているだけ。オリートはイシャイのひざの上に座る。

イシャイ……ねえ、知り合ったころ、言ったの覚えてる？　僕には二つ病みつきがある。ニュースを見ることとパンに塗る豆のペースト、フムス[*41]を食べること。僕はそういう男なんだ。あるがままの僕を受け入れて欲しい。

オリート……笑えるフムスの話、して。フムスの話をするときのあなた、セクシーよ。

イシャイ……それは寒い秋の日のことだった。ちょうど第一次インティファーダ[*42]の最中で、ジェニン[*43]難民キャンプをパトロールしていた。（ユーセフは立ち上がり、舞台を片付ける）。暴動が起こるんじゃないかと思ったそのとき、フムスが食べたくて食べたくてたまんなくなった（イシャイは指でオリートの体を「歩く」。「フムス」のところで彼女の胸に触れる）。そこで通りを横切って近道することにした。ジェニンで一番おいしいフムスの店があったんだ――

ユーセフが俳優として登場し、注目を集めるので、皆彼に出ていくように合図する。なぜ彼はこの場面を邪魔するのだろう？　イシャイは目でユーセフを追う。

オリート……続けて。フムスの話をしているあなた、セクシーよ。

イシャイ……おまえ、ここでなにしてる？

カルステンはテレビを消して、クヌートの席に座る。

オリート……えっ？

イシャイ……ここに来るな。

オリート……だって私ここに住んでるのよ。

ユーセフ……のどが渇いた。

イシャイ……来るな。

オリート……ねえ、なんの話？

ユーセフ……俺は最後まで飲む機会がなかった。おまえは俺のを飲んだ。

イシャイ……俺が飲んだのは俺のものだ！（立ち上がる。オリートは彼の膝から降り、二人の男の間に立つ）

オリート……ちょっと?!

ユーセフ……おまえはあんなことすべきではなかった。

イシャイ……おまえのせいだ。

オリート……なんの話なの。

ユーセフ……俺が手に持っていたのは、コーラの缶だった。

イシャイ……うそだ、手榴弾だ！　あっち行け！（ユーセフとオリートの間を向く）

オリート……なに？　どこへ行けっていうの？

イシャイ……あっち行け、行かないと撃つぞ！

ユーセフ……もう一度、やる気か？

オリート……イシャイ、冗談でも、笑えないわ！

ユーセフ……おまえは俺を殺した。コーラの缶を開けたそのとき、俺を撃った。冷えたコーラの缶だった。この男は俺の頭を吹っ飛ばした。俺はまだ十七歳、のどが渇いていた。

イシャイ……あれは手榴弾だった、俺は見たんだ。誓う、あいつは手榴弾を投げるとこだった、正当防衛だ！

オリート……なにを？　誰が？

ユーディト……［ドイツ語で］その通り！（立ち上がり、イシャイに近づき、その背後に回る。カルステンはユーディトを笑う。皆、劇に夢中になる）

ユーディト……［ドイツ語で］その通りよ、イシャイ、正当防衛ね。私も自分を守るためにできるだけのことをしたわ。

イシャイ……お祖母ちゃん？

オリート……えっ、私のこと？　今、なんて呼んだ？

ユーディト……［ドイツ語で］イシャイちゃん、自分を守りなさい、だれもあんたをかまってくれないから。

イシャイ……武器を！

オリート……武器？

イシャイ……ほら、そこの、俺のM16自動小銃。

オリート……………これを？　あなた、ほんとテレビの見すぎよ。

イシャイ……………よこせ！


「銃」でユーセフをねらう。


イシャイ……………なにが望みだ！

ユーセフ……………俺から奪ったものを返せ。

イシャイ……………コーラを返せば、消えるか？

ユーセフ……………コカ・コーラ……　ゼロだ……　俺の人生を返せ。正義が欲しい！

ユーディト…………［ドイツ語で］この世界に正義はない、誤解してはダメ。（イシャイは銃でユーディトをねらう。ユーディトはゆっくりイシャイに近づき、「銃」を押し戻してユーセフに向ける。カルステンを除く全員は心配そうに事態を見守る）

自分を守りなさい。この世界は食うか食われるかよ。自分を守りなさい。私も身ぐるみはがされて、どうしようもなかった。イシャイ、あなたの助けが必要だったのに、どうして助けてくれなかったの？

イシャイ……………僕が？　でも、どうやって……

ユーセフ……………どうやって、どうやってあんな人殺しを……

ユーディト…………［ドイツ語で］ユダヤ人は人を殺さない、ユダヤ人は人を守る！

ユーセフ……………俺はまだ十七歳だった、のどが渇いていた。

ユーディト…………［英語で］私は十六歳だった！

イシャイ……僕は十八歳だった、軍の命令にしたがっただけだ。

ユーディト……［ドイツ語で］連中はみんなそう言う。

イシャイ……えっ？ （沈黙）そんなこと言うのは誰？

ユーディト……私よ。連中はみんなそう言う。（シーンに戻ろうとして）［ドイツ語で］連中はみんなそう言う。

イシャイ……なにが言いたい？ （沈黙）僕がナチスに似てるって言いたいのか？ 僕をナチスって呼ぶ気か？

ユーディト……あなたが自分で書いた台詞よ。

ドイツ人とイスラエル人が立ち上がり、お互いに叫びあいながら、同時に観客に向かっても叫ぶ。

イシャイ……僕が書いたって？ これなに、飽きた、耐えられない。比べるのはやめようって、最初にみんなで言ったじゃないか。自分たちで台本書いて演じるプロジェクトだっていうから、全力を出した。台詞を書き換えたのは君たちドイツ人だ。僕は正直に書いて、なにも隠さなかった、ドイツの役者はヨーロッパ演劇のプロだって思ってたから。ところが君たちはパレスチナびいきとぐるになって、勝手にショーをしている。ニールス、君たちのやましさを清めるこんな実験劇、クソだ。

ユーディト……［ドイツ語で］今の、とてもイスラエル的ね。私は与えられた台詞をしゃべっているだけなのに、なんか興奮しちゃって。しろうとってこうだから！

クヌート……［ドイツ語で］おまえ、与えられた台詞をくり返してるだけっていうけど、ナチスがまさにそうだ。「書類に書いてあったことをやっただけです」。けっして言い訳にならない。

オリート……この場面、イシャイは頑張ったわ。

他の俳優たちは静かになる。イシャイだけが舞台で一人語り続ける。アイェレットは荷物をまとめて、帰ろうとする。

第十四場

アイエレット……もういや。私、このプロジェクトやめる。だってテーマはとても重要だと思うけど、そう思っているのって私だけでしょ。心の底に穴があくほど考えて眠れない夜を過ごしてる人って、ほかにいると思われますか？　たしかにテーマはホットね、それはみんなわかってるわ。パレスチナ人を連れて来て、イスラエル人と一緒にして、混ぜ合わせて喧嘩させたところに、罪深きドイツ人をスパイスにふりかける。出来上がり。ヨーロッパで大ヒット間違いなしの舞台が簡単にできる。

ニールス……その通り、今からツアーの予定がびっしり。

アイエレット……気持ち悪っ。シニカルなパラサイト集団じゃないの。「政治意識の鋭いアーティスト」という触れ込みで、世界ツアーに出るんだけど、ほんとは買いものツアーでしょ。カクテル・パーティーに出かけたり、インターナショナル・フェスティバルに招待されたり。

ニールス……そうさ、招待してくれたのは、えーっと…… なんとかフェスティバルと……フェスティバルなんとかと……

アイエレット……なんでみんなこの芝居やりたがってるのか言ってあげようか？ お金のためよ。

ニールス……お金って？

アイエレット……ていうか、誰がお金を出しているか、でしょ？

カルステン……きっとユダヤ人だ、違う？

イシャイ……違うな、ユダヤ系の財団は一切助成金を出さない。新聞報道によると、イスラエル外務省はこのプロジェクトに関わりたくないんだそうだ。

ユーディト……ほんと？ なんで？

イシャイ……イスラエル外務省の見解だと、僕らがホロコーストとナクバを比較しているからだとさ。

オリート……でも私たち、比べないのに。

イシャイ……パレスチナ人だろうがドイツ人だろうが、どうでもいいじゃないか。

カルステン……で、誰が金を出したんだ、イシャイ？

イシャイ……おまえのかあちゃんだ……

左から赤澤ムック、坂東工、田島亮、阿部薫、天乃舞衣子　撮影＝奥秋圭

ニールス……………金、金って？　ひょっとして君たち、出演料もらったのか？　ボランティアだと思ってたぞ。

カルステン…………ってことは、誰の金だ？

ユーセフ……………パレスチナの金にちがいない……

ラウダ………………気でも違ったの、パレスチナはこのプロジェクトに金を出さないわ。

アイエレット………その通り、その通り、ラウダ。なんでかわかるわね？　それはあなたたちパレスチナ人俳優が裏切り者だからよ。イスラエルの劇場でパレスチナ人が出演をボイコットをしたなんて、聞いたことないでしょ。なんでイスラエル人といっしょに舞台に出るの？　同胞のために戦わないで、敵に媚びを売って、俳優としてのキャリアを積み重ねる。ガザではパレスチナ人が飢えて死んでるのに、贅沢なレストランで食事してる。イスラエルのパスポートを持って世界ツアーに出るくせに、自分のことをパレスチナ人だって主張する。あなたたち、パレスチナ人じゃないでしょ、イスラエル人じゃないの。実態はシオニストよ。それからあんたたち……イスラエル人。あんたら、自分のことユダヤ人って言ってるけど。そもそも旧約聖書でヤコブの豆スープのために祖国を売ったのはユダヤ人じゃないの……[44]　まあ、いいわ……　イスラエルの汚れはドイツで洗えばいいのよ。ドイツじゃ言えないこともあるけど。

クヌート……………たとえばどんなこと？　ドイツは言論の自由な国だ。

アイエレット………黙れ。こんな子どもだましの芝居、やるんじゃなかった。せっかく私たちユダヤ人が演じても、反ユダヤ主義のドイツ人に誤解されて、攻撃される。逆に、イスラエル公演ではドイツ人のカルステンがヒーローになる。だってカルステンは地でやってるように見えるから。

カルステン……僕、演技うまいだろ。

アイエレット……オリート、イシャイ、左翼的自己憎悪で私たちユダヤの祖先を辱めてくれて、ありがとう。いったいなんのためだったの？　ヨーロッパに媚びを売りたかったの？　ヨーロッパって、私たちの祖父母を殺して、その血を飲んだ人たちよ。イスラエルは悪玉で、犯罪者で、間違っていて、正しいのはパレスチナだって言ってるヨーロッパは私たちを愛してくれるの？　言っておくけど、ヨーロッパは私たちをけっして愛してくれないからね、いい？　これまでも愛してくれなかったし、これからもけっして愛してくれない。もちろんあんたたちもドイツではこの舞台のファンタジーをエンジョイできる。でもイスラエルに帰ったら客席から腐ったトマトを投げつけられるからね。それはあんたらがへたくそだってこともあるけど、それ以上に、イスラエルの裏切り者だからよ。裏切り者！

ユーディト……アイエレット、水よ、ほら水飲んで。

アイエレット……それからドイツ人、あなたたち……　あなたたち……　そのアーリア・フェイスからうぬぼれのスマイルを捨てなさい。そこに座っていつも楽しんでる。イスラエルとパレスチナの泥仕合を見て、あなたたちのけがれた良心を清めるつもりですか。あなたたちがやったことは、そんな簡単に清められない。今すぐ家に帰って、お祖父さんやお祖母さんに一九四〇年代になにをしてたか、訊いてみなさい。あなたたちの心の中なんか、手に取るようにわかる。あなたたちなんか、いつでも、どこでも、いつまでも、ナチスだ!!!!!!

退場しようとして、立ち止まる。

本物のアートをみたい？
血を流す私の心の奥から現れるアートを……

ニールス……［ドイツ語で］本当にスミマセン。

ニールス、退場する。暗転。映像。

［註］

＊1——アンクラム…バルト海沿岸の旧東ドイツ地域にある地方都市。
＊2——キットカット・クラブ…ベルリンのテクノ・クラブ。
＊3——包茎…ユダヤ教徒の男子は生後八日に、イスラム教徒の男子は三歳から七歳の間に、「割礼」（性器の包皮切除）を行う。ここでは「包茎」かどうかを話題にすることで、各人の出自や信仰を暗示している。
＊4——ナクバ…アラビア語で「大災禍」の意。一九四八年のイスラエルとの戦争で何十万人ものパレス

チナ人が殺され難民化した。

＊5——第四次中東戦争（ヨム・キプール戦争）…一九七三年ユダヤ教の大贖罪日（ヨム・キプール）にエジプトがイスラエルに仕掛けた戦争。この戦争の後に二国間の和平条約が締結された。

＊6——第二次インティファーダ…二〇〇〇年秋に発生したパレスチナ人の抗議運動。シャロン元首相のエルサレム旧市街、アル＝アクサー・モスクへの入場が起因。別名、アル＝アクサー・インティファーダ。

＊7——過ぎ越しの祭り（ペサハ）…ユダヤ教の祭日。奴隷から解放されたユダヤ人がモーゼによってエジプトから脱出したことを祝う祭り。初日には各家庭で「セデル」と呼ばれる正餐を催す。

＊8——家畜用の貨車…アウシュヴィッツなどの強制収容所に送られたユダヤ人は、家畜用貨車に載せられた。

＊9——ファイナル・ソリューション…ナチスのユダヤ人絶滅計画のこと。

＊10——分離壁…二〇〇二年からイスラエル政府によってヨルダン川西岸との境界に建設された壁。パレスチナの村を横断して建設された部分もあり、国際的に批判されている。

＊11——ゲットー…第二次世界大戦終結までヨーロッパにあった、ユダヤ人を囲い込んだ地区。ベネツィアのようにユダヤ人が自主的に集住した地域もあるが、ポーランドなどでは劣悪な状態でユダヤ人を隔離した。

＊12——正統派のユダヤ教徒…ユダヤ教の教えを遵守して生活する集団。イスラエル国民の一～二割にあたる。基本的には黒づくめの格好。シオニズムによるユダヤ人国家の建設に反対しているグループもある。

＊13——シオニスト…十九世紀末に東欧でおこったユダヤ人の祖国をパレスチナの地に設立するための運動「シオニズム」を肯定する人々。

＊14——カッサム・ロケット…ハマスの軍事組織カッサム旅団が運用する簡素な作りのロケット弾。

＊15——ヒズボラ（ヒズブッラー）…アラビア語で「神の党」という名のシーア派イスラーム武装組織。レバノンを本拠地として世界中で活動している。

＊16——ハマス（ハマース）…第一次インティファーダの際に結成されたイスラーム原理主義組織。イス

ラエルに対して強硬な態度をとり続けているが、インフラ整備や社会保障に力を入れており、支持者も多い。

＊17——アル＝カイダ（アル＝カーイダ）…ウサマ・ビン・ラディンが創始したスンナ派イスラーム原理主義組織。二〇〇一年のアメリカでの九・一一テロを首謀したことで名を知られる。

＊18——アル＝アクサ（アル＝アクサー）…アル＝アクサー殉教者旅団。ヨルダン川西岸で活動をするパレスチナ解放機構（PLO）ファタハの武装勢力。しばしばイスラエルへのテロ活動をする強硬派。

＊19——ファタハ…アラビア語の「パレスチナ民族解放運動」の略称。現在ハマスと対立関係にある。

＊20——ダブケ…パレスチナをはじめシリア地方全体に見られる民族舞踊。刺繍で彩られた民族衣装を身にまとい、手を繋ぎ、一列に並んで踊る。

＊21——キッパ…ユダヤ教徒が頭にのせる丸い皿状の平帽子。

＊22——クーフィーヤ…アラブ人の男性が頭や身体に巻き付ける布。

＊23——ラマッラー…エルサレムにほど近いヨルダン川西岸地区の町。パレスチナ自治政府の議長府がおかれている。

＊24——スデロットやアシュケロン…いずれもイスラエル南部の町。ガザ地区に近く、しばしばカッサム・ロケットによる被害が出ている。

＊25——シンドラーのリスト…スティーヴン・スピルバーグ監督によるアメリカ映画（一九九三年公開）。ドイツ人実業家オスカー・シンドラーが多数のポーランド系ユダヤ人の強制収容所送りを阻み、命を救った実話を描いた。

＊26——キブツ…二〇世紀初頭から一九七〇年頃まで、イスラエルで盛んに作られたユダヤ人共同村。個人所有の禁止など、社会主義的思想のもとで運営が行われる。

＊27——ホロコースト…ギリシャ語で焼いた供物を意味する。「燔祭」の意。第二次世界大戦中にナチスが中心となって行ったユダヤ人への組織的な大量虐殺を指す。

＊28——アウシュヴィッツ、ビルケナウ、トゥレブリンカ…いずれもナチスが設けた強制収容所。現在のポーランドに位置する。

＊29——ツァハル…イスラエル国防軍のヘブライ語表記の頭文字をとったもの。通常はＩＤＦ（Israel

Defence Forceの略）を使う。

*30——アンドレアス・バーダー、ウルリケ・マインホーフ…二人とも西ドイツ赤軍派のメンバーだった。

*31——プムックル…ドイツで子どもたちに人気のアニメキャラクター。六〇年代のラジオドラマに始まり、絵本、映画、テレビにも登場した。

*32——ベアーテ・ウーゼ…ヨーロッパ各国でアダルトショップ・チェーン店を展開するドイツ企業。フランクフルト証券取引所上場企業。

*33——ヘルガ・バイマー…一九八五年にスタートした人気テレビドラマ「リンデン通り」に登場するバイマー家の母親。

*34——アーエーゲー…アルゲマイネ・エレクトリツィテート・ゲゼルシャフト（Allgemeine Elektricitäts-Gesellschaft）の略。ドイツを代表する総合電機メーカーだったが、西ドイツ経済再編の波を受けて、ドイツ再統一の前後に解体された。

*35——クロイツベルク…トルコ系移民が多く暮らすベルリンの地区。戦後の高度成長期に西ドイツ政府は低賃金労働者を確保するために移民を積極的に受け入れたが、成人した子どもたちは就職などの面で困難を抱えている。

*36——人形…ベルリン公演では、ユーセフが指人形を使って演じた。

*37——トルコ人…オスマン帝国による支配のこと。

*38——第二次レバノン戦争…二〇〇六年ヒズボラによるイスラエル兵拉致をきっかけに、イスラエルがレバノンを空爆し、大規模な戦闘を行った。

*39——ドクター・メンゲレ…ドイツ人の医師ヨーゼフ・メンゲレ。アウシュヴィッツでユダヤ人の人体実験を行った。

*40——六日間戦争…第三次中東戦争のこと。一九六七年にイスラエルと周辺アラブ諸国との間で勃発。イスラエルの勝利により、東エルサレムを含めたヨルダン川西岸、ガザ、ゴラン高原などがイスラエルの支配下に入った。

*41——フムス…ひよこ豆をペースト状にした日常食。パンにつけて食べる。イスラエルだけでなく、中東全域で広く食べられている。

＊42――第一次インティファーダ…一九八七年十二月ガザでのパレスチナ人殺害をきっかけにパレスチナ全土に広がった投石による抵抗運動。

＊43――ジェニン…パレスチナ自治区のヨルダン川西岸の町。難民キャンプがあり、二〇〇二年四月のイスラエル軍侵攻により、民間人を含む多数の死傷者を出した。

＊44――ヤコブの豆スープ…旧約聖書・創世記で双子の兄エサウが豆スープと引き換えに弟ヤコブに長子の権利を渡した逸話のこと。

〈解説〉

『第三世代』ワーク・イン・プログレス
立ち上がるドイツ／イスラエル／パレスチナの声

新野守広

1. 『第三世代』の成り立ち

今日、そのニュースに触れない日は一日もないほど、世界のどこかで紛争が起こっている。これは異常な事態としか言いようがないが、仮に、紛争という非日常に晒された人々の姿を見たいと思う私たちの日常的な願望が紛争地帯から生まれる演劇を欲しているとすれば、異常の名に値するのはこうした演劇を求める私たちの方だ。このような考え方は悲観的かもしれないが、絶望的ではない。なぜなら、私たちが求めているのは、実は紛争地帯から生まれる演劇ではなく、紛争や内戦などで敵対する人々がそれぞれの集団の歴史や理念の制約を踏み越える演劇、すなわち紛争を越える演劇であることに気づくからである。

『第三世代』は、紛争を越える演劇の貴重な例である。二〇〇八年、ベルリンのシャウビューネ劇場とテルアビブのハビマ劇場は、「世界演劇祭」(ドイツ、ハレ市で開催)の委託を受け、ドイツ、イスラエル、パレスチナを出自に持つ三十歳前後の俳優たち十人による舞台制作をスタートさせた。ドイツとイスラエルでのワークショップを重ねて実現した十人の俳優たちの舞台は、袋小路化したパレスチナの現実への怒りと批判を、ユーモアを交えつつ、赤裸々に表現する画期的な作品となった。舞台は〇八年十月にハビマ劇場で、翌〇九年三月にシャウビューネ劇場で初演された後、ヨーロッパ各地で招聘公演が行われ、大きな反響を呼んだのである。

公演のタイトルは『第三世代』。これはイスラエル建国を体験した世代から数えて三代目となる俳優たち自身を指している。彼らは実名で登場し、自分自身を演じた。十脚の椅子が置かれているだけの舞台には、小道具類は何もない。十人の俳優の内訳は、イスラエル在住のユダヤ人が三人（男性一名、女性二名）、イスラエル在住のパレスチナ人が三人（一人は女性）、ドイツ人が四人（一人は東独出身の女性）である。開演すると、一人のドイツ人男優がナチスの行ったホロコースト（ユダヤ人大量虐殺）の過ちを執拗に謝罪した後、他の九人のメンバーを観客に紹介する。俳優のなかにはホロコーストを生き延びた祖母を持つユダヤ人もいれば、ユダヤ人国家イスラエルに故郷を追われたパレスチナ難民の祖母を持つパレスチナ人もいる。「包茎」かどうか、「包茎」を見たことがあるかどうかという、コントを交えて客席の笑いを取りながら行われる一人ひとりの自己紹介から、いわゆる現代史の重い縮図を生きる俳優たちの日々の姿が浮かびあがる。

全体で十以上の寸劇が演じられるが、笑いに包まれた会話の核心には、国や地域の政治状況のもとで分断を余儀なくされている彼らの憤りがあった。パレスチナに対する暴力はナチスがユダヤ人に行った大量虐殺と同じではないかと詰問され、ナチスの行ったジェノサイドとテロリストから日常生活を守る分離壁は同じではないと反論するユダヤ人。ガザに住むいとこについて話しながら、イスラエル軍の空爆に怯える日常の窮状を訴えるパレスチナ人。イスラエル軍の爆撃で兄を失ったパレスチナ人。彼女の泣きながらの訴えをパレスチナのプロパガンダだと平然と決めつけるユダヤ人。ドイツ人はホロコーストから何を学んだのかと迫るユダヤ人。ドイツがイスラエルへの援助をやめたらどうなると反論するドイツ人……。

俳優たちはある時は叩きつけるように、ある時は涙ながらに思いを語り、議論を吹っ掛け、つかみ合いの喧嘩も辞さない。ドイツ語、英語、ヘブライ語、アラビア語が飛び交う。ドイツ／イスラエル／パレスチナをめぐるタブーを恐れることなく、自分たちの目に映った現実を率直に語り、疑問をぶつけ合う彼らは、その出身国や地域が建前として掲げる公的な国家観や歴史観を踏み越えて、忌憚なく本音をぶつけ合う。まさに紛争を越えることが要請されている。現代史の縮図を当事者として生きる彼らには、自分たちには責任のない現実に放り込まれた戸惑いと憤りがあり、場面ごとの辛辣で冷めたユーモアを際立たせている。やるせなさが痛いほどの切実さで感じられる中、終わりなき終末が繰り返される印象を残して、終幕になった。

2. 演出家ヤエル・ロネンの活動

『第三世代』の台本は、一人の劇作家が執筆した戯曲ではない。稽古に参加した俳優たちと対話を積み重ねながら、演出家であるヤエル・ロネンがまとめたものである。作品の副題にはワーク・イン・プログレス、つまり最終的な完成形ではないという添え書きがついている通り、上演台本は創作の一過程に過ぎないという位置づけである。

演出を担当したヤエル・ロネン（一九七六年イスラエル生まれ）は、ニューヨークとテルアビブで演出を学んだ後、父が芸術監督を務めるテルアビブのハビマ劇場の演出助手になった。母も女優という演劇ファミリーに育ち、イスラエル演劇の次代を担う演出家として将来を嘱望されていた彼女は、『第三世代』の成功を受けてドイツに移住し、二〇一三年秋からベルリンのマクシム・ゴーリキ劇場に所属してドイツ語圏での本格的な活動を始めた。今ではミュンヘン・カンマーシュピーレなどの他の劇場でも演出を担当するなど、幅広く活躍している。

彼女がドイツ語圏で活動するにあたっては、二〇一三年秋にマクシム・ゴーリキ劇場の共同芸術監督に就任した演出家シェルミン・ラングホフの存在が大きかった。トルコの出自を持つラングホフは芸術監督就任にあたって「ポストマイグラント演劇」という標語を掲げ、同劇場に「移民の背景を持つ」ドイツ人やドイツ人以外の演出家、俳優、スタッフを多く集め、移民社会化したドイツの現実を改めて照らし出す舞台を次々に制作した。この新方針が功を奏し、同劇場の活動は演劇界を越える大きな反響を呼んだのである。彼女のもとでロネンをはじめ「移民の背景を持つ」演劇人が活躍の場を得たことは、二〇一五年に八十九万人もの移民・難民申請希望者を受け入れたドイツの政治状況と相まって、演劇に携わる人々が社会との関係を問い直す大きなきっかけとなった。実際、ユダヤ人の出自を持つ彼女の活動に対するドイツ演劇界の期待は高い。ロネンは、マクシム・ゴーリキ劇場内に結成された「イグザイル・アンサンブル」を率いて、いくつもの舞台を演出したが、二〇一四年三月に初演された『コモン・グラウンド』はさっそく同年五月のベルリン演劇祭「テアータートレッフェン」の招聘十作品に選ばれた。翌一五年九月に初演された『ザ・シチュエーション』も一六年五月のベルリン演劇祭招聘十作品に選ばれ、演劇誌「テアーター・ホイテ」の年間最優秀作品にも選出されている。

ロネンが演出したこれらの作品では、俳優自身が自らの体験を再構成して舞台化する『第三世代』の手法が踏襲されている。たとえば『コモン・グラウンド』に登場する七人の俳優のうち五人は旧ユーゴスラヴィア出身である。俳優たちは寸劇を演じながら、数か月前に全員で出かけたボスニア旅行を再現する。旅の道中、ある学校を訪れた彼らは、学校が紛争時にセルビアの収容所として使われ、たびたび拷問が行われていたことを知った。この学校訪問を舞台で再現するとき、セルビア人俳優は過多とも思われるほどの感情をこめ、自らが体験した内戦の屈折した状況を観客に伝えようとする。

『ザ・シチュエーション』でも、俳優が自ら体験した出来事を舞台上で再現する手法が採られている。この作品は、ベルリンの代表的な移民地区であるノイケルンの架空のドイツ語学校が舞台という設定になっており、移民の背景を出自に持つ若者たち五人と彼らにドイツ語を教える語学教師一人が登場する。役柄と俳優たちの実際の出自は一致しており、舞台ではドイツ語よりも英語、アラビア語、ヘブライ語、ロシア語といった俳優たちの母語が飛び交う（観客の理解のために英語とドイツ語の字幕が舞台上方に投影される）。そのため言い間違いや聞き間違いが多発するが、このディスコミュニケーションは観客の爆笑を誘い、客席は終始笑いに包まれる。

語学学校という設定を反映して、場面それぞれに「Einführung – Lektion 1: Wer bist du?（導入。第一課：君は誰？）」といった語学の教材を思わせる字幕が出る。第一課ではベルリンに暮らすイスラエル人の妻とイスラエル在住パレスチナ人の夫が登場し、アラビア語で語りながら、今二人は離婚しようとしていることや、イスラエルでは子どもにアラビア語で話し掛けられなかった夫も、パレスチナ人が多く住むベルリンのノイケルンでは気兼ねなく子どもとアラビア語で話しができることなど、プライベートな会話が交わされる。もちろん彼らの会話の背景に移民を取り巻く厳しい現実が透けて見えることは言うまでもない。

こうして各場面は、移民・難民である俳優たちがドイツ社会で直面するさまざまな問題を表現する場になる。語学学校の教師は移民の生活援助に精を出す典型的なドイツ人として造形されているが、その彼も九〇年代にカザフスタンからドイツに来た移民家庭の子弟であることがわかる。ロシア系の闇社会の暗さを抱えた教師を演じる男優は、実際カザフスタン出身者だ。また、『第三世代』と同様、舞台での発言は公的な制約を踏み越える。たとえば、ドイツはイスラエルに謝り続けるべきではないと主張するパレスチナ女性が登場する。彼女は、ドイツがイスラエルに謝るからイスラエルはいつまでもパレスチナ人を殺し続けると断言するのである。

一時間四十分あまりの公演中、俳優たちは自分自身について語り続ける。自身の個人史を背負う俳優たちの語りを通して、移民社会ドイツの状況（シチュエーション）が浮かび上がり、観客を共感で満たすのである。

3．移民社会ドイツ

ドイツ語圏の演劇では、美学上の技巧を凝らし、代理表象の問題を多面的に追及する舞台が多い。このような美学的技巧に慣れた目には、体験の直接性を重視しナラティブを通して再現するロネンの舞台作りは素朴に映る。やや政治的な見方をするなら、彼女の演出作品が何度もベルリン演劇祭の招聘十作品に選ばれ、現代のドイツ演劇として評価される背景には、難民・移民の声を真摯に受け止めるリベラル派の存在を指摘することも可能だ。現在のドイツ演劇は、「ポストマイグラント演劇」を掲げるマクシム・ゴーリキ劇場や、同劇場を拠点に活動の範囲を広げる移民演出家ロネンといった、いわば外部の存在を必要としているとも言える。彼らの活動には、演劇美学的には先端的な表現の開拓に貪欲であっても、文化制度としてはいまだにドイツというネイションの枠内にとどまるドイツ演劇の殻を破ることが期待されているのである。

全人口の五人に一人が移民の背景を持つほどの移民社会になったドイツだが、キャリアの点から見ると、各劇場の俳優や演出家、スタッフのポジションが十分に移民に対して開かれているとはとても言えない。多数の領邦国家に分かれさまざまな方言が話されていた近代国家形成期のドイツ語圏では、劇場は俳優たちが標準ドイツ語のお手本を示して観客を教導するナショナル・アイデンティティ確立の場だった。そのため現在でも、とくにドイツ語の能力に差のある俳優には、依然として暗黙のハンディキャップがある。もちろんこうしたネイションの制度としての劇場の意味合いは、すでに相当程度進行している移民社会化にともない、当然変わっていくだろう。ロネンの活動は、こうしたドイツ社会全般の変化が演劇という文化制度の閉鎖性を開きつつある現状を示している。

翻訳にあたっては、監訳を引き受けていただいた東京外国語大学アジア・アフリカ言語文化研究所特任助教細田和江氏と国際演劇協会（ＩＴＩ）日本センター後藤絢子氏に大変お世話になった。記して感謝したい。

※三六〇～三六二頁に、リーディングの演出をされた中津留章仁氏のエッセイを、四〇八～四〇九頁には、作家ヤエル・ロネン氏のメッセージを収録しています。ぜひあわせてお読み下さい。（編者）

包囲された屍体

Le Cadavre encerclé

作——カテブ・ヤシン　*Kateb Yacine*（アルジェリア）
翻訳——鵜戸聡

【登場人物】

ラフダル
ネジュマ
ハサン
ムスタファー
ターハル

マルグリット
党の伝令、商人、司令官、将校、弁護士
小官吏たち、農民たち、労働者たち
ラフダルの母親、ムスタファーの母親、アリー
コロス

カスバ、ローマ遺跡のむこうの。道の先に、一人の商人が空の荷車の前でうずくまっている。右角でその道に面している袋小路。壁一面にあふれる屍体の山。腕や頭が絶望したようにうごめいている。傷を負った者たちがこの通りに死にに来るのだ。袋小路と通りの角で、照明を当てられた屍体たちは、まずもって嘆きによって自らを表現するが、そのざわめきが、少しずつ人間化され、声になる。傷を負ったラフダルの声だ。

ラフダル……………ここはヴァンダル通り。[*1] アルジェ、あるいはコンスタンチーヌ、セティフ、あるいはゲルマ、チュニス、あるいはカサブランカにある通りだ。ああ、空間が足りない、あらゆる方向から乞食通りやびっこ通りをお見せするためには。夢

遊病の乙女たちの呼び声を聞き、子供らの柩についてゆき、閉ざされた家々（娼館）の音楽のなかに扇動者の短い囁きを聞きとるためには。ここで俺は生まれた。ここで立つことを学ぼうといまだに這いつくばっているのだ。もはや縫い合わせる時間もないあいかわらずの臍の傷を負ったままで。そして俺は血まみれの源へ、われらが不滅の母へと立ち返る。それは欠けるもののないマチエール。ある時は血と精力の生みの親となり、またある時は夜の涼しき懐の皓々たる街へと俺を連れ去る太陽の燃えさかるなかで石と化す。男が殺された原因はおそらく説明が付かぬことになってしまう。次の麦打ち場の戦いでより高く波打つために鎌の下に落ちた一粒の硬質小麦のように俺の死が実を結ぶのでなかったならば。それは打ち砕かれた肉体を打ち砕く力の意識へと接合し、全面的な勝利の裡に犠牲者が死刑執行人に武器のあつかいを教え、死刑執行人はおのれにそれが使われることを知らず、犠牲者はマチエールが涸らす血と飲みこむ太陽のなかに攻略しがたく潜んでいることを知らない…… ここはヴァンダル族の、亡霊の、活動家の、割礼したチビどもの、そして花嫁たちの通り。ここは俺たちの通り。それが、そこで俺が魂を失うことなく死ぬことができる、唯一のあふれそうな動脈のように鼓動するのを俺は初めて感じている。俺はもはやひとつの肉体ではなくひとつの通りなのだ。これから俺を打ち倒すのに必要な大砲だ。もし大砲が俺を打ち倒しても、俺はこのままここにいるだろう。星の光は廃墟を讃え、いかなる流れ星ももはや我が家には届かない。早熟な子供が地球の重力を離れ、星の薫りのなかで、死が戯れでしかない親しげな一団に交じって、俺とともに蒸発するのでなければ……　ここはネジュマ、俺の星の通り。そこで俺が魂を天に返すべき唯一の動脈だ。その通りはいつでも黄昏時で、爆発間際の原子の暴力によって、家々はその白さを失ってまるで血のようだ。

沈黙、それからまたラフダルの声が続く。

ラフダル……………ここ、陰のなかに、警察が見ようとしない屍体たちが横たわっている。だが、一筋の日の光の下でその陰は動き始めた。屍体の山はまだ生きている、最後の血潮が駆け巡っているのだ。あたかも雷に撃たれたドラゴンが今際の際に残りの力を振り絞りつつも、その火が亡骸にしばし漲り、あるいはむき出しの鱗のうちのたった一枚がその洞窟を照らすかどうかもはや知ることがないように。かくして群衆はおのが枕元で生き残る。彼らを武装させ解放する絶滅のなかで。ここではたとえ打ち倒されたとしても、この生まれ故郷の袋小路では、昔の味わいが俺の口のなかに戻ってくる。だがもはや、俺を産んだのはその女でもなく、俺がその噛み跡を残しておいたのはその恋人なのでもない。俺の肉体を俺から引き剥がすように感じられるのは、ありとあらゆる母たちと妻たちの抱擁なのだ。そしてただ俺の男声だけがたなびいて、男性複数形の横溢を歌い上げている。俺は〈俺たち〉と言う。そして俺は、永遠に自分のものとはならない肉体に魂を再び吹き込むために地上に降りて行く。だが、復活を待ちながら、この俺、暗殺されたラフダルが、葬儀の祈祷を自分で唱えに墓の底より帰り来るためには、俺には男性形の満ち潮に複数形の引き潮を付け加えなければならないのだ。[*2] 月の引力が俺に十分な幅の翼を与えて墓の上を飛ばせるためには……ここでは俺が自分を数え上げてももはや終わりがない。俺たちは死者たちなのだ。信じられない台詞だが、俺たちは暗殺されて死んだのだ。俺たちを掻き集めにもうすぐ警察がやってくるだろう。陰の中ではもはやいかなる力も俺たちをばらばらにすることができず、やつらはそこに踏み込みきれなくなって、いまのところ、俺たちを隠している。俺たちは、町の知らぬ間に皆殺しにされた死者なのだ……　一人の老婆が、子供たちを連れて最初に俺たちを目にした。たぶん彼女は健康な男たちを寄せ集めてきたのだろう。鶴嘴や棒で武装した男たちは俺たちの間に散らばって、力ずくで俺たちを埋葬しようとしたのだ……彼らは狼のように近づいて、武器を頭上に振り上げ、そして住人たちは、灯の消えた家の奥から、死体置き場で身を屈めている亡霊たちを目にして不安と恐怖の間で、彼らを見つめていた。大虐殺が行われたのだ。夜の間中、いま俺の眼を冴えさせている朝の光が指すまでの間、住人たちは閉じこもったままで、あたかも自分自身の虐殺を予見して、内省の中でそれに備えていたかのようだ。それから亡霊たちが行ったり来たりするのを止め、最後の猫たちもいなくなった。ますます稀になった通行人たちは、俺たちの喘ぎ声に不安を覚えては、乱闘のあった場所に一瞬立ち止まるのだった。いかなる警邏《けいら》も彼らの逃げ去る瞑想を乱しにくることはなかった。彼らは、足下でいまだにその波がうごめいている怪しげな活動家たちに対して新しい感情を覚えたのだ。彼らが常日頃目にしていた腐って暗いこの通りで、かくも大規模な殺戮の栄光が突如、来るべき騎行へと袋小路を延長しに来たのだった。

ネジュマ、ヴェールを被り、部屋を出て袋小路に向かう。彼女はヴェール、頬、服を掻きむしり嘆く。

ネジュマ……………ごらん、盲いた胸を
乳離れした恋人から遠く離れ
けっして熟すことはないだろう
乳房は不在によって黒ずみ
もはや口が私の泡をすすぐことなどできまい。
ラフダルは私以外の者たちと眠る
あなたは私に告げていた
私は銃撃を夢見ていた
でも彼は黄昏に帰ってくるはずだった
私は彼に私の涙と彼の短剣を隠すべきだった
そうしてほら、私は孤独な夜をすごす運命

処女を散らしたことのない寡婦
花冠にとりつく蟻の群れのホロコーストへと
連れ去られた選ばれし者を探す盲いた花
こうして雄蟻ラフダルは私のもとを去り
わが褥《しとね》の高慢な香りを通り抜けて
この見知らぬ肉体の山の上へと落っこちたのだ。

ハサン……ラフダルが出かけてから、俺たちはずっとここにいる、なんの報せもないままに。ネジュマは日中動かなかった。いまや彼女は夜陰に乗じてこっそり出かけて行く。ああ、壁に伸びているのは彼女の影だ。出て行く音も聞こえなかった……

ムスタファー……（夢うつつから急に引き戻されて）ネジュマ！　彼女を行かせちゃいけない。呼び戻せ！　ラフダルが彼女をここに置いて行ったってことを忘れるな。彼女が俺たちの保護下に残ると見越していたかまでは判らないが……　彼女が死者たちを跨いで行くのを見ろよ。驚きも恐れも彼女の歩みを緩ませることはなかった。ほら彼女は死の袋小路の前で立ち止まる。ヴェールは夜にたなびいている。まるで、揺れ動きながら、水平線を俺たちに指し示そうとして、小舟が停まっているかのようだ。彼女のところへ急げ。一目見ただけで気絶しかねないぞ。逃げるガゼルのもっとも巧妙なフェイントは、しばしば銃の射程距離内で立ち止まるだけなんだ。

ハサンはその人影を迎えに密かに出かけて行った。舞台が一時暗くなってから、ネジュマが入ってくる。狼狽し、ヴェールは破れ、遠くからハサンがついてくる。彼女はベンチに座る。

ターハル……（無理に笑みを浮かべながら）お前の珈琲はまだ熱いぞ……　だが、おい、どこへ行ってたんだ？　親御さんとこか？

ムスタファー……静かに飲ませてやれよ。彼女に家族はいないんだ。（ネジュマに向かって）ただ待つしかないんだ。俺たちよりラフダルのこと判っているだろ……

ターハル……（気を取り直して）ラフダルみたいな気違いのために家族から離れるもんじゃないぞ。

ハサン……（苛立ちながら）いいか、悪党、あいつがいないんでなきゃ、お前なんぞに決して扉を開きはしなかったものを。お前の白髪頭のためってわけじゃないんだ。

ターハル……ラフダル！　ラフダル！……　この名前しか聞きやしない。そもそもあいつは俺の息子だろう？……

ハサン……あいつのおっかさんの息子だよ。そこんとこはっきり言っとくぜ。なんであんたの種無しのことをここで持ち出すんだ？　あんたなんぞブンブンたわごとをぬかす老いぼれ虫にすぎないんだ。

沈黙。それからネジュマがカップを口に運び、低い声でモノローグ、自分自身の言葉

左から山森信太郎、浅野千鶴、小角まや、糸山和則、稲垣干城　撮影＝山口真由子

を拒むかのように。

ネジュマ……私の呼びかけに答えたのは、兵士たちの足音だけだった。そして私は今日もまた禁じられた土地を徒に彷徨っている。そこでは人々が噛み付くこともできずに這い回っている。攻略不能な軍靴によって地面に打ちつけられた獣たちだ。その［軍靴の］存在は、我々が一言もなく武器もなく企てている復讐に不可欠なものとして、戦いの予兆のように私たちの脳裏に取り付いている。だが我々は少なくとも征服されざる者の誇りをもって打ち倒されるだろうと確信しているのだ。たった一人の恋人が命を落としたのだから、かつてないほど私は彼を待つことになるだろう。塵と血を踏みつけることだろう。子を産んだことのない雌牛が失われた似姿を求めて肉屋に駆け込んで行くみたいにして。私の足下にはたくさんの顔、たくさんの幽霊がばらばらに私を追いかけてくる。でもラフダルの痕跡はなにもない。

ムスタファー……ラフダルは呼ばれても、よく黙っていたからな。

ターハル……それで俺は、あの呪われた男を探して、ろくでなしみたいに走り回って骨を折ることになるんだろうよ。あの義理の息子を俺が愛していることにお前たちは文句があるようだが、俺こそあいつが知る限りのたった一人の父親なんだ。お前たちがどこで仕入れたか知れない新しい思想ってやつで、あいつの頭をのぼせ上がらせちまうまではな……　名前も知らないような同志たちに心を奪われちまって、あいつはいまや行方不明、この継父に対してだけじゃなく、学校を出てすぐ、まだ子供のうちに別れた母親に対しても。お前たちが訳の判らない横断幕をひけらかして警察に歯向かおうと決意した日から…… それからというもの、お前たちはそんなことしかしやしない。警察だけじゃもう済まない。いまや兵隊を送ってよこす。その結果、通りには若い連中の屍体の山だ。こいつらだって「同志」なんだろ、お前たちそのために全てを投げ捨てたんだろう。教科書も、道具も、家も、家族も投げ捨てて、お前たちがいまだに徒党を組んでいるのは、警官や兵士たちが、お前たちが埋葬すらできない名も無き屍体たちとお前たちを道連れにしてくれるのを待っているんだろう。ところがお前たちのお友達は、たぶんラフダルもだろうが、ここ、お前たちの鼻先に横たわっているんだ。そいつらがお前たちの集会に通っていたまさにこの通りにな……

ムスタファー……俺たちはみんなこの通りに生まれた。警察に俺たちをここから追い出すことなんてできやしない。屍体なんてものは、この古い通りはいくらも見て来たんだ…… あんたたちだってな、哀れなじいさん、この通りはあんたの霊柩車が走って行くのも見ることになるんだ。それで俺たちみんながここを通って行くんだ。俺たちの通りに重くのしかかっているのは死者の数じゃなくて、卑怯者たち、あんたたちみたいな臆病者たちの孤独な死なんだ。あんたら時代遅れの親父たちが祖先たちを裏切っているんだ。あんたたちは、俺たちを工事現場や学校に送り込んで自分たちの古くさい毎日を守っているつもりだろうが、そこじやあ、あんたたちがその支配を有り難いものだと思い込んでいる奴らに、俺たちはいつだって追い立てられているんだ。あんたたちは、俺たちみんなの祖先たちを打ち負かした傭兵たちの強大さや豪奢さ、武器なんかを誉め称えている。あんたたちの眼には戦いはもう何の意味もない…… こりゃいったいどういうことだ。あんたたちの家畜みたいな魂が、気持ちよさげに制圧に同意するという不名誉のなかへと自らを押しやり、子供たちを犠牲にしながら奴隷の夢をむさぼらせ、支配者たちのお手本に習わせようとしているとしか思えない。あいつらだって、無邪気にあんたたちを愛していると信じている（下劣な連中っていうのはいつだって無邪気なものだ）。なぜってあいつらはあんたたちの熱意を糧にして、あんたたちを自分の卑劣さへと結びつけている。あいつらもまた、自分は導き手たる父親なのだと感じているんだ…… だが騙されるのはあんたたちで最後だ。あんたたちと違って子供たちはこの通りで育った。彼らには飼いならされる暇なんてなかった。そしてあんたたちの恍惚とした夢がぺしゃんこになるのをすぐに眼にすることになる。俺たちはもう、古くさい召使いの日々のために働くことはないんだ。

ターハル……この不幸な国では、十年ごとに血が流される。俺はお前たちみたいなクチバシの黄色い奴らがいきり立っては同じ敗北へと駆け込んで行くのを余りにたくさん見て来た。おまえたちの旗で機関銃相手に何ができた？ 叛乱はすべて、子供たちのむせび泣く声が聞こえる頃には鎮圧されている。俺たちの家々は大砲で破壊された。民兵と軍隊が警察の援軍にやってくる。そいつらはお前たちをひっぱたき、辱め、強制労働させ、お前たちの呪われた行列に発砲する。そんなことすべてが無実の者たちにも降り掛かるんだ。お前たちの日誌を気まぐれに取っておいたがために、ガソリンをかけられて生きたまま焼き殺された裁判所書記官の九人の子供たちが、お前たちを頼みにできるとでも？

ハサン……あんたはそう俺たちを非難して喜んでいるんだろうよ……

ムスタファー……カラスには好きに鳴かせておけ。俺が心配しているのはそいつのことじゃない……なあ、ハサン、「公務執行中の公務員に対する常軌を逸した目付き」のために、軍事法廷から有罪判決を食らった若い男を憶えてるか？

ハサン……憶えてるよ。俺たちと同じ監房だった。脱獄した後に、「報復が不可能なら、どうしてこの国に留まっているんだ？」って俺たちに言ってたな。

ターハル……そこで、お前たちの大半は国を出て、フランスに向かった。そして敵のテーブルで飯を食って、やつらの言葉を話し、自分たちを狙撃したやつらと同じ服を着たわけだ。俺は酒を飲んで、女たちと宴会をやってはいたが、だが国には残っていたんだ。だから俺は、兵士でもなければ、あちらさんの有名な工場の労働者だったこともない。俺だってお前たちの不忠義を、さもなけりゃ裏切りを責めることだってできるんだ。ラフダルがパリから戻って来てもう二年だ。一回だって俺たちのところに顔を出したためしがない。おっかさんはあいつが通りかかるんじゃないかと来る日も来る日も窓際にいて、俺は飲み食いを忘れてるってのにな。

ハサン……とくに飲むのをな。いまならあんたもワインの匂いでひどい吐き気を催すだろう。

ターハル……あれから俺は礼拝をしているんだ。正直な商人の考えることとさ。真っ白な服と清浄な体でミナレット[*3]に向かうってことがどんなことかお前たちには想像もつかんだろうが。

党の伝令が入ってくる。

伝令……やあ。（彼は座り、タバコを差し出す）

ターハル……どんな状況だ？

伝令……（ムスタファーの警戒のサインを見ずに）平静を保った方がいい。あいつらは新たな乱闘を起こして俺たちの戦力を計ろうとしているんだ。

ハサン……非武装のヨーロッパ人たちが襲撃されたって言い出すぞ……

伝令……主要な集合場所は発見されて監視されている。もはや閉じこもって機を待つしかないんだが、摘発されないようにな。ラフダルや他のみんなみたいに責任者全員がいなくなってしまえば、党は首脳部を失ってしまう。

ハサン……（意気阻喪したネジュマを指しながら）俺たちはまだラフダルが消えたと決め込んだわけじゃないぞ。

伝令……彼を見つけ出すのはあんたたちだ。

ムスタファー……潜伏していろって指令で、どうやってラフダルを探すんだ？　犠牲者のなかにいるのかも判らないんだぞ。俺たちを罠にかけるためだけに警察が死体を放置しているとは考えないのか？

伝令……（椅子から離れながら）たぶんな。（彼は出て行く）

ネジュマ……（急に立ち上がって）［私があなたたちに］また会いに来るわ。

ターハル……狂ってる。

ハサン……静かに！

ターハル……人には人の運命がある。どうして彼女は出て行くんだ？　人は人だってのに。

ムスタファー……好きにさせてやれ。ついて行ってやったらどうなんだ。

ネジュマは出て行き、ターハルがいやいやついて行く。

ハサン……デモの日の朝、彼女がラフダルと揉めてたってお前言ったな？　妙な状況だ。彼女、ラフダルが死んだって訳も無く思い込んでるようだが、単にラフダルの方が彼女に会いたくなかったってことじゃないのか。さっき、初めて外に出てみて、彼女はラフダルが袋小路に横たわっているのを見なかったものかと考えているんだ。自分の苦しみを漏らすことを恐れて俺たちに黙っているとは思わないか？

ムスタファー……女の喪というものほど偏狭なものはないからな。

ハサン……自分の絶望を、俺たちの絶望といっしょくたにされたくないって思ってるんじやないか？

ムスタファー……俺たちと同じようにはっきりと彼女が見たに違いないものを、仮に俺たちが知らなかったとして、彼女は俺たちに気を遣っているつもりなのかな……

ハサン…………押し殺した悲しみも、俺たちが心を開いて話をすれば抑えきれなくなるだろうよ。だが、どうしてラフダルは彼女と別れたんだ？

ムスタファー……俺たちは夜を徹してデモの準備をした。明け方に、ラフダルが大きな身振りをやり始めた。扉を閉め、活動家たちを帰して、自分一人で任務を背負おうとしたんだ。最後には、俺たち三人しか残らなかった。ラフダル、ネジュマ、そして俺だ。俺たちは懸命に眠気に耐えていた。まるでこのデモが他のデモのようには終わらないと予感していたかのように…… ネジュマは少し離れたところにいて、不満な様子でもなかった。俺ひとりで彼女に近づいては話しかけたものだった。ラフダルはなにか書き始めていた。ついにはネジュマが立ち上がって扉を開けた。一握りの蜜蜂のような速さで、太陽が俺たちの頭に襲いかかり、夜の疲労でまだ麻痺していた俺たちは、ちくりとやられて身震いしたものだ。ネジュマと俺は扉のそばに寄って春の空気を吸い込み、朝の光の暖かさに驚いたまま、その魅惑を断ちきれないでいた。ラフダルの声が俺たちを部屋の奥へと呼び戻した。「悲しむことはなにもない」、と彼は言っていた。窓は開け放たれたままだった。通りの光と朝のかおりのなかに身をかしげながら、ネジュマはため息をついていた。彼はさらに彼女に耳打ちした。「恨みっこなしだ」。そして離れて行った。俺にいつも通りにしているよう言い置いて。そのとき初めて、彼らが言い争いをしたばかりだと判った。それで彼女は険しい眼で、悲しみを込めて彼が行くのを見つめていたんだ。

外に出て、ネジュマはラフダルが屍体たちと一緒にいるのを目にする。彼は痛々しげに身を起こした。その服、その顔は血にまみれている。彼は通りをよろめき歩く、なにかに取り付かれたように。ネジュマは無言のまま、足を踏み出すこともできずにその亡霊をじっと見ている……

ラフダル……俺はまた俺たちの町にいる。町の形がまたはっきりとしてくる。俺は打ちのめされた手足をまた動かし、そしてヴァンダル通りは俺の目の前で終わりを迎える。まるで嵐のように、石畳の心臓部で、風と霜が朝まで探しまわる虫たちの胸部で夜が崩れ落ちるきっかり一分前に。そのときこそ、巨大な壁が、巨大な町と俺の間にそびえ立つ。俺はついに、このしつこい死神と俺がほら埋葬されている死せる町から出て行くのだ。

遠くの、現実ではない銃声が、こだまに乗って運ばれてくる。

ラフダル……狂った木の上で、俺の豊かなる家系は、血に富み根に富んだ家系は悪戦苦闘する。人気なき霊廟の部族は、俺に先んじて珈琲を挽いた香りのなかに生きた。俺たちの隣人たちはゾフラーをぶつことは決してなかった。俺の本当の父親がいなくなって、彼女と結婚した薄っぺらい伊達男から引き離さずにはこの逃げた母にはとても会えない。売春婦とともに自動車のなかで他界したこの父のむごたらしい死は、部族の残りの者たちを飲み込んでいく深淵の一つで、この死者は俺には何も呼び起こさない、運命の獰猛さのほかには何も。そいつの短い旅は俺を遥か昔へと置いてくる。母胎の彼方でゆっくりと作られ、出産され、鮫の力ない咀嚼の後に痩せ細った瀕死の体を通って陰鬱な消化のなかに排泄された死んだ魚だ。こうして俺の死は早すぎることに父親のようなもう一つの死を渡って行く。そして、俺の次なる墓所から母ゾフラーを遠ざけるためには、もはや俺には継父が一人いるだけで、追放された恋人、ネジュマが帰る先は俺の友達しかいない。そしてほら、俺は二重に打ち倒されている。だが俺は独りで起き上がる。手足を切断された彫像が地震によって蘇生されるようにして。世界を震わせ揺さぶるのは時間や死、崩壊への盲目的な冒涜に対する閃光のごとき怒りによって。そのうちのどれも、俺たち生存者の精神を解放することはない。ようやく俺に時いたった一瞬、運命の前哨で数えきれぬほどの大群と力を競う、長さもなければ巻き戻ることもない一瞬を除いては。おお！　感嘆すべき泳ぎ手たちのそばで速度を弱めていく死すべき鮫よ。こうして死者たちの霊は俺の物語より遅れている。いまや、石畳と同じようにして俺は通りに眠りに来た。そして時間は、俺とともに変貌することも俺の仮面を見抜くこともできずに、さっきの姿を俺から借り入れたまま立ち往生している。いまや、待ち伏せしている者たちから遠く離れた俺の記憶をめぐって時間は死と争い、いかなる時刻表ももはや俺のものではなく、浪費された俺の血はもはやいかなる規範も勘定も知らぬことだろう。

銃撃。

ラフダル……俺たちはまだ追放されちゃいない。ただ、この通りで打ち負かされただけ。ただそこで、殺人者たちの面前で、俺は這い回っている。死んでもなければ生きてもおらず、春の判決によって、粉砕された灌木[*4]の香りのなかに置き去りにされたままで。同様に、防御を放棄したヤマアラシは、自分の巣穴のなかで流れ弾の苦しみを味わい、己の近寄りがたい断末魔で土を濡らすのだ。

銃撃。

ラフダル……独り、俺の影のなかを、俺たちの町の危険な呼び声だけが徘徊している。もはや終わった武勇を通り、侵蝕された俺たちの生活すべてを通って。町は相変わらず若く、廃墟の傍らで浮き足立っている。

銃撃。長引く一斉射撃がもたらす新たな沈黙のなかで、ラフダルは妄想を振り払い、全身を起こしてゆっくりと、一言ずつ次の詩節《ストロフ》を朗誦し、それによって意識を取り戻していく。

ラフダル……俺は血のざわめきが生きているのが聞こえる、分娩中の母さんの叫び声を思い出す、俺の血管にまわったシロッコのもとで一族郎党が暮らすのが聞こえる。そして俺が黄昏に先祖のポプラのほうへと聳《そび》えていくと、その像は打ち倒されざる植物の騎行に任せて葉と葉を揺り動かし、行軍の夜に、散り散りになっていたヌミディア人たちの騎兵隊はマグレブ《日没》の時に突撃を繰り返す。

一斉射撃とギャロップ、ギャロップと一斉射撃。甦った沈黙。

ラフダル……ついに！　この恐るべき時間の兼務をもって、それを受け入れる荒廃した心の終わりを告げるために、俺は再び——喜劇ではなく配慮によって——たえず陰を浸食する暴力的な男となるのだ。

ラフダルは周りを見回し、少しずつ強迫観念を脱して、一種のアイロニーをもって話を続ける。

ラフダル……宝の重さはすべて、俺を屍体置き場に留めている引きつった手の内にあり、崩壊した俺たちの町はもはや壁とともに生きる喜びでしかない。

ラフダルは狂気のふちでよろめいて、けたたましく冷笑する。

ネジュマ……（彼に駆け寄りながら）ラフダル！

ラフダルが崩れ落ちようとするので、ネジュマは彼を支える。彼女はラフダルを荷車に凭《もた》せ掛けてやる。商人は深く眠っている。ラフダルは新たに強迫観念のなかでもがいている。

ラフダル……打ち捨てられた男たちが、腐敗が待ち構えている肉体たちから生じる幾つもの巨大な輪からその手を俺に投げかけてくるのが見える……

ネジュマ……聞きたくないわ！

ラフダル……俺たちは皆、よそものには堪え難いこの町で、誰かを追い出したりは決してしない。いかなる侵略者でも俺たちをまた一突き刺し殺して、俺たちの墓所を彼らが富ませることができるだろう。そして、彼らの言葉を俺たちの孤児たちに教え、家族とともに身を落ち着け、墓底からの俺たちの抗議を恐れることも無い。誰も俺たちの声を聞くことはできない。それは叫び声が欠けているということではないのだ……　俺たちは絶えず、心からの願いとして、俺たちの墓場への、横取りされた俺たちの土地への、俺たちがお前たちの代わりに生きているこの亡命を呼びかけている。おそらくこれが智慧というものではないのか？

ネジュマ……（彼の口に手をやって閉ざしながら）聞きたくない！　聞きたくない！

ラフダル……（屍体たちのもとに戻ろうとしながら）死者たちとの最後の紐帯をほどいていく魂のなかに、禁じられた土地の、時ならぬ花へと引き裂かれるこれらの頭脳を隠させてくれ。おお、吐き出されたネクタルのそばで揺さぶられた花よ、俺たちのすくめた頭の中、鉛の蜂の群れに貫かれて暗んだ頭脳の花束よ……

ネジュマ……聞きたくないの！

ラフダル……行け、俺たちの怪物じみた心を煩わせることなく別れよう。この世を渡っていくには魂だけで十分だ。人がその最後のため息で語りさえすれば。俺は黙ろう。熱々のお前が舌先まで出懸かっていて、干潮にお前に着岸するため俺は無言で船を漕ぐ。暗礁のように、お前の乳房は俺を痺れさせる。俺はかろうじて控えめな平泳ぎで、洞窟の眠りへと泳いでいく。そして今、俺はお前に魂を返しにきた。難破はもはや俺の興味を引かない。お前の助けさえあれば、俺は眠りよりも言葉の贈与を好む。だがお前の肉の岸辺は渦巻と岩礁でしかない。死ぬほど傷ついて俺は船から降りる。裏切られるには声を上げるだけで十分なのだ。

ネジュマ……私は喉の奥底であなたを待ち構えていた。そして暗殺者の親しさのなかでヤマアラシ狩りを知った。いつだってあなたは私を失ったわ。

ラフダル……ああ、俺は穴蔵で日々を過ごしていた。お前の罠にはまらない者たちを見抜こうとしていた。あいつらは俺の胸の上を歩いていて、お前は背中を丸めて、あいつらの口ひげでゴロゴロ言っていた。俺が反応すれば、お前の茶目っ気が、俺の檻のなかで我が物顔に振る舞って、ライバルどもが付け込む新しい転落へと俺を引きずり込むのだった。俺はこうしてお前の悪事に加担し罰をも断念せねばならなかった。

ネジュマ……嘘よ。その罰ってなんのこと？

ラフダル……この誤解がやつらにありったけの勇気を与えていたんだ。俺だけがやつらの無知を一掃することができた。そしてライバルどもは、時には俺の穴蔵の上で泣きながら、せわしなく蠢《うごめ》いていた。お前の爪［痕］がまだついていた俺には、あいつら一味を狂わせることも鎮めることもできなかった。おまけに俺の声が重荷を重くしたために、あらゆる呪詛がお前の幻術をたかめることになった。

ネジュマ……（断固かつ放心して）ただの嫉妬の発作よ。

ラフダル……だが俺がその魔力を断ち切ったなら、やつらはお前の魅惑的な褥を俺が捨て去るのを見ることを断念し、俺を発奮させてお前に立ち向かわせただろう。罰の最高峰がそこで現れたことだろう。だが俺はお前の高みにまで達しようとは思わなかった。その先は虚無だと知っていたのだから。

ネジュマ……あなたは決して私を征服してしまおうとしなかった。さよならの代わりに皮肉を言って、私のもとを去って行った朝のことを思い出して。

ラフダル……あの朝は、兵士たちが兵舎に押し込められていて、出動に備えていた。俺たちの組織者たちはそれを知らなかった。俺が知っていたのは、しまいには警察がやってくるだろうってことだけ。俺は治安部隊の男たちを待っていた。そして最初のグループはもう取り囲まれていた。人々はいつだってヴァンダル通りにやってくる。あれは大通りに展開するときだった。前の晩に、警官たちが幾つもの家に配置されていた。俺たちはみんなぴりぴりしていた。あるバルコニーから、銃弾が偶然発射された。群衆はぐっと固まった。あらゆるものが弾丸の代わりになったが、身を守るものが何もなかった。兵士たちが到着した。やつらは続けざまに射撃をして、俺は気づくと倒れていて、口のなかは昔の味がした。感覚は鈍り、何も感じなかったが、両目はまだ半開きだった。それから群衆は踊り始めた。そして俺はぜいぜいいうこともなく、少なくとも自分の喘ぎが聞こえること、ほかの怪我人たちの喘ぎ声よりも聞こえるということはなかった。というのも俺のからだには鉛玉が埋まっていて、町は騒然としていたからだ。俺にはただ単に、人々が踊り始めたように思われた。悲しいというにはほど遠かった。おまけに俺はタバコを持っていた。自分が寝ていた赤い水たまりは、俺には見えなかった。いい天気だった。デモは終わっていなかった。兵士たちは別世界のもののように思われ、警官のことは忘れていた。だが群衆は数が少なくなった。そのとき俺は自分の衰弱を感じた。

一時《いっとき》。闇。ラフダルとネジュマのシルエット。銃声。号令、うめき声。自らの虐殺に陶然とした群衆の叫び声。乱闘。もみ合い。光。舞台は空。独り、商人がオレンジの木の前で微睡《まどろ》んでいる。夜だ。ネジュマ、ムスタファー、ハサンが突然現れ、家から家へと身を隠して行く。

ムスタファー……それ以上行っても無駄だ。あいつは見つからないよ。
ハサン……あいつが消えたのは二度目の乱闘のときだ。
ムスタファー……（厳しい調子で）あいつの手当てをして、それから閉じ込めておくべきだったんだ。

ネジュマ……ここにほっとくべきじゃなかった。
ほっておいたりしないわ！　私たちが銃声と叫び声を聞いたとき、わたしは彼の腕を取った。あの人はそこにもたれていた（ネジュマはオレンジの木を示す）。私はついて来るように何度も頼んだわ。彼は答えなかった。近くに武装した男たちの一団がいるのが聞こえた。私はもう一度彼に頼んだ。もし私と来たくないなら、どこへなりと行ってくれってわめいたの。でも彼は支離滅裂なことばかり言って、身を起こそうとばかりしていた。そのとき、銃弾の下を逃げ惑う群衆に私は飲み込まれてしまったの。私は倒れた。起き上がって、そしてまた倒れた。男たちが私の周りで崩れ落ち、彼らの通り道に私をひっくり返した。まるで、見知らぬ女の肉体の上に体を押し付けることだけが彼らの最後の望みであるかのように。

ムスタファー……（さらに厳しい調子で）そんなことは分かっている。銃弾の下でだって女は議論の中心になるんだ。そうやってお前はラフダルを失うんだ。いつか彼の友達も失うだろう。もしそれがまだであれば。

ハサン……（ムスタファーの怒りを逸らそうと）あの商人はいつもここにいる。きっとラフダルのことを見ただろう。

彼らは商人に近づく。ハサンは彼を手荒く揺り起こす。

商人……（飛び上がって）俺の眠りを妨げる不信心者に呪いあれ。おお！　これは失敬。兵士かと思ったんだ。

ハサン……………ラフダルを見なかったか？

商人……………俺たちの国にはそういう名前のやつがたんといるな。

ハサン……………友達のラフダルだ。皆あいつを知ってるだろ。

ムスタファー……（怒り狂って、さらに近づく）お遊びしてる場合じゃないんだ。あいつを見たのか言えよ。

商人……………いいや、見てないね。

ムスタファー……本当に、俺たちの仲間を知らないのか？　あんたはいつだってこの通りにいるのに、彼らを知らないって？

商人……………（怯えて）俺は自分の仕事と子供のことしか知らんよ。

ムスタファー……この通りでいったい何をしてるんだ？　誰とも話をしないとでも？

商人……………ああ！　兄弟、俺は政治はやらないんだよ。それ何の得になるってんだい？

ムスタファー……それが得になるやつもいっぱいいるさ。警察だって得をする。

商人……………兄弟、俺には七人の子がいるんだ。俺は自分のできることをやって暮らしを立てている。暮らしを立てるのは禁止かい？

ムスタファー……あんたは警官をあてにしてるんだろう？　あいつらがあんたに暮らしを立てさせてやってる？　見返りに何を渡してるんだい？

ハサン……………あんたが何をやつらに渡してるのか言ってやろう。俺にそれを言ってほしいか？

商人……………（動転して）兄弟、俺には七人の子がいるんだ。子供らが腹を空かせることがなきゃ、あいつらはすぐ大きくなる、そして国も解放されるだろうに。

ムスタファー……もし俺らがみな密告者なら、それはきっと貧しさから抜け出すための手段になるだろうに？

ネジュマ……ほっときなさいよ。ただの年寄りなんだわ。

ムスタファー……それで、居眠りしながら、あんたはこのイヌの仕事をやってるわけだな？（ムスタファーは商人のそばにしゃがんで、彼をさらに問いつめる）きっと［植民地］総督のことを考えているんだろ？　あんたの夢はイヌの夢みたいにうめき声に満ちているのか？

商人……（意気沮喪して）許してくれ。あんたたちのことを敵かと思ったんだ。誰だって間違いはあるだろう。あんたたちの友達は負傷していたよ。

ハサン……（反対側から近づいて）彼はどこに避難したんだ？

商人……（ネジュマを指して）この女が見てたよ。あいつらはみんな俺の荷車の近くで話をしてた。俺がすぐ近くにいるのも目に入らずに。それからまた別の乱闘があった。俺は何も見ていない。誓ってすぐさまそこから逃げ出したんだから。

暗闇。ゴングが鳴り響く。光［照明］。スクリーンに映し出されたアフリカの地図を示しながら、司令官が別の将校としゃべっている。

司令官……ヌミディアの歴史を見てみたまえ。今日の北アフリカがそこにはある。指揮するポストがローマ人から我々に代わったという違いを除けばな。かつてはヌミディア騎兵と戦うのは生易しいことではなかった。今日では、我々には飛行機がある。そしてこの国は三つに分割されている。だがこれはいつだって一つの同じ国なのだよ。我々がその住民を併呑してしまうことはあるまい。たとえアフリカのいかなる帝国よりも多くの植民者を送りこんだとしてもな。チュニジアでもモロッコでも、ここと同様、同じ男たちが我々に刃向かってくる。何世紀も経って突如現れ、幾度となくやり直すのだ。そして土埃を噛みしめながら再び現れる。敗走するヌミディア人たちはその度ごとに再結集するのだ……

マルグリットの目の前で、土埃と斑点出血だらけのラフダルの方に光が移る。

マルグリット……あなた襲われたの？

ラフダル……説明するのは難しいですね。

マルグリット……ちょうどあなたの体の前でブレーキをかけたの。わたし独りで運転してたのよ。あなたついてるわ……　ちょうどいいところでブレーキをかけたのね。あなたの体が動いた。私の耳にフランス語の単語が聞こえたの……

ラフダル……なにか混同しているんですよ。ほかにも怪我人はいたから。

マルグリット……いいえ、確かよ。あなたが何を言っているのかは分からなかったけど。でもフランス語だったわ。

ラフダル……（赤くなって）それはつまり学校に行ったことがあるってことで……

マルグリット……なんですって？

ラフダル……………（言い直して）いやなんでも。

マルグリット……………あなたを運んで来るのは大変だった。幸い、私は看護婦よ。ひとの手当をするのが好きなの。父は私にもう働いてほしくないって。自分の世話だけで十分だって言うのよ。パリではまだ看護をしてたわ。ここはあまりに汚くって……ほら、止血ができた。

ラフダル……………具合が良くなった。

マルグリット……………もしよければ父に知らせるわ。救急車を呼んでくれるでしょうから。

ラフダル……………あなたのお父さんっていうのは……

マルグリット……………将校よ。

ラフダルは飛び上がる。マルグリットは彼を注意深く見据えて、低い声で言葉を続ける。

マルグリット……………あなた外国人？　いいえ。あなたアラブね。近くから見ていま分かったわ。その血が流れているのね。

ラフダル……………ええ、血は流れてますよ。

マルグリット……………（考え込んで）変ね……　他の人たちは私、見られないのに。あの人たちって汚いですもの。みんなシラミみたいって言うわ。あなたはそんな人たちとは違うのね。私のベッドに寝てちょうだい。

ラフダル……………友達のところで眠りますよ。

マルグリット……もう行かなきゃ。私のベッドに寝てちょうだい。

マルグリットが出ていく。ネジュマが入ってくる。

ネジュマ……ごめんなさい。あなたのお友達が探してるわ。ここに降りて行くのを見られていたの。

ラフダル……お前たちまで俺を監視しているのか？　俺は奴隷か子供か？

ネジュマ……ずっと後ろからあなたをつけていた。あなたを見張るのは私じゃないわ。いつだってあなたは自分自身の眼差しのなかで痛めつけられて倒れている。あなたの額の上を駆け回るこの蜘蛛のことをもし眼差しと呼ぶことができるのならね。あなたが私を盲目にさせたり打ったりするあいだも私はあなたを追いかけている。私の上にはあなたの残酷な魂がのしかかっていて、私は喪に服す。でもあなたが死んでいるのは私にとってだけなのね。

ラフダル……決して彼は失われない
新しい息吹が季節の外で
埋葬しにくる恋人は。
俺の畝《うね》からは遠くに耕された
孤独をお前の軛《くびき》に贈ろう
そして俺の不在はお前の放棄を花で飾るだろう。

ネジュマ……私自身の胎内に

あなたは永久に種を蒔いた
そしてほらあなたは自分から吹き散らした
その水が私に約束されていた破裂した雲を。

ラフダル……ひっくり返ったカバンのように、
俺は唖然としたお前とタバコを吸う。
そして俺はお前の縫われた口をあふれさせる
お前の香しい雲でいっぱいに
ひっくり返ったカバンのように、
俺は唖然としたお前とタバコを吸う。
大地は砕け、予見し得なかった
驚き臥したお前の硬質小麦の連れ……

ネジュマ……私にはあなたが鎌の下で歓喜するのが見えた。

ラフダル……だが俺はサイロから出ていくだろう。
そしてお前はもはや知ることがない
いかなる古き襲撃がお前を取り戻すのかを、
忘れられた女
お前の冬眠の
裸体！
俺は忘れられる死へと魂を引き立てて行く。

彼女が婚礼衣装を脱ぎ去らんことを、
運命の魔女よ！
処女、彼女が火の周りで精魂尽き果てんことを！
夜の洞窟の奥底の
滝のごとき失墜を
彼女が装わんとして失敗せんことを！
愛、死そして魂、
祖先たちによって埋められた悔恨、

彼らが暴き立てる自らの生は
欠乏の時代に火をつけられた災厄、相手の魂しか感じられない戦いのなかで自分たちの最後の涙を燃やすことなくしてはお互いを認識することができない名もなき恋人たちの野営地で、欠乏の時代に再び火をつけられた災厄のごとく！

ハサンとムスタファーが入ってくる。

ムスタファー……（ラフダルを指しながら）ほらここだ。生きていておまけにしゃべってるぞ。

ラフダル……待てよ。

マルグリットが入ってきて、二人の活動家の前で怯える。

ネジュマ……怖がらないで。すぐに出て行くわ。

ラフダル……（興奮して）いやだめだ！　みんなここに残ろう。（マルグリットを指して）彼女はパリの出だ。彼女のうちなら海を渡ったも同然だ。

マルグリット……扉を閉めてくるわ。

ネジュマ……（苦しげに）あんまり無理しないで。

ムスタファー……（罪深い声で）悪は為された。

五つのプロジェクターが舞台に向けられる。最初のプロジェクターがラフダルの腫れた顔をくっきりと映し出す。それを見詰めるマルグリットは、魅惑されて、二つ目のプロジェクターの光のもとで、その怪我人の知らぬところで花開いた、この新しい恋を顕わにしている。三つ目のプロジェクターは、ネジュマの無力な挑発を指し示している。その苦々しい眼は対抗する優しさを溶かすかのようだ。四つ目のプロジェクターはムスタファーがネジュマとラフダルの間に投げかける二重の眼差しとともに揺れ動く。彼が憎み始めているラフダル、そのラフダルに絶望してしまったネジュマ。孤独でありつつ連帯するハサンが、軽く後退し、五つ目のプロジェクターが最初に消える。それからムスタファー、それからマルグリット、それからネジュマが次々と影のなかに消えて行く。最後のプロジェクターはラフダルの口元で、彼が声を発するときに消える。

ラフダル……（雰囲気をほぐそうとして）なにか飲むものはありますか？　なんでもいいから。俺たちと一緒に飲みましょう。これで恨みっこなしですよ。

マルグリットは飲み物を持ってくる。彼らはラフダルに乾杯する。

ハサン……おまえの傷は？

ラフダル……できたてほやほやだ。

マルグリット……たくさん出血したのよ。

ネジュマ……はちきれるほど彼に飲ませるつもりなの？

ムスタファー……（嫉妬して）そいつは麻痺してるんだ。コウノトリの嘴で骨までつつかれた木とおんなじでな。

ラフダル……（急にムスタファーのほうに身を傾けて）そのコウノトリ（ネジュマを指しながら）がお前に嘴を鳴らしてるぜ。だが俺は落ち着いたもんだ。俺たちは兄弟。カラスは仲間割れしないもんだぜ……　それでいま、仲間たちはどこにいるんだ？

ムスタファは気を悪くして答えない。沈黙。答えたのはハサン。

ハサン……この地区で残っているのはもう俺たちだけだ。男たちをまた集めなきゃならないだろう。俺たちの拠点は数少ない踏み込まれなかったもののうちの一つなんだ。新聞は、戒厳令は長く続かないと言っている。だが、十八歳から六十歳までの疑わしい男たちは軍の輸送隊によって町から遠くに連れて行かれている……

ラフダル……………（マルグリットに）あなたのお父さんはどう思っているんですか？

マルグリット………父は執行するだけよ。

ムスタファー………ああ、決定するのは植民者たちだからな。あいつらは、公職権限をいわば民兵と軍隊とで分け合うようパリで約束を取り付けてきたんだ。総督自身は麻痺してる。なにがあってもおかしくはないぞ。

ラフダル……………こちらの損害はどのくらいか分かるか？

ムスタファー………俺に言わせりゃ三種類しかない。犠牲者、捕虜、生き残りだ。事態はぜんぜん終わっちゃいない。溝の反対側には全き夜が積み重なっている。あいつらはなんらかの破局を仕上げようとしている。すでに危機が感じられているのにもかかわらず。

ラフダル……………懲罰を恐れるあまり、自分自身の手で、あいつらは勝利を台無しにするだろうよ。

マルグリット………パリが軍に反対するのは期待できないわ。

ムスタファー………俺たちは植民者の力を知っている。そのうち、あいつらはあんたがたを脅かしにフランスへやって来るだろう。もうすでにあいつらはあんたがたをうるさく攻め立て、欺き、包囲している。あいつらはあんたがたの大して強くもない傭兵。卑屈な傲慢さの絶頂で、あんたがたの敵に回るだろうよ。

マルグリット………（怯えて）もっと小さな声で……　書斎から全部聞いているのよ。

ムスタファー………誰が？

マルグリット……………私の父よ！

ムスタファーとラフダルがお互い顔を見合わせる。マルグリットの声に、司令官のブーツが扉を蹴破るや、すぐさまハサンが至近距離から撃ち殺す。束の間、マルグリットは動揺するが、それから決然として行動の中心になる。彼女は父親の死体を跨いで、［轟音に］耳をやられてもがいているラフダルを捕まえる。

マルグリット……………早く、二人を運びましょう。車は扉の前よ。

マルグリットはもがき続けているラフダルを運ぶ。彼らは舞台から去り、それについて行くムスタファーは司令官の死体を運んでいる。ハサンとネジュマだけが残る。

ハサン……………（その行為にいまだほれぼれしながら）あれ本当に自分の父親か？

ネジュマ……………どうだっていいわ。

ハサン……………彼女を嫌うのは間違ってるぞ。ただの外国人、国を離れ、仕事も辞めさせられ、監獄のような生活に押し込まれて、容赦ない父親のもとで身分社会に息が詰まりそうな単なるお嬢さんだ。孤独が彼女を夢遊病者みたいに俺たちのなかに投げ込んだのさ。彼女は敵のもとで過ごすみたいに自分の青春を過ごしているんだ。こんな運命のいたずらによって隠遁から引き出され、誰の陣営を選んだのかも知らずに、自分自身の血の上を歩きながら……

ネジュマ……………（ぶすっとして）どうだっていいわ。

ハサン……嫉妬してるんじゃないのか？
ネジュマ……いきましょ、あなた馬鹿ね、自分の拳銃持って……　気づかなかったの？　私の前では、ラフダルとムスタファーは憎み合っていた。あのフランス女を前にして、あの人たちの友情は復活したわ。
ハサン……したがって恋の嫉妬は武器の友愛に屈するわけだ。

暗闇。光。ゴングの音。人々でいっぱいのバーの雰囲気。舞台の中央で、ネジュマが話す。

ネジュマ……ラフダルが幼年時代から抜け出そうとしていたとき、いったい何が彼に起こったのかを話す時が来た。その頃彼には、名前は言わないけれど、とある外国で暮らすことになるだろうと思われた……　これらの事すべてが彼に降り懸かったのは、その出発の考えが熟すよりも何年も前のことだった。彼の父親は昼も夜も、珈琲店で過ごしていた。ラフダルはそこについて行ったことを思い出していた。乾ききった季節が男たちを職無しにしたままのときだった。労働者たち、農民たち、小官吏たち、そして弁護士でさえ珈琲店を離れなかった。彼らは少しだけ、あるいはたくさん飲んでいた。彼らはカード遊びやドミノをやっていた。こうして悲惨な日々は過ぎて行った。弁護士は両目を擦りながら新聞を読んでいた。他の者たちは頭をのけぞらせて考え込んでいた。ラフダルの父親は目立たずにいたかった。「新聞というものは魔法使いの呪文みたいだな、誰も解読することができない……」と彼は言っていた。ある朝、警察が通りで次々と検挙を行った。みなが珈琲店、店舗、風呂屋、そして駅にまで逃げ込んできた……　そしてラフダルが珈琲店に入ってきた……

ネジュマは舞台を去る。労働者たち、農民たち、小官吏たち、そして弁護士が舞台の中心に。ターハルが彼らのなかにいる。奥にはムスタファーがいる。ラフダルが彼の方に滑り込む。

ラフダル………（継父を見つけたところで、ぶつぶつ言う）今日は人が多いな。

ターハル………お前でまた一人増えた。

ラフダル………あんたを呼びにきたんじゃないよ、おやじ。俺は落ち着けるところを探しているだけだ。

ムスタファー………座れよ、同志、おやじさんにちっとは敬意を払いな。

このとき、新聞の前で固まっていた弁護士が小さな叫び声をあげる。

弁護士………なんてこった！　党首に有罪判決だ。二十年の強制労働だとさ。

官吏………（無関心に）ほら先生が泣いてますよ。

弁護士………わざわざあんたに教えてもらわんでも結構だよ……

官吏………すいませんね、先生、でもあなたの教え方はなっちゃいませんよ。

ムスタファー………法に裁かれた？　すいません、先生……　どうやって党首を断罪したんですか？

弁護士……（了解した様子で）法と植民者だな。彼は確かに有罪になった。

ラフダル……それで彼には弁護もなく？

弁護士……それは初めてのことじゃない。彼は牢獄で死ぬだろうな。

ある農民……それじゃもう希望はないと？

ムスタファー……先生、あなたの話を聞いていると、俺たちはみんな遅かれ早かれ有罪になるみたいですね？

弁護士……ああ！　息子よ、お前さんがたは儂《わし》の言ったことが理解できてるな！　たえず法は我々を脅かしていて、こういった判決文で我々にそのことを思い知らせようとしているんだ。しかし、法が大衆を打つことは全くない。我々が一緒にいる限り、法は我々を服従させたまま生かしておくだろうよ。もし不運にも不平分子が……

ターハル……ブラボー、先生、もっと教えてくれ！

ラフダル……党首だけが反抗しようとする唯独りの男だったとでも？　それで彼は俺たちを説得することができずに同じ過ちをいつまでも繰り返すとでも言いたいんですか？　俺たちが最後まで彼についていかなかったとでも言いたいのですか？

弁護士……そうだ、息子よ、お前もまたよく分かっている。私が言いたいのは、我々の民のように飢えに苦しむ無知な民衆から出て行って自分から法の手に落ちるようなまねは馬鹿げているということだ。この不幸な男は結局見捨てられたってことがよく分かるだろう。彼の有罪判決は、我々を多少怖じ気づかせる役にしかラフダル……………立たん。そして我々はなんの関係もないのに検挙され続けるんだ……

ラフダル……………ブラボー、先生、あなたはたくさん判事をご存知なんでしょうね。賢明なお話しようだ。

弁護士……………（控えめに）弁護士会に登録して二十年になるものだからな……

ラフダル……………俺はこの断罪されたばかりの男のことを考えている。彼もまた二十年に渡って弁護士会に登録されていた。しかし法廷の反対側にだ……　分かるかい、先生、分かるかい？

弁護士……………（混乱して）ああ、私は大勢の判事を知っている。

ラフダル……………彼らを直接知っていると？

弁護士……………もちろんだとも、二十年前から私は登録されているんだから……

ラフダル……………つまり彼らの法に近づくこともできないということではないわけだ……　弁護士会に登録するだけでいいのだから。そうしてみたい気にさせますね。

弁護士……………（いらだって）もう遅いよ、若いの、学業を終えるには……

ラフダル……………集まれ、みんな集まれ！　誰もがここでは弁護士会に登録することができる。だがそれは法廷の反対側にだ。というのも法は陣営を変えるのだから。先生、あなたの有罪判決は軽くなるでしょうね……

ある労働者……………酒をおごってくれないもんかな！

弁護士……………神がお助けくださいますように、子供たちよ。私は新聞が届いていないか見てこよう。

弁護士が出て行き、みんなに喜ばれる。

ムスタファー……先生は俺たちの情熱がお気に召さないようだ。

ある官吏……自由な男だが、心配事が多いんだな。

ある労働者……俺は自分の奴隷根性が気に入っているがな。

ラフダル……（ムスタファーに向かって）俺たちの出番のようだ……

ムスタファー……（ポケットから手帖を抜き出して）これより会議を始める。

労働者たちや農民たちが黙って近づいて来る。ターハルが独りカウンターに残る。

ラフダル……（ターハルに向かって）あんたが出て行ってから始めることにするよ。

ターハル……（珈琲店の主に向かって）こいつらのおかげで大儲けだな。

ターハルが出ていき、何名かの小官吏がついて行く。集会は軽いざわめきの中で始まる。それから、低い声で発せられる報告の一部に注意を引かれて皆が聞く。

ムスタファー…………彼らの監房は我々のものではない。それが我々の虜囚を孤立させることは決してできないだろう。普通法上の有罪人がいるとしても、共同部屋をつくらなければならない。不意打ちで逮捕されるのではなく、刑務所に潜入せよ。普通法上の強盗すら含む完全解放の計画をもって。というのも我々はおのが鎖のもう一方にいる者たちを裁くべきではないからだ。

一つ一つ光が消え、その一方で活動家たちが起き上がり、めいめいが去って行く。スクリーンに映し出されたラフダルとムスタファーの影の上に暗闇ができる。クローズアップで軍刑務所の格子。中にはラフダル、ムスタファーとハサンが同じ監房に集められている。観客は次々に三人の顔を認識するが、舞台の全体を通してもはや見えなくなるだろう。しかしスピーカーから伝わるはっきりした声が聞こえるだろう。クローズアップされる格子の前で、監房の屋根窓に通じる通りの両面、二列になって互いにはみ出している群衆のコロスがいる。コロスの人物は象徴的ではない。優雅さと道の真ん中でもの憂げに行ったり来たりしていることで際立っているパリジェンヌ・マルグリットを除いては。というのも彼女は独りでラフダルの報せを待っていて、一方で群衆はぶらついたりうとうとしたりと、自分の役割に励んでいる。これはすべて投獄された三人の話を聞くために必要な一種の精神集中のなかなのだ。

ハサン……………お前を射殺することはないだろう。お前に吐かせるための単なる茶番さ。

ラフダル…………明日の、朝早くになるだろうって俺に言ったぜ。俺が答えるのを待ってるようだった。

ムスタファー……こんなことを知らされるのは辛かっただろう？　拷問されるよりも？

ラフダル…………ひとたび判決を耳にするや
時間はもはや未来の銃撃の思い出でしかない
ひとりでに涙は止む

地下瀑布のざわめきとともに。
ただ冬の最後の日々だけが生き延びる。
それは学校の思い出だ……

ムスタファー……俺たちは一緒だった……

ラフダル…………同じ冬、ムスタファーと俺は、二つ対立する俺たちのグループを一つにし、学校から出るときの警戒怠りない先駆者だった。俺たちはまたそこにやって来るのも最初だった。

ムスタファー……俺はそのことを思い出していた。今朝方からそのことを思い浮かべていた。そして今になって納得した。一緒に生きることはなんでもなかった。共通の記憶を互いに発見するまで、その対等な深さを測って俺たちの片方がずっとここにいるだろうということをもはや疑わなくなるまでは。

ラフダル……それゆえ、冬の日々を思いながら、
次なる転落へとお前を加担させたのだ、
人込みでごった返すときの学校の出口でのように。
そのとき俺たちは敵の判決を知らなかった。
だが今は
俺は自分の血がほとばしるのを感じる
いつだって同じ男たちの顔に。子供の頃から、俺はやつらを敵として見ていた。
すでに憎しみが俺の息を詰まらせていた、

憎しみと、いつかやつらに向き合って
俺たちを本当に打ち負かしたのか知りたいという欲求。

ムスタファー……子供の頃から俺たちは、やつらと戦わなければならないだろうと分かっていた。走れるようになるや、俺たちは反抗し地下に潜った。無駄だった、やつらは俺たちの機先を制していた。無駄だった、やつらの代わりに俺たちが滅びようとしている。俺たちの墓場をやつらはずっと用意しておくだろう。やつらが蝿のように没落するのはただ俺たちの不在の結果のみによってだろう。どうしてやつらが俺たちなしで生きていけようか？

次々にコロスの半分ずつが繰り返す。

コロス……どうしてやつらが俺たちなしで生きていけようか？　ただ俺たちの不在の結果のみによって、やつらは蝿のように没落するだろう。どうしてやつらが俺たちなしで生きていけようか？

こうして虜囚の声はこだまを返す群衆のコロスのなかに消えて行く。それはこの詩節《ストロペー》の末で虜囚と処刑人の双方を示し、そのとき同じ詩節末はムスタファーの口では一義的であり、処刑人のことしか示していなかった。ラフダルの声がすぐさまコロスの声に続く。

ラフダル……死が近づいてきて俺たちの怒りは

よりひどいものになるのか、
俺たちは幼年時代の好戦的な夢を生きているのか、
これは戦争かそれとも夢か？
俺たちが武器を奪われてから百年。
かろうじて残されたものは狩りに持って行くものだけ……

両方のコロス……（次々にこの詩節末を繰り返す）かろうじて残されたものは狩りに持って行くものだけ……　俺たちが武器を奪われてから百年。これは戦争かそれとも夢か？

沈黙がおり、ハサンの声がそっと続く。

ハサン……（ささやいて）ちょっと眠ってみたらどうだ？

ムスタファー……眠りはもはやこの世界のものではない
走りゆく夜に立ち向かう恋人として
むきだしの曙を見るだろう者にとっては……

両方のコロス……（次々に繰り返しながら）走りゆく夜に立ち向かう恋人として……　むきだしの曙を見るだろう者にとっては、眠りはもはやこの世界のものではない。

それからハサンが続ける（ムスタファーと声を揃えて、マルグリットにつきまとう両方のコロスを結集したデュオで）。

ハサン……そして俺たち、彼の監房の仲間は

いつも急いでいる当のラフダルの通夜をする、
時間と空間が足りない当のラフダル、
すでに俺たちは彼の眼差しに躓いている、
それを貫く燃えるような
金属の群れのなかで眩惑される
彼の頭が雷を招き寄せ
銃をして屈服せしめる
崇高な時に。

この最後の詩行が尽きると、ハサンとムスタファーの混じり合った声が、マルグリットの周りの両方のコロスを結集したデュオをなす。すると、無言のマルグリットに向けて、コロスの全体が詩節を続ける。それからコロスが急に牢獄に入り込み、不可視に留まり、一方マルグリットは独り通りに残る。それからラフダルの声が続く。

ラフダル……俺は世界中の圧制をさらに感じる
いまやほんの少しの言葉でも
一粒の涙よりも重くのしかかる。
俺には俺たちの国が見える、そしてその国は貧しい。
俺にはその国が首をはねられた
男たちでいっぱいなのが見える。

そしてこの男たちに、彼らの一人一人に
俺は頭の中で出会う、
というのも彼らは俺たちの前におり、
彼らに追随する時間が我々には欠けているからだ！

コロス全体が、いまだ不可視のままで、この最後の詩行を繰り返す。

コロス……………というのも彼らは俺たちの前におり、
彼らに追随する時間が我々には欠けているからだ！

その後にラフダルの声が続く。

ラフダル……………一年ごと、刺し殺し損ねた俺たちの亡霊の
深い波が押し寄せるたび
それはいつも岩に向かって飛び込むことで
それは常に更なる嘆きの時間を必要とする
新たなる滅びなのだ
だが滅多に俺たちの魂は不平を口にはしない
というのも俺たちは、寺院に埋められた
若き思想家の数だけ
傷ついた〈時間〉を銜《くわ》えているのだから。

というのも墓碑の彼方から俺たちのもとにやってくる
危険な苦しみが
俺たちの死をその根源から掻き乱すのだから。

このとき突然兵士の一団が現れ監獄に入って行く。彼らはほとんどすぐに出てくるが、夜明けを示すプロジェクターの光のもと、通りで象徴的に銃撃された見知らぬ三人を護送している。それから兵士たちは舞台を去り、コロスたちが監獄から出て来て、身振りによって、三人の死体を埋葬する。それから、死者への祈りをつぶやきながら、コロスは以前のように道の両側、ずっと待っているマルグリットの周りに整列する。この間中、プロジェクターは三人の銃殺者たちを照らし続け、一人きりになっているラフダルに夜明けを告げる。

ラフダル……時は来た。やつらが俺に日の光を拝ませておいてくれんことを。たとえ暗い想念を追い払う時間に過ぎなくとも。もはや頭を持たぬ時だ。突然の闖入《ちんにゅう》。俺が探していたものはすべて俺を探していた！　俺たちはほらここ、容赦なく支配されて逆風のもとにいる。

両側のコロス……（次々に繰り返しながら）俺たちはほらここ、容赦なく支配されて逆風のもとにいる。

二人の将校が監獄に入ってくる。舞台から彼らがラフダルを拷問するのが聞こえる。

一人目の将校……お前は自分の監房で処刑されるのだ。

ラフダルの叫び声。プロジェクターの明かりが監獄の壁一面に狂ったように降り注ぎ、両側のコロスが不気味に繰り返す。

コロス……………自分の監房でお前は処刑されるのだ。お前は自分の監房で処刑されるのだ。

長い沈黙の後、尋問が再開されるのが聞こえる。

一人目の将校……見ろよ。なんて眼をしてやがる……　こんなの見たことがないぜ。

二人目の将校……(ラフダルに向かって) いいか、俺たちは単に形式上こうやってるだけだ。上はお前を片付けちまうつもりなんだ。ほら、吐け！

ラフダル…………(スピーカーで叫びながら) これがお前たちの処刑か？　こんなものか？　吐くのはお前たちだ。ほら、吐け！

今度は警察の責任者が監獄に入ってくる。軍服を着ていない将校だ。彼が入ってくると、ラフダルが死ぬほど叫ぶのが聞こえる。沈黙。それから尋問が終わるのが聞こえる。

警察の責任者……さてさて、お前たちまだこいつの始末がついてないのか？

一人目の将校……こいつは正気を失ったかと思われます。失礼の無いように申しますと、この手の男に拷問というのは、つまりなんにもならないかと存じます。こやつらは慣れているんです。

警察の責任者……こいつはもう駄目だな。走馬灯が見えることだろうよ。取り憑かれたように叫びだすだろう。お仲間のところに帰してやれ。母親のところに帰してやれ。やつらがこいつを見れば、やつらも理解するだろうよ。

ラフダルは護送なしに監房を去る。彼は人の多すぎる通りでよろめきながら、両側のコロスの間で、敵を象徴するものの出現を迎える。それはマルグリットで、一つに集合したコロスが嘲りの言葉を浴びせかける。

コロス……（マルグリットを指し示して）

ほらここにパリジェンヌが
非武装都市の魂が
処刑人の娘が
射殺された者たちの惨《むご》たらしい束が
ほらここにパリジェンヌが
千年の女が
おぼこ娘が
ほらここにパリジェンヌが
無知な女が
残酷な女が
処刑人の娘が

彼女は遅い、とても遅かった
犠牲者たちの陣営に加わるのが
ほらここにパリジェンヌが。

ラフダルはマルグリットの腕を取る。コロスがつぶやき続けるので、ラフダルはマルグリットを引っ張りながらそれに答える。

ラフダル……（マルグリットを指し示しながら）
彼女は遅い、とても遅かった
犠牲者たちの陣営に加わるのが
俺が彼女を愛することは決してないだろう
だがいつだって俺は彼女を偲んでいた。

通りの普通の様子。商人たち。買い物をするヴェールを被った女たち。ラフダルはさまよっている。あの商人はオレンジの前。

ある女……ほらここにラフダルが！　肉と骨を備えた身で。みなは彼が死んだと言っているのに。

商人……甘いオレンジ

左から浅野千鶴、沼田星麻　撮影＝山口真由子

酸っぱいオレンジ
半分酸っぱくて半分甘いオレンジ
一個ずつでもキロ買いでも。オレンジ！

女……………オレンジを二つ……　悪魔のひげ！　量ってちょうだい！　バラ売りの方がいいの？

商人…………（はっきり答えずに）ラフダルが払ってくれるんなら……

ラフダル……（かなり遠くから聞き留めて）ええ？　なんだって？

女……………（商人に向かって）好きに金儲けするがいいわ。

ラフダル……（荷車の近くに来て）俺にどうして欲しいんだ？

女……………（低い声で）ついて来なさい、ラフダル、そのわけを教えるわ。

ラフダル……（依然取り乱したまま）俺は聞いてないぞ。

女……………（ラフダルの手を取って）行きましょう。

彼らは遠ざかる。

女……………あんた、私を誰だと思う？

ラフダル……俺の姉さん、あるいは他の誰かの姉さん、どっちだっていい。

女……………ネジュマはどうなったの？

ラフダル……（天を見上げて）以前は大熊座だった。それから俺は眠った。真っ昼間に見分けがつくもんかい？

女……………（悲しげに）あんたはほんとに変わってしまった……（傍白で）私はむしろ彼の墓碑の上に座るほうがよかった、盲人か狂人のように動揺した彼を見るよりは。神よ、夜がついに彼の上に訪れますように……

全ての照明が一瞬消える。もう一度照明がつくと、ヴェールを脱いだ女がネジュマであることが判明する。ラフダルは舞台袖に消えた。ネジュマは今度はマルグリットとターハルを連れている。

ターハル……………（死ぬほど酔って）若くて生の、鳩どもが食い合う……

ネジュマ……………口の臭い古狐め
何がわたしを押し止めているのか分からない
ただ腕輪の一撃で、お前の歯を叩き折ってしまうものを
ほら、マルグリット、こんな男は私にとって何でもない、そいつが私を不幸にしたとはいえ。そいつの挨拶になんか答えるんじゃないよ。

二人の若い女が引っ込むと、ラフダルが現れ、まっすぐネジュマの方に行く。

ネジュマ……………（震えながら）ほら、マルグリット！　行きましょう！

ラフダル……………すまない、姉さん、どこに行くんだ？

ネジュマ……………（眼を背けて）狂ってるわ！　私、彼を見たくない。

このとき、舞台の奥に隠れていたターハルが、こっそりと近づく。

ターハル……（もごもごと罵倒しながら）なんてこった！　やつら蝮《まむし》を解き放ちやがった！

ターハルはラフダルに飛びかかり、彼を短刀で刺す。二人の女とこの暗殺者は反対の方向に逃げて行く。ラフダルはよろめき、倒れないようにオレンジの木に摑まったままでいる。群衆が彼の周りに広がっていく。

ある男……（哀れみながら）また一人不幸な男が逝こうとしている……

ラフダル……（オレンジに摑まったまま）おい、そこの男！　お前が泣いているのは叛乱が打ち砕かれたからか？　泣くなよ。

別の男……俺の家族はみな焼き殺された。家は灰になった。今年は悪しく始まり悪しく終わる……

ラフダル……（譫妄《せんもう》に抗しながら）ともに眠ろう、木から俺が崩れ落ちたら。

ある女……私にはその名だけでも憎らしい息子がいた……
私が若い娘だった頃の微妙な秘密にまで戻れば、
失われた息子の名は私の母胎に更に重くのしかかる、
彼がそこに守られて眠っていたときよりも更に、
肉の圏域から切り離される前に、
着陸に拘束されて

この砂漠では彼の餓えが私の口に欠けており、
そして私は彼に与えられた名までも憎む
私の秘密からも彼を奪うものだから、
そして私は歳月が駆け抜けて行くのを、
古き充足の欲望をもって、待ちわびることはもはやない、
私は四つの季節のうち三つを失った
逃げ去る怪物を産んだがために。

群衆が集まって道の両傍に並んだコロスとなり、女たちも男たちも向き合ってコロスの両グループを成す。女たちだけが先ほどの詩節を声を合わせて繰り返し、母の嘆きを自分たちで続ける。それからラフダルに話しかけた女が、それまで女たちのコロスによってこだま返しされていた打ち明け話を続ける。

同じ女……(ラフダルに)青年になるや、あの子はフランスに旅立った、でももう帰って来たことを私は知っている……　決してあの子は私を訪れることはない、そしてろくでなしみたいに通りで生きることに固執している。

ここで女たちの列は詩節末しか続けず、その原初の意味を拡大する。女たちの一人一人は、その男に面と向かいに行き、いましがたラフダルに向けられた非難を彼に加える。

女たちのコロス……（自分たちの連れの男たちに向かって）決してお前は私を訪れることはない、そしてろくでなしみたいに通りで生きることに固執している。

すると、木を摑んだままのラフダルは、先ほど自分一人に対して為された非難に答える。

ラフダル……ゆけ、哀れな女よ、お前はずっと泣いたままだ。
お前にとっては夫と息子が一つでしかない。
彼らは一人また一人と死者となった、
大地がお前の堕落に口を開く前に、
というのも継父がつねにそこに居て
お前の寡居を暗くし
お前の孤児を苛むのだから。

女……（ラフダルに近づきながら）何を言うの、息子よ、そこで何を言っているの？　私の秘密が同時にお前の秘密であるのかもしれない？　それとも妄想か予感なの？

ラフダル……過去の自分について話しても無駄なことだな……

女……（更に近づいて）ラフダルが死んだのかどうかだけでも教えてちょうだい。というのも喪は私の特権、そしてあらゆる断末魔にこの残酷な質問をするの。

ラフダル……決して俺はお前を安心させることはできないだろう。
農民たちの最後の一人である俺は

犠牲に捧げられた俺の木で
何が俺を押し止めているのか分からない
かつて俺がそうであったような男から
あるいは俺に突き刺さっている短刀から。

ここでコロスの男側が女たちの側に向いて、自分たちで先ほどの詩節の始めを続ける。

男たちのコロス……(女たちに向かって)

決して俺たちはお前たちを
安心させることはできないだろう。
農民たちの最後である俺たちは
犠牲に捧げられた俺たちの木で
何が俺たちを押し止めているのか分からない……

ラフダルはここで、母親だと分かった自分に近づいた女のために発した詩節の全体を続ける。

ラフダル……決して俺はお前を安心させることはできないだろう。
農民たちの最後の一人である俺は
犠牲に捧げられた俺の木で
何が俺を押し止めているのか分からない

かつて俺がそうであったような男から
あるいは俺に突き刺さっている短刀から。
ここで何を儲けようというのか俺の父の寡婦は
彼女が選んだのではない二人目の夫によって
俺が暗殺されたのを知ることで？
享楽的な蛇どもが干し草のなかで身をよじるのを
お前は見たか？　かくして俺の記憶は
殺人と追放を突き抜けて動く。
そして木に俺を押し込んでいるこの短刀は、
若い蠍《さそり》が魅惑される目のくらみ。
故郷の灌木地帯で包囲されて、
俺は継父に何も負っていない、
暗殺すら、犠牲の行為すら、
というのもあいつはアブラハムにはほど遠く、俺は一匹の猫に過ぎずに
一羽の梟《ふくろう》によって、ひどく脆い枝の上で皮を剥がされ
そいつが墜落して昼行性の鳥を盲いにすることしか俺は待ち望んでいない
俺がまどろんでいるとそいつが思っている葉叢《はむら》のなかで。

太鼓のルルマン。[*5] **沸き立つ群衆は舞台を空にする。相変わらずしがみついたままのラ**

フダルしかもはや残っていない。

コロスの声……（遠くで散り散りになりながら）
民衆の党の活動家たちよ！
隠れ処《が》を離れてはならんぞ！
戦いの時はいまだ遠い。
民衆の党の活動家たちよ！

ムスタファーとハサンが、ずっと話しながら舞台に入って来る。


ムスタファー……出発しよう。山に引っ込むんだ。

ハサン……農民たちが俺たちを匿ってくれるだろう。

ムスタファー……さあ、俺たちの力を取り戻すんだ。

ハサン……もっと熱烈になって俺たちは戻ってくるだろう。

ムスタファー……（止まって）ちょっとまて。あれはラフダルじゃないか？（彼は木を指す）

ハサン……そうだ、間違いない、また傷を負っている！

ラフダル……よお、よお！　一言もなく行くなよ、死者のもとを去るみたいにして……　せめてタバコを置いて行ってくれ。

ムスタファー……こんな体勢じゃいられないだろう。（彼は木の方に歩いてきて、ハサンが続く）俺たちが運んでやるよ。

ラフダル…………（激しい口調で）そこを動くな！（彼の声が割れる。声を落とさずにどうにか続ける）俺はもう短刀を感じない。それが木に刺さっているという幻覚をほとんど感じているんだ。一枚の盾のように俺は鳴り響いている、何も感じないままに、思いがけない愛撫によって、死が俺の肩を摑んで以来。そこを動くな！　もしお前たちが短刀を引き抜こうとするなら、俺はお前たちに背を向けなければならないだろう、そして、この木を離さねばならないだろう、俺が木を雹から守って命を落とすときに。

ムスタファー…………そのときには俺たちがお前を運ぼう。

ラフダル…………人が運ぶのは屍体だけだ。ゆけ、俺にはタバコを置いて行け。

太鼓のルルマン。

コロスの声…………（遠くで）民衆の党の活動家たちよ！……

ムスタファーとハサンは瀕死の友人からおのが身を引きはがす。

ハサン…………放っておこう。むなしくも自分の屍体と争っているんだ。どうして俺たちについてこれよう？

ムスタファー…………ああ、放っておこう。あいつにとっては、俺たちは木々よりも説得力がないんだ。あいつは自分の屍体と争っている。

ハサンとムスタファーが長いことラフダルの暗くなった顔をうかがっていると、彼［＝ラフダル］の声が突然沈黙を破る。そのとき、ハサンとムスタファーは舞台をゆっくり去る。あたかも有りもしない行列に付いて行くかのように。

ラフダル……………………さらば、同志たちよ！　なんと恐ろしい青春を俺たちは過ごしたことか！

ここでムスタファーの母親が登場、亡命に出た息子を捜している。彼女はラフダルを見ずに木の前で手探りしている。彼女は精神病院の青いチュニックを着ている。ほとんど白くなっていない彼女の髪は逆立っている。その稲妻のごとき眼は焦点を結ばず、その腰の曲がったシルエットも苦しみの仕草ももはや女性らしいものが全くない。不吉な鳥の金切り声が時折彼女の錯乱を貫く。彼女が「ムスタファー！」と呼ぶ声はその度ごとに違い、まるで魔法の呪文に変わったこの名前を通して、自分の息子の消え去った姿を捕まえることができるかのようだ。

母……………………ムスタファー！　ムスタファー！（鳥の叫び声）ムスタファー！

ラフダル……………………あいつはいつだってここにいる。あいつはこの世で俺を待っている、そして俺はあの世であいつを待っている。俺たちは別れを繰り返しながら生きているんだ。

母……………………（相変わらず催眠状態で）ムスタファー！　ムスタファー！（鳥の叫び声）

ラフダル……………………（こだま返して）ムスタファー！

不吉な鳥の叫び声は、春のさえずりで終わる。狂女は頭を垂れて黙想し、それから彼女の、かすかな途切れ途切れの声が聞こえ、見えない泣き女たちのコロスによって続けられる。

母……（ラフダルを支えているオレンジの木の前にうずくまって）
大きな病院のベンチの上
私は脱走した気違い女
執行猶予中の寡婦、そして四十路の母親。

泣き女のコロスによって発せられる鳥の叫び声が、先ほどの詩節を繰り返し、それから瀕死のラフダルとムスタファーの母の間でダイアローグが繰り広げられる。

母……（再びラフダルの周りを手探りで走りながら）
私は雌獅子たちを大きくしてしまった
その髪を梳くこともできずに
鳥たちが私に予告していたとおりに！
息子は喉を掻き切らねばならなかった
そして娘たちは、その頭を剃らねばならなかった
彼らの狂った母親の思い出に
そして鳥たちは、飛び回りながら、嘲弄する

ベンチで私を待っている息子のことを。
ラフダル、あの子も私を待っていた
彼の母親がうわごとを言っている場所で
私の青ざめた死刑台のことなど考えもせずに
そして一言もなく、彼もまた私のもとを去り
ほかの木々に身を寄せた
かくして我らが星々は続いて行く
女も男も、肉体も財産も、
なにものもエクソダスには抗えず
そして誰かの母親は私の母となる
この三重の不吉な遺棄において！

見えない男たちのコロスが遠くで続ける。

コロス……夜の帳が降り、我らが世界のすべてが傾ぐ
虚無の窓に！
狂女に石を投げるまじ
かの女はその窓を閉めるために立ち上がったのだ
そしてそれゆえに両目を痛めたのだ。

母……（倒れ、起き上がって逃げて行く）

夜は我が転落の原因
そして鳥たちは嘲弄《ちょうろう》する

電気ショック！　電気ショック！　電気ショック！　とスピーカーが叫び、一方で木が雷で光る。そして同時に不吉な鳥たちは叫び声を響き渡らせる。

母……………………私を嘲笑う、嘲笑っている……

ムスタファーの母親が舞台の外に飛び出していく間、コロス全体が続ける。

コロス……………………かくして我らが星々は続いて行く
女も男も、肉体も財産も
なにものもエクソダスには抗えず。

風がぴゅうぴゅう吹き始め、一方ラフダルは最後の力で木にもたれて身を立てる。

ラフダル……………………俺の青ざめた死刑台のことなど考えもせずに
あまりに多くの男たち、
あまりに多くの女たちが通って行った
悲しき行列、そこでは不在者たちの
通夜をし追随するのは死者なのだ。

光が消える。風がさらに強く吹く。死の風だ。商人と彼の荷車が、かすかな光を受けて舞台に入って来る。ラフダルと木は影の中に戻った。

ラフダル……すべての労苦は死に至るもの
中心へと至る者にとっては、
運命の中心へ。
ここではひと吹きの息が俺のすべてを表し、
ついに堕落した俺の舌は
海藻で無限を養おうとする。
ここでこそすべてを吐き出さねばならぬ
労苦も、心配も、空想も、学問も
そして大洋のごとく俺は嘔吐せねばならぬ
真珠も屍体も留めることなく
そして俺は自白せねばならぬ
もし俺が空のままで再出発したいなら
もう一つの運命の果てへと
そこではもはや悲劇の仮面も入らず
群衆も通りかからない、
純潔な高度のただ中に

そこでは接吻は星だらけ
そこではたてがみが踵《かかと》から生え
そこでは知が忠実な稲妻で
そして愛が記憶なきたった一夜なのだ。

暗闇。光。ゴングが鳴り響く。商人は壁の下で眠り込んでいる。ラフダルは木に背を凭せ掛けている。

ラフダル……おい、そこで寝てるやつ！

商人……（頭を上げずに）とにかく話せよ、若いの。俺は幽霊なんてたいして信じちゃいないんだ。お前は木の後ろに隠れてていい。俺は何かを怖がる年は過ぎたんだ。

ラフダル……（くちごもりながら）
とにかく告白の時が来た
舞台は空になったようだ
残念だ。自分のためだけに俺は監房を集めるだろう。
なにものも弁明することなき不在者たち皆のなかで、
たった一人だけが俺にいまだのしかかっている。
俺の父、その死体が毛布にくるまっていると人に告げられた
俺が彼にお話と夢の混じり合ったものの終わりを期待していたときに。
ある日彼は、酔っぱらいや暗殺者たちを連れて、食堂に入って行った。彼らは

みな、とある非常に美しく非常に教養ある外国の女を探していた。彼女はあまりに美しくあまりに慎み深かったがために、すでに俺の父の友人たちが夜明けまで互いに殴り合って群衆のなかに道を切り開き彼女のもとにたどり着こうとしたほどだった。俺の父は怒りと悔しさでむしばまれていた。婚礼のさなか皆が恭しくついて行くこの女の足跡の上で……　その日、彼はある老人が窓から投げつけた髭剃りで顔をひどく怪我していた。そのとき彼はつれない遊び女をつけねらっていて、彼の友人たちの髭へと濃く燃える血の束を投げかけていた。そして俺もまた、獰猛な叫び声を投げかけずにはおられなかった。ただ俺の父の終わりなき恥辱と情熱から自らを解放したいがためだけに。というのも俺は生まれたばかりで、朝も晩も泣き叫んでいたのだが、あたかもそれは、俺を腕に抱いて恨みと憎しみの対象の前で俺を見せびらかす男の下劣さを指し示しているかのようだった。この外国女は欠かさず遅い時間に窓辺に現れ、そこで俺は眠くて吠える、父の情熱の奥底から……　ついに、彼女は素早い足取りで降りてきた。外国女本人が、みだらな顔で、その仕草を群衆が儀式のように見詰めていた。知らない香りのその女は俺の周りに腕を回し、俺は彼女の乳房のうちでもっとも重くもっとも美しいもののにおいを嗅ぐのだった（彼女はもっとたくさんの乳房をもっているように思われた、というのも俺のつましい母はふたつしか持っていなかったので）。そして俺の父は、微笑みながら俺を撫でる外国女とこの特別な光景の前で立ち止まる人々の前で釘付けになり、沈黙のなかに沈み込んで後悔と嫉妬で俺を満たすのだった。六歳の子供にしてかくも父の情熱に冒されていた俺、まだ歯も生えそろわないのに父のもっとも粗暴なライバルだった俺、外国女がいなくなり父が毛布にくるまれて運び去られたことを決して認めようとしなかった俺、そのとき俺はネジュマと通りで遊んでいた、俺の父が誘拐した外国女の娘ネジュマと。

この言葉を最後にラフダルは雷に打たれたオレンジの木の前に崩れ落ちる。光が再びつけられる。アリーが、ネジュマに追いかけられながら、オレンジの木に攀じ上る。ゴングが鳴り響く。ラフダルの屍体がすこしずつ枯れ葉の雲の下に消えて行く。アリーはオレンジのてっぺんに跨って座っている。彼はパチンコを作るために先が分かれた枝を切り取る。

ネジュマ……そこから降りなさい！　降りなさいってば！　ほら、降りるのよ。その短刀を渡しなさい。

アリー……これは父さんの短刀だよ。僕の短刀だ。

ネジュマ……それでお前のポケットは苦いオレンジで一杯ね！　そんなの捨てなさい。そのオレンジには毒があるって百遍も言ったでしょ。ほら、降りるのよ。

アリーは降りない。彼はポケットからオレンジを取り出して、パチンコに装着し、観衆の方に狙いを付ける。部屋にオレンジの雨。幕がパチンコで撃たれながら下りる。

その一方でコロスの声が遠くでささやく。「民衆の党の活動家たちよ。隠れ処を離れてならぬ」暗闇。光。ゴングが鳴り響く。

［**註**］

＊1——ヴァンダル人はゲルマン民族大移動で北アフリカに侵入した一派。英仏語で「ヴァンダリズム」といえば野蛮な破壊行為を意味する。

＊2——男性単数のラフダルが複数形の屍体たち（民衆）に接合されることの比喩か。

＊3——モスクの尖塔。

＊4——maquisは地中海沿岸部の「灌木地帯」とそこに潜む「レジスタンス」の双方を指す。

＊5——「回転」を意味する roulement は音楽用語で太鼓のトレモロ奏法を意味する。

〈解説〉

「アラブ演劇」から「アルジェリア演劇」へ

(インター)ナショナルな転回点としてのカテブ・ヤシン『包囲された屍体』

鵜戸聡

そもそも「アラブ演劇」とは何だろう?

教科書的に言えば、時は十九世紀半ばのレバノン、キリスト教徒のアラブ人たちがモリエールやシェイクスピアを古典アラビア語に翻案するところから「アラブ演劇」は始まった。ベイルートのみならずエジプトのカイロやアレキサンドリアにも拠点が形成され、巡業を介して広域アラブ世界に伝播していった経緯があり、その意味ではひとつの近代演劇の伝統を有しているとも言えるかもしれない。一方、そのようなものが現在のカイロやチュニスの国際演劇祭で上演されている演劇作品へと単線的に繋がっているかというと、これがそうとも言い難いのである。

アラブ世界とヨーロッパとは、地理的には地中海の対岸関係にあり、極めて長い交流の歴史を有している。そのため文化の伝播という点でも、その窓口はひとつではない。近代であれば、東岸においては交易や布教による人的交流があり、例えばオスマン朝期のレバノンやエジプトではいわゆるミッション・スクールが演劇教育に大きく寄与した。一方、南岸の北アフリカでは、一八三〇年のアルジェ征服を皮切りにフランスによる植民地支配が広がってゆき、とりわけアルジェリアにはヨーロッパ人が大量に植民してくる事態となった。

そのような歴史的背景もあって、アラブの知識人たちは、今に至るまで英仏語を駆使して(翻訳を介さずに)欧米と直接的な交渉を持つものが多い。演劇人にしても、外国とのコネクションが豊富という点では日本の比ではない。そもそも複数の国家に跨る広大なアラブ世界では、歴史的背景や政治体制、社会の有り様に到るまで実に様々な差異が存在する。それゆえ中東・北アフリカの内部に閉ざされた「アラブ演劇」なる一個の実体が存在するのではなく、各国でそれぞれの事情を抱えつつ、他のアラブ諸国や欧米の演劇界との動的なネットワークを築きながら、ローカルな文脈から汲み取った問題意識を国際的に発信しているのが現代アラブの演劇人たちである。

仮にこの多様な「アラブ演劇」をひとつの集合体として見るならば、その特徴を形作っている要素はなによりも「アラビア語」という言語だろう。単に「ギリシア語」と言えば大抵の場合は「古典ギリシア語」を指し、現代語の方が特別に「現代ギリシア語」と呼ばれるように、ただ「アラビア語」と言う場合はもっぱら「古典アラビア語」あるいは「正則アラビア語」（フスハー）などと呼ばれる言葉を指す。それは啓典コーラン（クルアーン）と砂漠の民の古詩を基盤とした言語であり、そのつど語彙を増やしながらも一千年以上にわたって不変の言葉として保たれてきた（少なくともそう見做されている）。古典から現代に至る膨大な文学作品の担い手であり、書き言葉のみならず公的な発話にも用いられる生きた「文語」として、いまなお宗教と伝統の権威を一身に集めている。これと対になるのが「口語アラビア語」「方言アラビア語」（アーンミーヤ、ダーリジャ）などと呼ばれる言葉で、日常的に使用される「母語」ではあるが、社会的には軽視される傾向にあり、通常は文字に書かれることはない（とはいえSNSの普及で、書かれた「口語」によるコミュニケーションは近年格段に発展している）。しかも、互いに意思の疎通が難しいほど各地で大きく異なっており、「シリア・レバノン方言」「マグリブ方言」（北アフリカ）などと地域ごとに分類されるのが普通である。方言詩の長い伝統を持ち、映画やテレビドラマの言語として国際的に通用する「エジプト方言」を除けば、一般の人々の「口語」への意識はあまり高くない。とはいえ、「方言」という表現を嫌って「アルジェリア・アラビア語」と呼ぶなど、「口語」を自分たちの言葉として認知しようとする動きも少しずつ現れているようだ。

さて、初期の「アラブ演劇」はこの「古典アラビア語」によって行われたエリートによるエリートのための演劇であり、識字率が低い時代の一般民衆には関わりのないものだった。なるほどシェイクスピアの翻案にはうってつけかもしれないが、現代演劇の言葉として表現があまりに堅苦しく（シェイクスピアの英語で現代劇をやるようなもの）、いまではほとんど全ての演劇は「口語アラビア語」で演じられるようなった。ただし書簡のように劇中で書き言葉が扱われる場合はそれは「文語」となる（筆者もある作品に出て来た「脅迫文」だけを硬い文章語に訳したことがある）。いずれにせよ「口語アラビア語」による演劇は、どうにも書き言葉にならぬような親密な発話から成り、あやふやで冗長な、時には即興的でもある表現をはらみつつ、身体と強く結びついた言語芸術として舞台に現れるのである。

カテブ・ヤシン（一九二九〜一九八九）はアルジェリア文学を代表する作家の一人に数えられ、植民地末期の五〇年代に登場した第一世代に属している（当時はフランス語による著作が主）。小説『ネジュマ』（一九五六）が有名だが、むしろ詩人としてジャンルを越えた著作を残したと言うべきだろう。その演劇は、五〇〜六〇年代に出版・上演された極めて詩的なフランス語戯曲と、七〇年代に「口語アラビア語」（アルジェリア・アラビア語）で上演された作品（基礎となる部分はフランス語で執筆されたらしい）に大別される。『包囲された屍体』（一九五四）はギリシア悲劇とブレヒトの影響を受けつつ、四五年のセティフ暴動を見聞きした体験をもとに、母親から伝えられたフォークロアの要素も織り交ぜながら、何よりも詩人カテブのヴィジョンをフランス語で書き連ねた作品である。アラビア語教育を受けなかったカテブにとって、フランス語は唯一の書き言葉であり、彼が勝ち取った「戦利品」だった。

私はしばしば言語［の使用］に対する自分の態度について質問を受けます。生活のなかでは私は［口語］アラビア語を話します、しかしフランス語で書くのです。私にはこれが乗り越えられぬ問題だとは思われません。勿論このことを証明しなければなりません。というのも私たちの国では、ほんとうは［価値ある文学作品を］書く能力がある作家たちの余りに多くが実際にはフランス語のなかで自らを見失っているからです。これらはすべて、詩人が言語をどう捉えるかにかかっているのです。真の詩人たちは常に言語に擦過傷をもたらしてきたのであり、母語も例外ではありません。言語の破壊は少なくともその彫琢と同程度には重要なのです［…］(Kateb Yacine, « *Le monde entier pour objet* », *Le Poète comme un boxeur*, Seuil, 1994, p. 49.)

ボードレールやロートレアモンを読みながら自ら鍛えたフランス語は、秘められたアルジェリアの姿を現出させる詩的言語であり、「フランス共和国の不可分の領土」とされていたアルジェリアがフランスではないということを訴える「武器」であった。『包囲された屍体』の冒頭のモノローグを読むだけでもその雰囲気は摑めるだろう。

ここはヴァンダル通り。アルジェ、あるいはコンスタンチーヌ、セティフ、あるいはゲルマ、チュニス、あるいはカサブランカにある通りだ。ああ、空間が足りない、あらゆる方向から乞食通りやびっこ通りをお見せするためには。夢遊病の乙女たちの呼び声を聞き、子供らの柩についてゆき、閉ざされた家々の音楽のなかに扇動者の短い囁きを聞きとるためには。ここで俺は生まれた。ここで立つことを学ぼうといまだに這いつくばっているのだ。もはや縫い合わせる時間もないあいかわらずの臍の傷を負ったままで。そして俺は血まみれの源へ、われらが不滅の母へと立ち返る。それは欠けるもののないマチエール。ある時は血と精力の生みの親となり、またある時は夜の涼しき懐の皓々たる街へと俺を連れ去る太陽の燃えさかるなかで石と化す。(Kateb Yacine, *Le cadavre encerclé* dans *Le Cercle des représailles*, Seuil, 1959, Collection Points, 1998, p. 15.)

二〇年代にレバノンやエジプトの影響下でアルジェリアに移入された「文語アラビア語」演劇はアラブ民族主義的な傾向を持っていたが、五〇年代のカテブ・ヤシンの戯曲はフランス語を用いてネーションとしてのアルジェリアを探求することによって、アラブからアルジェリアへと焦点を移した。やがて民衆に直接語りかけることを目指したカテブは、ブレヒト劇やベトナムの農村芝居「チェオ」に学んで演出に歌を取り入れ、七〇年代に「口語アラビア語」演劇に着手する。いわば、よりナショナルな演劇を求めてインターナショナルな技法で民衆の言葉を舞台に上げようとしたわけだが、そこに立ち現れてきたのは「アフリカ」という次元でもあった。

私たちはアフリカ人です。タマジグト［ベルベル語］とはアフリカの言語です。料理、手工芸、踊り、歌、生活様式、あらゆるものが私たちはアフリカ人だということを示しています。アラブのマグレブだとかそんなことはすべてでっち上げ、イデオロギーなのです。それは私たちをアフリカから遠ざけるためになされたのです。［…］以前、マリの音楽を聴いたことがあります。それを知らなかったことがショックでした。恥ずべきことでした。しかし、マリと、我々は同じステージにいるのです。ニジェールやマリがあり、アフリカがあるのです。そこでは、アラブ＝イスラーム主義がマグレブ的形態のもとでアフリカを、我々の真の、深い次元を覆い隠しているのです。それこそが重要なのです。(Kateb Yacine, « C'est africain qu'il faut se dire », *Ibid*. p. 109.)

「アルジェリア演劇」であるとは、アラブでありベルベルであり地中海でありアフリカであり、アルジェリア・アラビア語でありベルベル語であり、フランス語ですらあるがフランスではないものなのだ。カテブ・ヤシンの

『包囲された屍体』は、「アラブ演劇」が「アルジェリア演劇」というナショナルな局面に収斂されていき、さらにはアルジェリアの深層に潜ることによってアフリカへ、あるいはベトナムようなアジアにまで開かれていくときの結節点にあり、またフランス語によって劇作するアフリカの演劇家たちにとっては、今なお重要な先駆であり続けているのである。

※三七三〜三七八頁に、リーディングの演出をされた広田淳一さんのエッセイを収録しています。ぜひあわせてお読み下さい。(編者)

イスマイルとイサベル

Ismail at Isabel

作――ロディ・ヴェラ　*Rody Vera*（フィリピン）

翻訳―珍田真弓

【作家による解説】

戯曲はとある広場を舞台とする。そこには物乞いをしている子どもがたくさんいる。この物乞いたちは、車にノックしたり、ジープニー[*1]の乗客の靴を磨いたり、楽器を弾いたり、歌ったり、踊ったりと、普段私たちがよく目にする物乞いと同じであり、彼らは遠くミンダナオ島[*2]からやって来た。物乞いたちは、イスマイル（十歳、イスラム教徒）とイサベル（八歳、キリスト教徒）のふたりの子どもについて語る。かつてイスマイルとイサベルは、ダリガウエン[*3]という平和な村に住んでいた。ダリガウエンはコタバト地方のピキットの近く[*4]にある小さな村である。物乞いの子どもたちが語る神話や故郷の物語、そしてイスマイルとイサベルの人物像を通して、彼らが紛争と困難に立ち向かう様を伝える。

ダリガウェンは珍しい村であった。イスラム教徒とキリスト教徒が平和に共存していた。実際、イスマイルとイサベルの両親はイスラム教徒とキリスト教徒の夫婦であった。こうした村の状況は、兵士の追跡を受けた反政府勢力MILF[*5]が村に入ってきて変わってしまう。この出来事を機に村は二分される。イスラム教徒の男たちはMILFの支援者と非難され、処罰を受けたり投獄されたり、一部は処刑されたりした。このうちのひとりがイスマイルの父親だった。ダリガウェンの村民は避難を余儀なくされ、避難の混乱の中、イスマイルとイサベルは親とはぐれてしまう。ふたりは互いに助け合わなければならなくなった。長い旅を経て、ふたりはミンダナオのキリスト教徒の町にたどり着く。ここでイスマイルはイスラム教徒として偏見を受ける。ふたりは離れ離れになり、イサベルは子守りとして裕福な中国人の家庭に迎えられる。イスマイルは海賊版DVDを販売する違法な商売に関わるようになり、ついには「テロリスト」と呼ばれる人々の活動を支援する誘拐シンジケートの一員になってしまう。

イサベルが世話する子どもが誘拐され、友人同士のイスマイルとイサベルは再会を果たす。このシーンで、イスマイルは、イサベルによって、皆が他人を憎まず、習慣や信仰の違いを受け入れていた故郷ダリガウェンの「言い伝え」を心に取り戻す。

始めから終わりまで、この子どもたちの強さと勇気を支えていたのは、彼らが語る故郷の物語や神話であった。しかしイスマイルにとって、こうした物語はもはや無力であった。イスマイルは、現実が物語の力も殺してしまったと言う。しかし、イサベルは信じなかった。やがてふたりは再び語り始める。心を取り戻したイスマイルは、イサベルと子どもの逃走を手助けし、ふたりは子どもを家族のもとに返す。
ふたりの望みは、なくなった故郷ダリガウェンを探し出すこと。最後のシーンで、ふたりは他の物乞いと一緒に観客のドアを「ノックする」。ダリガウェンのような場所が存在しないかたずねながら。

【登場人物】

物乞いの子どもたちが戯曲の登場人物である。このうちふたりが以下の役柄を演じる。

イサベル……………八歳から十四歳まで
イスマイル…………十歳から十六歳まで

物乞いの子どもたちが演じる役柄は、都度変化する。その役柄は以下のとおり。

ロゲリオ…………イサベルの父親
ファティーマ……イサベルの母親
イブラヒム………イスマイルの父親
ジョセリン………イスマイルの母親
ＭＩＬＦのメンバー（複数）
兵士（複数）

教会の熱心な信者
金持ちの娘
サミール
誘拐役（複数）

イスマイルとイサベルが故郷の物語を語る場面では、子どもたちは以下の役割を演じる。しかし、この役柄は影絵で演じてもよいこととする。

太陽の子どもたち
バドンとその仲間
警官（複数）、スルタン、知事、村長
ピランドックとスルタン
黒い姫
カサナ
サリック
動物、青年、巨人（いずれも複数）

【場所】

物乞いだらけの、とある広場または公園が舞台となる。場面の転換は照明を変えるのみとする。

第一幕

開演時、劇場全体の電気が点灯している。大きな合唱団が登場する。イスマイルとイサベルも一緒である。彼らはボロボロのTシャツを着ており、一部の女は古くて汚いマロン[*6]を身につけている。イサベルは汚い服を着ている。ふたりの俳優が太鼓を持っている。彼ら全員が観客に封筒を配っている。

封筒が行き渡ると、ふたりの女優が太鼓で即興の演奏を始める。彼らはいつも歌っている故郷の歌を歌う。女たちは踊り出す。

彼ら全員が汚い格好をしているのが重要となる。数人は大きなビニール袋を持っている。座っている観客に施しを求めている者もいる。劇場全体が物乞いだらけの路上となる。

物乞い、太鼓、歌、踊りの音が段々と大きくなる。物乞いが観客に施しを求める声もどんどん大きくなる。

やがて、物乞いたちは舞台にたどり着き、観客の方を向く。

全員……すみません！　皆さん、すみません！　クリスマスじゃないけど……

イスラム教徒たち……私たちはクリスマスをお祝いしないけど……

全員……何か特別な日じゃないけど！　私のお腹には何の日かなんて関係ないんです！

皆さんにお支払いはできないけど……

イスマイル……お返しに物語はいかが！

イサベル……お返しに神話はいかが！

全員……お返しに、私のかわいそうなふるさとの物語はいかが。

イスマイル……私たちのふるさと！

イスラム教徒の女……待って、まだあの人たちからもらってないわ。

イスマイル……ああ、そうだね。

一部の観客に施しを求めるため、数人の俳優が再び走って行く。

全員……ありがとうございます！　ありがとうございます！　小銭だけでも。

数人の俳優……とても助かります。

イサベル……私たちは胃袋が小さいから。

数人の俳優……お米が少しあれば十分。

イスマイル……何もないよりはまし。残り物でもいい。僕らは――

全員…………贅沢は言いません！　お願いします！　物語には踊りも出てきますよ！

イスラム教徒の女……さあ、始めましょう！　まだまだ、もらってない人がいっぱいいるわ。みんな行ってしまわないうちに始めましょう。

照明が変わる。

イスマイルとイサベル……私たちのふるさと。ダリガウェンの村。

イスマイル……地図に載っていない小さな村。

イサベル……誰も知らない小さな村。

イスマイル……だからみんなこう言います。

イサベル……そんな村はない、そんなの嘘だよ、と。

イスマイルとイサベル……みんなただの空物語だと言います。

イスマイル……でもそこが僕たちのふるさとです。僕たちふたりの。

イサベル……私はイサベル、キリスト教徒です。

イスマイル……僕はイスマイル、イスラム教徒です。

イスマイルとイサベル……そしてここにいるみんなも、キリスト教徒とイスラム教徒です。みんな仲間……

ロゲリオ、ファティーマ、イブラヒム、ジョセリン……夫婦。

イスマイルとイサベル……ママとパパ。別々の宗教。

ロゲリオとファティーマ……でも関係ない。私たちは神もアッラーも支持してる。

イブラヒムとジョセリン……相手が信仰しているものは、自分も敬意を払う。

イスマイルとイサベル……かつて、僕たちの村では、全員がひとつだった。太陽の子どもたちだった。唯一の創造主、太陽の子どもたちは、皮膚の色がバラバラで、信仰もバラバラだった。

数人の俳優が踊り出す。イスマイルは途中で踊りをやめる。


イサベル……イスマイル、どうしてやめちゃうの？

イスマイル……僕はまだ物語が話せるのかな。

イサベル……何言ってるの？　あなたは村の神話にすごく詳しいじゃない。

イスマイル……それはどこに行っちゃったんだろう？

イサベル……それって？

イスマイル……僕たちの村。

イサベル……ほら、話して。

イスマイル……まだあそこにあるのかな。

イサベル……（観客の方を向く）むかしむかし、神は泥から人間をかたどって作った。


踊りまたは影絵で物語を表現する。


イスマイル……（イサベルから物語を引き継ぐ）でも、神が作った男と女には色がなかった。水の色のようだった！

他の登場人物たち……色がない？　水の色？　じゃあ、ダリガウェンの最初の人間にはどうやって色をつけたの？

イスマイル……神はふたりの人間を夜明けの光に照らした。まだ太陽が昇りかけの光！　そして朝が来ると、彼らには色がついていた。

イサベル……ピンク色！　少し白め。

他の登場人物たち……メスティーソ[*7]だね。

イスマイル……それから、神は再び泥から男と女の人間を作った。でも、彼らにも色がなかった。水の色だった！　神は急いで彼らを日の光に照らした。

イサベル……それはちょうど正午だった！

イスマイル……そうして、二番目の男と女にも色がついた。

イサベル……褐色！

他の登場人物たち……これぞフィリピン人！

イスマイル……太陽が沈みかけた頃、再び神は三番目の男と女を作った。神は彼らを夕暮れの光に照らした。辺りが暗くなると、男と女に色がついていた。

イサベル……真っ黒。[*8]

イスマイル……そして彼らはひとつの村で一緒に暮らし始めた。それは私たちがダリガウエンと呼ぶ村だった。夜明けの色、正午の色、夕暮れの色をした人間がいた。

イサベル……でも、皮膚の色が違っても、私たちには関係なかった。みんな友達だった。

イスマイル……信仰が違っても、子どもたちの遊びはたったひとつだった！


ここで、登場人物たちがコタバト地方を由来とする遊びを披露できれば、なお良い。歌が始まる。

イスマイル、イサベル、他の登場人物たち……（歌う）

目を開くと、最初に見えたのは別の物だった
いろんな経験といろんな境遇
それぞれの考え方はたったひとつで、他と交わらない
でもやがてひとつになっていく
いろんな見方、いろんな道、いろんな太陽
でも結局はたったひとつ
つまりこの世界で生きるということは
たくさんの色と声があるということ！
たったひとつ、いろいろ！　世界はその両方
たくさんの中から、たったひとつを見つける！
いろいろ、たったひとつ！　何千人もたったひとつ！
世界は丸い、いろんな顔！

ロゲリオとファティーマ……イサベル！
イブラヒムとジョセリン……イスマイル！
イスマイルとイサベル……はい！
ロゲリオ……いつも神に祈って感謝しなさい。父なる神に……
イブラヒム……最も偉大なアッラーに。
イサベル……お父さんとお母さんは、別々の神様[*9]にお祈りしてるの？

イスマイル……………僕の神様はどうしてアッラーっていうの？　イサベルの神様は神っていうのに。
ロゲリオ……………呼び名が違っても
ジョセリン……………どちらも天にいるの。
ファティーマ……………どちらも全能で
イブラヒム……………どちらも慈悲深い。
イスマイル、イサベル、他の登場人物たち……………（歌う）
私のお父さんはイスラム教徒
私のお母さんはキリスト教徒
山の出身、川の出身、平地の出身！
ふたりとも祈って、ふたりとも礼拝する
罪や悪行は避けて
ふたりとも崇拝している
広い広い空にいる神またはアッラーを
つまりこの世界で生きるということは
いろんな色と声があるということ！
たったひとつ、いろいろ！　世界はその両方
たくさんの中から、たったひとつを見つける！
いろいろ、たったひとつ！　何百万人もたったひとつ！
世界は丸い、いろんな顔！

たったひとつ、いろいろ！　世界は広い
世界は卵、生まれてくるのはいろいろ！
世界は入れ物、中身はいろいろ！
世界はたったひとつ、いろいろ、たったひとつ、いろいろ！

イスマイル……ひもじいときもありました！
イサベル……でも神の慈悲がありました。
イスマイル……なんとか互いに助け合い、友達を信頼していました。
イサベル……隣人、仲間。
イスマイル……でもある日。
イサベル……ある日。あの出来事が。

演奏がやむ。

第二幕

子どもたちの一部は衣装を着替える。MILFのメンバーになる。素早く走る。ウナギのように。[*10] イスマイルとイサベルが回想する。

イスマイル……夜だった。

イサベル……私たちは眠ってた。お父さんが起きた。

ロゲリオ……誰かいるぞ。

イスマイル……母さんが起きた。

ジョセリン……銃を持っていた。

イスマイル……一発の銃声。


舞台の端で休んでいた物乞いたちも含め、全員が驚く。


イブラヒム……ＭＩＬＦだ。

イサベル……それなあに？

ロゲリオ……反政府勢力だ。

イサベル……どういう意味？

ジョセリン……ゲリラよ。

イスマイル……彼らのことは聞いたことがあるよ。山に住んでいて、森で生活してるって。周りの村の人たちが彼らを手助けしていて、食料を運んでるって。でも、兵士に追われて逃げてるんだって。

イサベル……どうして逃げてるの？

イスマイル……兵士が悪いヤツラだからだって。

イサベル……ＭＩＬＦも銃を持ってるの？

イスマイル……………うん、長いやつ。

イサベル………………見たの？

イスマイル……………暗くて、銃の影しか見えなかった。

イサベル………………その時突然——


銃の音がする。大きな一発の銃声が響いた後、ダダダダという長銃の音が続く。ふたりの子どもはうつぶせになる。


ロゲリオ………………イサベル！

イブラヒム……………イスマイル！


イスマイルとイサベルは抱き合う。


イサベル………………兵士が悪いんだって言ってなかった？　どうしてＭＩＬＦの方が発砲するの？

イスマイル……………わからない。もしかしたら、敵がすぐ近くにいたのかも。


二組の両親は彼らの子どもを見つける。四人は集まる。


ロゲリオ………………イブラヒム、どうなってるんだ？

イブラヒム……………ＭＩＬＦだ。ひとまずここにいるらしい。隠れる場所が必要だそうだ。

ロゲリオ………………彼らは別の村にいたんじゃないのか？

ジョセリン……………そこは兵士に襲撃されたらしいわ。

ロゲリオ……なんてことだ。ここまで追って来なければいいけど。

ファティーマ……なぜ？

イブラヒム……敵が襲撃してきたら、さらに混乱が大きくなる。

ロゲリオ……でもどうして発砲したんだ？

イブラヒム……警官とバランガイ[*11]の見張りが逃げようとしたんだ。彼らが来るぞ。


MILFのメンバーたちが近づいてくる。イブラヒムが出迎える。

イブラヒム……アッサラーム・ムライクム。[*12]

MILFのメンバーたちも挨拶する。イブラヒム、両親、MILFのメンバーは退場する。イスマイルとイサベルはふたりになる。


イサベル……彼らはどうしたいの？

イスマイル……バンサモロ[*13]の解放のために、人々の権利を守りたいんだって。

イサベル……どういうこと？

イスマイル……僕にもわからない。モロは僕たちのことで、ひとつにならなきゃだめなんだって。

イサベル……私も？

イスマイル……いいや。

イサベル……僕たちって誰？

イスマイル………僕たち……　イスラム教徒のこと。イスラム教徒は長い間抑圧されてきたんだって。

イサベル………誰に？

イスマイル………兵士たち。それから、平地の人たち。

イサベル………兵士は敵だけど、じゃあ私のお父さんは？　お父さんは平地の出身だけど、あなたのお父さんと友達同士よ。

イスマイル………僕もそう言ったんだ。でも……　ほとんどの場合、キリスト教徒のせいで問題が起こったんだって。昔ここにはイスラム教徒しかいなかったって。君たちはどうしてここに住むようになったの？

イサベル………私もここで生まれたわ。あなたと同じ。

イスマイル………君たち家族だよ。元々はどこにいたの？　君のお父さんはミンダナオの人じゃないはず[*14]。どこの出身？

イサベル………どうして？　それって重要なこと？

イスマイル………重要になるんだって。そのうち。

イサベル………何が起こるの？

イスマイル………兵士たちが来たら、もっと混乱が大きくなるって。

イサベル………どんな混乱？　何だか怖いわ。

イスマイル………父さんは連れて行かれちゃった。

イサベル………トーノンたちの助けが必要かもしれないわね。

イスマイル……トーノン？

舞台の端で物乞いたちが演奏を始める。

子どもたち……トーノン！　森の妖精。風に揺れる葉っぱ、眠っている地面の下、風のささやき、空の輝きの中に住んでいる。気づかないうちに目の前を素早く横切って、視界をくぐりぬけ、ぱっと消えてしまう。絶対にこの目で捉えることはできない。

イサベル……ぱっと隠れてしまう。もうちょっとで見えるところで。

イスマイル……トーノンは、僕らの夢の中で、目隠し遊び[*15]をすることもある！

イサベル……トーノンは、敵を迷子にする。

イスマイル……争いが起こらないために。銃撃が起こらないために。

イサベル……私、銃が怖い。

イスマイル……会いに行こう。

イサベル……もう真夜中よ。

イスマイル……大丈夫。お願いを聞いてもらえるかもしれない。

子どもたち……トーノンたちに聞いてみよう。

照明が変わる。イスマイルとイサベルは歩き回る。

ふたりは森の中にいる。暗い。

イサベル……かゆい。蟻《あり》がいっぱい。

イスマイル……しーっ！　妖精たちが機嫌を損ねて出てきてくれないよ。

イサベル……（周囲を見渡す）ねえ、イスマイル、前にバナナの樹液を飲もうとしたの覚えてる？

イスマイル……強くなるためにね。空を飛べるようになるぞって！

イサベル……私はダルナ[*16]になる。

イスマイル……僕はバットマン。

イサベル……バットマンは空を飛べないよ。

イスマイル……飛べるよ。

イサベル……飛べない。

イスマイル……飛べるって。

子どもたち……しーっ。ほら、トーノンたちが出てきた！


イスマイルとイサベルは身を隠す。イブラヒムは、ＭＩＬＦのメンバーたちの肩に手をかけて立ち上がる。


ＭＩＬＦ１……我々は団結するべきだ。兵士たちが来たら、どうなるかわからない。イスラム教徒は団結すべきだ。

イブラヒム……私たちはここで静かに暮らしているんだ。ここは小さな村だ。混乱とは無関係だ。

ＭＩＬＦ２……兄弟、もう全員が関係者だ。我々がここに来たからには。君は解放軍と敵の兵士とどちらの味方だ？

イブラヒム……私たちには敵などいない。

ＭＩＬＦ３……君たちの意思にかかわらず、君たちはもう関係者なんだ。どっちつかずだと、板挟みになるぞ。

イブラヒム……私の妻はキリスト教徒なんだ。

ＭＩＬＦ１……なぜイスラム教に改宗しない？*17
ＭＩＬＦ２……男の君が決めたらどうだ。

イブラヒム……（頭をかく）私たちにとって信仰は大きな問題じゃなかったんだ。

ＭＩＬＦ１……今は問題だ。


再び照明が変わる。子どもたちは立ち上がる。観客の方を向く。


子どもたち……今は問題。昔は問題じゃなかった。

イサベル……昔は、穏やかでいられれば、仲間に思いやりがあれば、それでよかった。

イスマイル……誰も腹を立てる人がいなければ、それでよかった。お互いを尊重していた。

子どもたち……特に問題はなかった。

イサベル……誰がこの争いを始めたの、お父さん？

ロゲリオ……うん、誰だろう？

イブラヒム……私たちは先祖の代からここの人間だ。

ロゲリオ……私たちがここに住み始めて以来、みんなずっと友達じゃないか。

イブラヒム……だったら、君たちでもない。

ロゲリオ……だったら、私たちでもない。

イサベル……MILFはどうなの、お父さん？　彼らが最初に発砲したのよ。彼らが最初に銃を持ってきた。

イスマイル……それは追われてるからだよ。

ロゲリオ……敵の兵士たちにね。

イブラヒム……バドンと一緒だ。

イスマイル……バドン！　本当だ！

子どもたち……話して、イスマイル。バドンの武勇伝を！


演奏が始まる。歌と物語。カウボーイ風のフレッド・パノピオ[*18]と、半分ヨーヨイ[*19]のようなスタイル。

イスマイル……（歌う）
争いが始まった、原因は大したことじゃなかった
ひとりの金持ちの王子が、貧乏人に借りを作った！
ひとりの子ども　（王子になる）袋があればいいんだが。

イスマイル……（バドンになる）袋？

王子……米がたくさん取れた。それを入れるためだ。

イスマイル……あなたはお米、私は袋を持ってます。

王子……どうする？

イスマイル……袋にお米を詰めましょう。そして、私に一袋だけください。
王子……一袋だけ？　これは百袋以上になるはずだ。
イスマイル……一袋だけでいいですよ、王子様。いっぱいもらって私にどうしろと？
（歌う）
空っぽの袋、お米でいっぱいになった
百袋以上、置く場所がない
空の袋を持っていたこの農民は
金持ちの王子に一袋だけ要求した

王子……一五〇袋だ！　終わりだ！
イスマイル……待って、待ってください！　約束の一袋は、くれないのですか？
王子……そんな約束したかな？
イスマイル……えー、ちょっと待って。私の袋にあなたのお米を入れた。あなたのお米は私の袋に入ってる。つまり、袋の中に入ったものは、袋の持ち主のもののはず。
王子……失礼なヤツだ。私を誰だと思ってる？　この王国の王子だぞ。そのような態度を取るなら、牢屋にぶちこむぞ。（イスマイルのことを強くぶつ）
イスマイル……（歌う）
銃を取り出し、貧乏人に向けた
貧乏人は震え上がり、泣きながら家に帰った

王子は笑って、自分の馬に乗った
これがミンダナオとは、ワイルド・ワイルド・ウエストみたいだ！

ここから撃ち合いと争いが始まった！
農民は家に着くと、自分に腹を立てた
どうして怖気づいたんだ、袋を取り戻そう
肌着を脱いで、帽子をかぶった
銃弾の首飾りを胸に巻き付けた
そして農民は、名乗りを上げた。
私はバドン！　シマロンの盗賊[*20]
勇敢で俊足の馬を持つ
バンバンバン、ビシッビシッビシッ
私を甘く見るな！　私を怒らせたら
皆殺しになるぞ！

子どもたち……………バドン！　シマロンの盗賊！
私たちの村にやって来た、馬に乗って！
バンバンバン、ビシッビシッビシッと音を鳴らして
人々は目を回して逃げまどう！

苛立った王子は警官を呼んだ
警官たちが登場。これも子どもたちが演じる。

子どもたち（警官たち）……我々の任務は平穏を取り戻すこと
盗賊に荒らされたこのミンダナオに
シマロンの盗賊は、馬と銃を持ち
平和を乱す、平和と秩序を

イスマイル……そこでバドンは、味方を探した
サブタールが味方についた、彼は土地を奪われた
そしてラキボールも味方になった、彼は借した金が戻ってこなかった
ダムナンも加わった、彼は金持ちに虐げられていた
この四人が町にやって来た
ロビン・フッドのようだった、町のヒーローのようだった！

警官たち……パカパカパカパカ、彼らが味方同士だとしたら
我ら警官は雇われの身、町長と知事
我らは命じられた、上の人たちに
そして大きな戦いになった

双方が対峙する。典型的なカウボーイ映画のシーンのように。（例：がに股で歩く、カウボーイハットをかぶっているなど、リト・ラピッド[*21]の映画に出てくるようなステレオタイプ）

イスマイル……そして彼らは対峙した。ぎらついた目
ふくらんだ鼻、食いしばった奥歯
鉄の拳、勇ましい雄叫び
この四人の盗賊は、ミンダナオのシマロン
戦う相手は権力者

銃を撃ち合う。盗賊たちはフェルナンド・ポー・ジュニア[*22]のような「リボルバー」を使い、警官をひとりひとり撃っていく。警官は次々と死ぬが再び起き上がる。きりがない。

イサベル……彼らはたったの四人！　でも負けなかった。だから、兵士はさらに大群を引き連れてきた。

イスマイル……とうとう四人は聖なる洞窟に追いつめられた
フィリピン国家警察、首都圏警察本部、警官隊、陸軍、海軍に包囲された
拡大して、戦争になった。国の戦争になった
一袋の米をゆずりたくなかったばかりに

子どもたち……バドン！　シマロンの盗賊！
私たちの村にやって来た、馬に乗って！
バンバンバン、ビシッビシッビシッと音を鳴らして
人々は目を回して逃げまどう！

四人の盗賊たちは銃でめった撃ちに

イスマイルと三人の盗賊は、銃でめった撃ちにあっているような踊りをする。

イサベル……………四人は撃たれた、でも奇跡が起こった！
敵が近づくと、四人は突然消えた。
トーノンたちが隠したとか、村人が逃がしたとか
だから今でも、ここミンダナオでは
争いが続いている、散らばって、ここにも飛び火した
私たちの小さな村ダリガウエンにも

イスマイル……………だから、シマロンの盗賊バドンの伝説はずっと続いて——

イスマイルの話は、大きな銃声と砲撃音でかき消される。

イスマイルとイサベル……………ある夜のこと……　ゲリラたちが心配していた混乱がとうとう起こった。

第三幕

イサベル……………その夜、六月五日の夜、私はぐっすり眠っていた。その日の夢は、はっきりと覚えてる！　私は高い塔から追い出されたお姫様だった。その高い塔は、太陽

に届きそうなほどだった！　私は色が白く、顔が光を放って輝いていた。私が目を開くと、その度に周囲がもっと明るくなった。私は意地悪な継母に追い出されて、いろんな町を転々とした。私はどの町でも、類いまれな光を持つ妖精として受け入れられた！　その光に触れた人は皆、心も明るく照らされた。気持ちも明るくなって、微笑んでいた。悲しみは消え去った。やがて私は、とてつもなくまぶしい町にたどり着いた！　そこは金のように輝いていた！　金！　とてもきれいな輝き！

ロゲリオ……イサベル！　イサベル！　起きるんだ！

イサベル……（半分寝ぼけて）お父さん！

ロゲリオ……急げ！　急いで降りろ。走れ！

イサベル……窓の方を振り返ったら、夢が現実になっていた！　真夜中なのに、村はとても明るかった！　とてもきれいな光…… 燃えさかる炎の光！　炎！　炎が上がっていた！　近所の家が燃えていた！

ファティーマ……このお米を運んで！　急いで！

イサベル……振り返ると、人形が目に入った。私のたったひとつのおもちゃ。手を伸ばして取ろうとした。

突然銃撃、砲撃が起こる。皆が叫ぶ。イサベルは人形を手にすることができなかった。イサベルは前のめりに転びそうになる。外に出るとイスマイルと会う。イスマイルも

家の物を入れた袋をひとつ運んでいる。イスマイルに続いてイブラヒムとジョセリンもいる。二組の家族が一緒になる。

ロゲリオ……イブラヒム、どこに行けばよい？

イブラヒム……炎から離れるんだ！　森の方だ！

ロゲリオ……子どもたちは走れ。

イブラヒム……できるだけ遠くに走れ。

ジョセリンとファティーマ……あなたたちは？

ロゲリオとイブラヒム……走るんだ！　何も聞くな！　俺たちのことは気にするな。

イスマイルとイサベル……お父さん！　お父さん！

ロゲリオ、イブラヒム、子どもたち……走れ！

再びいくつもの銃声、砲撃音が聞こえてくる。イスマイルとイサベルとふたりの母親は走り出す。

イスマイルとイサベル……（観客に向かって）ねぇ、みんな、幸運な子どものみんなは、石だらけの地面を走ったことがある？

イサベル……後ろから砲撃と炎がどんどん迫ってきて

イスマイル……前には真っ暗な闇、暗闇しかない

イサベル……一袋のお米を運びながら

イスマイル……人生の思い出の袋を運びながら
イスマイルとイサベル……幸運な子どもたち、不安のない子どもたち
どれほどの速さで逃げたか想像できる？
心臓の音と同じ速さって想像できる？
ジョセリン……振り向いちゃだめ。
ファティーマ……攻撃の音が聞こえなくなるまではだめ！

劇場の端にいる子どもたちの伴奏に合わせて、登場人物たちは走る。段々とゆっくりになって、止まる。

イサベル……朝になった。
イスマイル……ひどい煙。
イサベル……静まりかえっていた。
イスマイル……お葬式のようだった。
イサベル……私たちは猫のようだった。ハエのようだった。
イスマイル……少しずつ戻ってきた。
イサベル……破壊された村に。
イスマイル……唯一立っていたのは
イサベル……私たちの学校だけだった。
イスマイル……皆、中に入った。

イサベル……私たちは全部で百人ぐらいだった。
イスマイル……ある部屋におもちゃが散らばっているのが見えた。
イサベル……何があったの？
イスマイル……コマだった。

端にいる子どもたちは演奏を始める。コマの踊り。

子どもたち……コマがくるくる、目的地はない
辺りをぐるぐる、目的地はない
コマがぐるぐる、終わりを待ってる
くるくるくるくる、意味もなく
イサベル……床に投げ捨てても、起き上がる
でもくるくる回るだけ、辺りをふらふらと
イスマイル……何も考えてない人間のように、目が回った人間のように
その短い命に意味はない
子どもたち……その短い命に意味はない
回り終わったら、また倒れるだけ
意識も言葉もない。私たちも同じ
私たちの人生もぐるぐる回っている
あっちに走って、こっちに走って、穴に戻る

歌い終わった子どもたちは拍手する。イスマイルとイサベルも拍手する。しかし、少しして、ふたりは自分たちの母親が泣いているのに気づく。

イスマイル……どうして泣いてるの？

イサベル……気づかない、イスマイル？

イスマイル……僕たちしかここにいない。百人全員が子どもと女だけ。

イサベル……男の人がいない。青年も大人も。

イスマイル……父さんたちがいない。

イサベル……私たちのお父さんはどこ？

ロゲリオが一方の袖から登場する。一列になっている。少しして、もう一方の袖からイブラヒムが登場する。一列になっている。子どもたちも急いで役割を交代し、一方はＭＩＬＦ、もう一方は兵士になる。

ＭＩＬＦ１……（ロゲリオたちに向かって）お前たちの中にスパイがいるのはわかっている。一週間は見つからないはずだったのに、兵士はすぐにやって来た。早すぎる。考えられるのはひとつだけ。お前たちの誰かが密告したんだ。

兵士１……（イブラヒムたちに向かって）お前たちがスパイなのはわかっている。我々がすぐそこに迫っていることは知られていないはずだったのに、我々が到着するとＭＩＬＦはすぐに戦闘態勢に入った！　早すぎる。考えられるのはひとつだけ。お前たちの誰かが密告したんだ。

イスマイルとイサベルはこれを実際に見ているわけではなく、ふたりは中央で話をしている。ふたりが話している間、父親たちはひどい扱いを受ける。

イスマイル……父さんは連行されたんだ。兵士たちに。兵士はキリスト教徒だろ？[*23]

イサベル……そうよ、兵士たちはキリスト教徒。でも私のお父さんだって、イスラム教徒の戦闘員に連れて行かれてしまった。

イスマイル……でも、君のお父さんに危害はないはずだよ。キリスト教徒の兵士の方が最悪だよ。容赦しないから。

イサベル……悪いのは兵士で、私のお父さんは悪くない。

イスマイル……どっちも一緒だよ。

イサベル……私のお父さんはそんな人じゃない！　誰のせいで混乱が起こったの？　イスラム教徒のゲリラのせいでしょ？　あなたのお父さんの友達の。

イスマイル……別に父さんの友達じゃない。

イサベル……あなたのお母さんだってキリスト教徒じゃない。

イスマイル……母さんは別。

イサベル……私のお父さんも別。でもみんなキリスト教徒よ！

イスマイル……でも、母さんは豚肉を食べない！　キリスト教徒は豚肉を食べるから、動きもブタみたくなるんだ！

ジョセリン…………（イスマイルの口元をたたく）そんなの嘘！

ファティーマ…………（イサベルを引き寄せる）これはキリスト教徒とイスラム教徒の争いじゃないの。

ジョセリン…………兵士と反政府勢力の争い。

ファティーマ…………私たちは板挟みになってしまったの。

ジョセリン…………彼らの狙いは、私たちにキリスト教徒とイスラム教徒の争いと思わせること。

ファティーマ…………だから、イスラム教徒のことをとやかく言うの。

ジョセリン…………だから、イスラム教徒も、キリスト教徒のことをあれこれ言うの。

ファティーマ…………でも、それは本当の争いじゃない。

ジョセリン…………信じなさい。このダリガウエンでは、みんなが友達で家族で兄弟なの。キリスト教徒もイスラム教徒も。

ファティーマ…………彼らが来て、私たちもこうやって争いをして。それでいいの？

ジョセリン…………ピランドックのように賢くなりましょう。

ファティーマ…………ピランドックは誰が敵かわかってる。


再び子どもたちは演奏を始める。照明が変わる。


イスマイル…………（観客に向かって）皆さん！　聞いてください。少しだけ施しをください。少しだけでいいです。施しをくれたら、ピランドックがどうやってスルタンになったのかお話しします。

イサベル…………（観客に向かって）このピランドックの話は面白いですよ。だから、小銭だけでいいです。まだお昼を食べてないんです。私たちはたくさん話をして、皆さんはそこで座ってるだけ。ほんの少し恵んでもらえれば、チーズバーガーが買えるぐらいでいいので…… フィッシュボール[*24]でもいいです。少しでもお腹が満たされれば。

イスマイル……最初は、ピランドックも私たちと変わらなかった。

イサベル……いつも太陽に当たっていたから、日に焼けていた。

イスマイル……ここのスルタン、または知事は――

イサベル……その人はイスラム教徒？　キリスト教徒？

イスマイル……そんなことはどうでもいい。彼には兵士がたくさんいた。護衛もたくさんいた。

イサベル……護衛と兵士。銃を持っていて、歯が鋭かった。

イスマイル……ピランドックはある犯罪の容疑をかけられた。

イサベル……どんな犯罪？

イスマイル……不法侵入だったはず。それか不法占拠。あるいは、顔が醜いってだけの理由。観光業に悪影響だから。

イサベル……私たちと同じ。露天商と同じ。

イスマイル……私たちと同じひもじい難民。

イサベル……で、それから？

イスマイル……おっと。その罪から、死刑になった。

イサベル……権力者ダトゥ・ウスマンが死刑にするって！

イスマイル……湖の真ん中に放り込んで、檻を沈めて溺死させるって！

イサベル……でも貧乏人にも幸運が巡ってくることがある。滅多にないけどね。このピランドックの場合は、檻とつながってる紐がゆるんでいた。

イスマイル……そのことに気づいたピランドックは、沈められる瞬間に水の中に飛び込み、湖の岸から脱出した。

イサベル……そしてとっさに、豪華な服を借りた。それは、とあるスルタンの服だった！

突然拡声器のアラーム音が鳴り響き、話が中断される。続いて、ダリガウェンにいる兵士のアナウンスが聞こえてくる。

兵士……（録音）（拡声器のアラーム音が最初に聞こえる）テロリストたちに告ぐ！　降伏せよ！　我々は、お前たちの仲間を拘束している。降伏しなければ、ひとりずつ殺害する！

ジョセリンは悲鳴を上げる。ファティーマがなだめる。ふたりの兵士に連れられてイブラヒムが登場する。イスマイルとイサベルが話していたような檻に閉じ込められている。

イスマイル……父さん！

イブラヒム……私には敵も味方もいない。私はスパイじゃない。処罰は勘弁してくれ。私はただの農民だ。

兵士1……まだ本性を隠すのか。もうわかってるんだ。お前たちが敵に食料を提供し、かくまっていたんだろ。犯罪者を助ければ、それも犯罪になる。知ってるだろ？

イブラヒム……私は犯罪者じゃありません。何も悪いことはしてません。

兵士……（録音）お前たちに三時間の猶予を与える。それが過ぎたら、ひとりずつ殺す。そして、キリスト教徒の兄弟の皆さん！　手を貸してください。もうわかったでしょう？　皆さんはそのイスラム教徒の詐欺師たちに騙されてるんです。

ジョセリン……イブラヒム！

再びイブラヒムは退場する。

イサベル……イスマイル！　話のスピードを上げて！　まだあなたのお父さんを助けられるかも！

イスマイル……どうやって？

イサベル……ハッピーエンドの話をすれば、あなたのお父さんにも同じことが起こるかも。

子どもたちは演奏の速度を上げる。イスマイルとイサベルはそれに合わせて話す。これより、ふたりの話すスピードが早くなる。

イスマイル……どこまで話したっけ？

イサベル……脱出したピランドックが、身分の高いお金持ちの服を借りたところまで。

イスマイル……ああそうだ！（焦りながら）そして、すぐにピランドックはスルタンの前に現れた。スルタンはピランドックの豪華な服装に驚いた！

イサベル……スルタンはまずたずねた。「まだ生きてたのか？　しかもいい身なりをして！一体どうしたんだ？」

イスマイル……ピランドックは答えた。「スルタン様、私は死ぬ覚悟でいました。でも檻が湖の底に沈んだ時、誰かが檻を開けてくれて、湖の底にある、とても大きな、それはそれは美しい王国に連れて行ってくれたんです！　この素敵な服は、その王国の人たちにもらいました」

銃声が聞こえる。青年がひとり息を切らして走ってくる。

青年……神父が捕虜にされた！　他のキリスト教徒の男たちも一緒だ！　イスラム教徒の捕虜に対する報復だそうだ！　兵士がイスラム教徒の捕虜を殺したら、キリスト教徒の捕虜もひとりずつ殺されてしまう！

今度はファティーマが叫びだす。

ファティーマ……夫のことは見逃して。私はイスラム教徒なの。私たちは兄弟でしょ。夫を傷つけるのは、私も傷つけることよ！

イサベル……イスマイル！　ハッピーエンドよ、早く！　私のお父さんが殺されてしまう！

子どもたちの演奏はさらに早くなる。緊迫度が増す。

イスマイル……だからスルタンは――

兵士……（録音）残り一時間！

子どもたちの演奏はもっと早くなる。

イスマイル……スルタンは！　スルタンは！

イサベル……（同じく叫ぶ）スルタンは！　スルタンは、ピランドックの話に驚いた！

イスマイル……スルタンはピランドックに言った。「私も湖の底に連れて行ってくれ！　私も美しい王国を見てみたい！」

イサベル……ピランドックはこう言った。「あなたの王国はどうするのですか？　あなたが留守の間、誰が王国を治めるのですか？」

イスマイル……スルタンは考えた。

イサベル……（急ぐ）まったく、考えてる場合じゃないでしょ！　急ぐの！　もうスルタンは決断した！

兵士……（録音）残り十分！

子どもたちの演奏はますます早くなる！

イスマイル……（言葉に詰まって泣きそうになりながら！）スルタンは！　スルタンは！　スルタンは、ピランドックにひとまず王国を任せることにした！

イサベル……でもピランドックは、このことは内緒にするよう釘を刺した。湖の底に王国があることが知られたら、人々が押し寄せるかもしれないから！

イスマイル……欲張りなスルタンはこの忠告を聞き入れ、家来たちに自分が留守の間はピランドックをスルタンにするよう命じた！

イサベル……そこで、同じ日にスルタン・ウスマンは檻の中に入り、湖の底に沈められた！

イスマイル……すぐに、湖の底からぶくぶくとあぶくが浮かび上がってくるのが見えた。

イサベル……それからというもの……

イスマイル……それからというもの！　犯罪者のピランドックがスルタンになった！

イサベル……ピランドック！　自由の身！

イスマイル……犯罪者だったのに！

イサベル……お父さん！

子どもたちは演奏をやめる。緊張と静けさ。登場人物たちは空気を読み取る。ファティーマとジョセリンは互いを抱きしめる。

突然、数人の男とロゲリオが登場する。

イサベル……お父さん！

ロゲリオ……私たちは解放された。まだ神父が残されてる。

ファティーマはうれし涙を流す。一方イスマイルは、不安そうに遠くを眺めている。

イスマイル……父さん。父さんはどこ？

銃声が連続して聞こえる。イスマイルとジョセリンは互いを抱きしめる。

イスマイル……父さん！

イサベルはイスマイルに近づいて、イスマイルの肩を抱く。しかし、イスマイルはきつい言葉を浴びせる。

イスマイル……大きくなったら、僕が父さんに代わってキリスト教徒に復讐する。君のお父さんのようなキリスト教徒に。

銃声が大きくなる。子どもたちは再び演奏を始める。

子どもたち……終わりのない砲撃！
終わりのない銃撃！
終わりのない轟音！
終わったと思ったら、今度は終わりのない泣き声。
走れ！　走れ！　みんな走れ！
コマのように！　くるくる、ぐるぐる！
小さな命の行き着く先はどこ？
はかない命の行き着く先はどこ？

砲撃の衝撃で、登場人物たちは散り散りになる。彼らは再び物乞いに戻る。

物乞いたち……晩ご飯のお金をちょうだい！　ほんの少しでいいから——私は五人兄弟——私はもう父親がいない——戦争で殺された——洪水に襲われた——私ははぐれてしまった——あっという間の出来事だった！——人々は逃げまどった——私も逃げた——人々がどんどん消えていった——足が滑った——お母さんと手が離れてしまった——お父さんはいなくなってしまった——晩ご飯のお金をちょうだい！　命をつなぐために。

第四幕

イサベルは中央にいる。子どもたちは再び演奏を始め、イサベルは踊る。

イサベル……私は黒い姫！　黒んぼ、黒炭、暗闇みたいに真っ黒。いつもからかわれ、バカにされている。お母さんが私を身ごもったとき、暗闇を好き好んだからだって。[*25] あるいはプラム、[*26] 沼、泥を好んだからだって。父親が他にいるんだって言う人もいる。私はスルタンのお父さんの養子なんだ、って！

子どもたち……黒んぼ、黒炭、暗闇みたいに真っ黒！　九人兄弟の末っ子！　黒んぼ、黒炭、洞窟みたいに真っ黒な、頭の良い黒い姫！

イサベル……黒い姫。勇敢な姫は、思い切って王国を離れて旅に出た。危ないから男性の振りをした。その頭脳と知恵で災難を逃れた。転々と旅をするうちに、勇敢で強いことが知れ渡った。

イスマイル……僕はカサナ。七年間眠ったままで、その後は七年間起きたまま。だから好きなところを旅している。起きている限り旅を続ける。

子どもたち……このカサナは七年間眠っていなかった。次はぐっすり眠る番。お姫様とカサナのふたりは、災難続きのとある旅で一緒になった。

イサベル……私たちはあちこちに身を隠した。

イスマイル……母さんが、遠くに逃げろって。

イサベル……銃声、砲撃の音から離れろって。

イスマイル……母さんが、父さんはもういないって。

イサベル……だから、暗闇に隠れた。黒い姫のように。

イスマイル……夜通し起きていた。父さんの通夜のように。

イスマイルとイサベル……（ふたりとも走る）道のない森の中を混乱しながら走っていくうちに、私たちふたりは両親と離れ離れになってしまった。

イサベル……私たち、置いてかれちゃった？

イスマイル……それとも、僕らの方が置いてきちゃった？

イサベル……もうわからない。

イスマイル……目が覚めたら、僕たちふたりだけだった。
イサベル……お母さん！　お父さん！
イスマイル……僕にはもう父さんはいない。
イサベル……お母さんたちはどこ？
イスマイル……僕にもわからない。

イサベルは泣き出す。

イスマイル……泣くな。
イサベル……もう帰りたい。
イスマイル……もう帰る場所はないんだ。

イサベルはさらに泣きわめく。

イスマイル……ほら、泣きやんで！　君は勇敢な黒い姫だろ！　絶対に泣かない、いつも勇敢な姫！

イサベルは一瞬泣きやむ。そしてもっとひどく泣き出す。

イサベル……そんな話、嘘だもん。
イスマイル……嘘なもんか！　いろんな物語から、僕たちはいつも勇気をもらってきたじゃないか！　空飛ぶヒーローや、魔法や偉人の話。君はイニトゥロン・サバル[*27]、夜の闇のお姫様！

イサベル……物語はもう力を失ったんだよ、イスマイル。

イスマイル……僕はカサナ！　七年間起きたまま！　僕が君を守る！

イサベル……前に、お父さんが話してくれた時……　いいえ、お母さん、あなた、私、誰が語り手でも、どんな物語でも、勇気がよみがえった。穏やかな気持ちがよみがえった。ぐっすり眠ることができた。

イスマイル……カサナは眠らない！　黒い姫、君は眠るんだ。

イサベル……カサナ。（微笑む）あなたはカサナ。

イスマイル……（同じく微笑む）眠って。僕に任せて。

イサベルはあくびをして眠る。端にいる子どもたちは、夜の森にいる獣の音を出す。イスマイルは立ち上が

左から関根真理、河内哲二郎、木村恵実香、H-RO、伊東沙保
撮影＝鈴木淳

る。短剣を手に持って踊り出し、黒い姫を守る。

イスマイル……さあ、眠って！　僕たちふたりは孤児になった。勇気を出して、心配しないで、僕が守る。僕がお兄ちゃんだ。さあ、安心して。親がいなくても、勇気を出して、さあ眠って、僕が守るよ。

子どもたちの合唱団の中から、数人が武術またはクンタオ[28]を披露する。

子どもたち……歩き続けた、走り続けた。ジープニーの屋根の上に乗った。黒い姫と眠らないヒーローは長い旅を続けた。たくさんの村を通り過ぎ、いろんな広場で施しを求め、ある日目が覚めると、ふたりは広くて大きくてにぎやかな町にいた。

いろんな音が聞こえてくる。①車とジープニーの騒がしいクラクション。②ラジオ、テレビの音。チャンネルが頻繁に替わる。③選挙運動をする候補者。④Wowowee《ワーワーウィー》の歌。[29]⑤教会のミサ。

子どもたちは再び物乞いになる。その間、イスマイルとイサベルはきょろきょろする。

イサベル……イスマイル。

イスマイル……何。

イサベル……お腹が空いた。

イスマイル……そう感じるだけだよ。

イサベル……私たち、昨日は何も食べてないのよ。だから、野菜のトラックに乗ろうって言ったのに。

イスマイル……でも、ここは人がたくさんいるから、誰か助けてくれるかもしれない。

イサベル……本当にお腹がぺっこぺこ。

イスマイル……僕たちにはお金がない。知り合いもいない。

イサベル……（泣き出す）本当にお腹がへってるの！

イスマイル……あーあ、また泣く。

イサベル……もう我慢できない。


女がひとり通りかかる。五ペソを手渡す。ふたりは押し黙る。ふたりはお金を見つめる。そしてイサベルは微笑む。

イサベル……こういうことか。

舞台の左袖から、子どもたちのひとりが盲目の振りをして演奏を始める。歌も歌う。


イスマイル……何か知ってる歌はある？

イサベル……歌わないで、泣くだけにしようよ。私、もっとドラマチックに泣けるよ。

イスマイル……僕はそんな簡単に涙を流せないよ。

イサベル……手で目を隠しちゃえば、誰も気づかないって。

ふたりは一緒に泣き出す。男がひとり通りかかる。ポケットをさぐっている。十ペソを手渡す。ふたりはいっそう大きな声で泣く。次の通行人はいらついた様子を見せる。ふたりに対してもう少し静かにするよう、しーっと言う。

イサベル……やり過ぎちゃったかな。

イスマイル……多分バレバレだったんだよ。

イサベル……今日はきっと日曜日ね。

イスマイル……どうしてわかる？

イサベル……教会に人がたくさんいるから。

イスマイル……教会？　僕たちはキリスト教徒の土地にいるってこと？

イサベル……ほら、入りましょう。

イスマイル……何があるの？

イサベル……ほら、中に入ろう。

照明が変わる。子どもたちは後方中央でひとつのグループを作り、グレゴリオ聖歌のように歌う／ハミングする。熱心な信者が二、三人、ひざまずいて歩いている。イスマイルはこれを目にする。

イスマイル……あの人たちは何をしてるの？

イサベル……お祈りよ。

イスマイル……どうしてひざまずいて歩いてるの？
イサベル……あれはノベナ[*30]って言って、ああやって、神様への愛を証明するの。自分を犠牲にして、忠誠を誓うの。

きょろきょろする。前方の高いところに、一羽の白い鳩がいる。（実際に見せる必要はなく、会話で話すのみでよい）

イスマイル……あれは？　あれはなに？
イサベル……どれ？
熱心な信者……しーっ！

ふたりの子どもは声を少し小さくする。

イサベル……あの白い鳩？　あれが聖霊よ。
イスマイル……聖霊って？
イサベル……神よ。
イスマイル……君たちの神は鳥なの？
イサベル……三位一体よ。
イスマイル……三位一体？
イサベル……三位一体の神。父はおでこ。子は胸。そして聖霊は両肩——つまり羽。
イスマイル……神が三人いるの？

イサベル……ひとりだけよ。

イスマイル……三人って言ったじゃない。

イサベル……三位一体で、神はひとり。（少しイライラする）三位一体なんだってば。

イスマイル……意味がわからない。イスラム教では神はひとりだけ。アッラーだけだよ。そして、アッラーは人間じゃなくて、形がなくて、もちろん鳥でもない。アッラーは他の何者でもないんだ！

熱心な信者……イスラム教徒なの？　私たちの宗教を侮辱するの？　どうしてここに？

イスマイル……何ですか？

熱心な信者……イスラム教徒よ！　イスラム教徒！


教会の中がざわつく。教会の聖歌隊になった子どもたちは、イスマイルとイサベルに近づいて取り囲む。


熱心な信者……その子を調べて。変な物を隠し持ってるかもしれない！

イサベル……違います！　ほら！　イスマイル！

熱心な信者……あなたもイスラム教徒？

イサベル……いいえ。

熱心な信者……あなたが連れてきたの？

イサベル……私の友達です。

熱心な信者……だから、教会にも警備員を置くべきだって言ってるのよ！　（イスマイルに向かって）リーダーはどこ？

イスマイル……リーダーって？

熱心な信者……イスラム教徒って、本当に忌々しい！　場を乱さないで。私たちはここで静かに祈っているの！

イスマイル……乱してなんかないよ。別にあなたに話しかけてないし。

熱心な信者……（イスマイルに平手打ちする）失礼ね！　悪魔のしもべだわ！

イスマイル……僕は悪魔じゃない！　取り消せ！

イサベル……イスマイル、こっち！

熱心な信者……テロリスト！　テロリストよ！

子どもたちは協力してイスマイルを教会から担ぎ出す。イスマイルは離れようともがき、解放される。イサベルはイスマイルについていく。

ふたりは押し黙っている。互いを見つめる。

イスマイル……君はモスクに入ったことがある？

イサベル……一度お母さんに連れて行ってもらったわ。

イスマイル……モスクの中で白い目で見られたりした？

イサベルは恥じながら首を振る。

イサベル……でも、全部のキリスト教徒があんなんじゃないわ。

イスマイル……父さんを殺したヤツ。家々を燃やしたヤツ。僕に平手打ちしたヤツ――大勢いる。

イサベル……私もどう言っていいのかわからない……

イスマイル……君は自分の世界を見つけたみたいだね。

イサベル……何を言ってるの？

イスマイル……僕たちは別々になったほうがいい。僕は自分の世界を探す。

イサベル……なんでそうなるの？　なんで私たちの世界を分ける必要があるの？　離れたくない、イスマイル。

イスマイル……もうすぐ夜だ。


イスマイルは残る。照明が変わる。夜になる。

イスマイル……これはかわいそうなサリックの話。

子どもたちの中のひとりがサリックの役になる。


イスマイル……このサリックはすぐに同情してしまう。なけなしのお金を、他人に分け与えてしまう。なぜかというと……

サリック……かわいそうな家族だ。お腹を空かせた子どもに、親は何を食べさせてやるんだろう？

サリックの妻役が登場する。

サリックの妻……もう、本当に救いようのない人！　お腹を空かせた子どもに同情して、私はどうなるの？　この土鍋だけで私に何を料理しろと？　なけなしの給料を、チャリティに寄付しちゃって！

イスマイル……チャリティ？

サリックの妻……慈善活動のこと。

イスマイル……ああ！

サリック……大丈夫。なんとかなるよ。お金はちゃんと工面するから。

サリックの妻……新しい奥さんを工面したら！　もう我慢できない。無責任よ！

サリック……おい！

妻は立ち去る。

イスマイル……商売をやっても、サリックはすぐに同情してしまう。かき集めた資金でさえ、その行き先は……

子どもたち……(サリックに向かって) 恵んでください。食べ物を少し恵んでください。

サリック……ほら、これは君たちにこそ必要だからね。これで食べるものでも買いなさい。

イスマイル……騙されていたとしても、それでもあげてしまう。

サリック……(頭をかく) うーん、どうしようもないよ。僕は心が優しすぎるんだ。止められないんだ。

イスマイル……とうとうある日、彼自身食べるものがなくなってしまう。道をさまよっていると、とある畑にたどり着く。

サリック……すいません！

ひとりの農民が登場する。

農民……おや、随分疲れてるみだいだね？

サリック……少しだけ水を飲ませてください。私が畑を耕しますから。

農民……わかった。じゃあ耕しておいてくれ。食べ物と飲み物を持ってこよう。

イスマイル……アッラーはサリックに恩恵を与える。サリックが畑を耕すと……

サリック……この光る物はなんだ？　指輪だ！

イスマイル……魔法の指輪だった。そして声が聞こえてきた。

声……この指輪はアッラーからの贈り物。心優しいお前にこれを与える。望みがあれば、この指輪をこするといい。何でも叶えてくれるだろう。

イスマイル……それ以来、サリックがお願いする物は、すべて指輪が与えてくれた。そして、サリックは、人々が欲しがる物も惜しみなく与えた。物乞いが喜んだ。町中が喜んだ。魔法の指輪は無限に欲しいものをくれたので、世界中が喜んだ。やった、やった！　すごい、すごい！　ハハハハ！（ふと話をやめる）イサベル、君が正しいよ。僕たちのダリガウェンの物語はもう力を失ってしまった。僕には指輪がない。何でも与えてくれる指輪はないんだ。自分で探しに行かなきゃ。

イスマイルは身を隠す。イスマイルはイサベルが寝ているのを見ている。ひとりの女が近づいてくる。女はイサベルを起こす。

女……ねえ、お嬢ちゃん……　かわいそうに。いらっしゃい。お金を稼げるわよ。

イサベル……なんですか？

女……私と一緒にいらっしゃい。

イサベル……私ともうひとりいるの。

女……（きょろきょろする）どこに？

イサベル……（同じくきょろきょろする）その辺にいるはず。

女……きっと、あなたを置いていなくなっちゃったのよ。

イサベル……イスマイル！

女……しーっ。ここで物乞いは禁止されてるって知らないの？　警察に捕まったら、留置所に入れられちゃうわよ。私についてくれば、悪いようにはならないから。

イサベル……イスマイル！

女……あなたは置いて行かれたの。さあ、いらっしゃい。

女はイサベルを連れて行く。ふたりの男に協力を求める。ふたりの男が登場する。

イサベルは連れて行かれる。

女……………心配しなくて大丈夫。いまよりもたくさんお金が稼げるから。

イサベルと一緒に女は遠ざかる。

イスマイル……君はそっち……（イサベルと反対の左側を振り返って）僕はこっちだ。

暗転する。

第五幕

子どもたちは再び、観客側の劇場の通路から登場する。再び施しを求める。

子どもたち……誰？　イサベル？　ああ、もういないよ。仕事が見つかったんだ。住宅地の大きなお屋敷にいるよ。お金持ちの家族で、大地主だよ。大きな砂糖工場も持ってる。今のイサベルを見たら、きっと見違えちゃうよ。真っ白できちんと糊付けされた制服を着てるんだ。

イサベルが登場する。真っ白な制服を着ている。女の子もいる。甘やかされており、英語を話す。

金持ちの娘……ねえ、[*31]今日は雨が降る？（Yaya, is it going to rain today?）

イサベル……わからないわ。雲が青いね。(I don't know. The clouds are blue.)
金持ちの娘……雲は白だよ。(The clouds are white, yaya.)
イサベル……ほら、見て。上の方。青いわよ。(E, look. Up above. It's blue.)
金持ちの娘……あれは空でしょ！　空は青くて、雲は白い。そして、あんたはBUANGIT《ブアギット》*32！(笑う)(That's the sky, bla-haw! The sky is blue. The clouds are white. And you are buangit!)
イサベル……こら、しーっ。ジェニファー。そんなこと言っちゃだめ！(Hoy psssht. Jennifer, you can't say that!)
金持ちの娘……なんで？(And why not?)
イサベル……お母さんに英語でしゃべりなさいって言われてるでしょ。お母さんに聞かれたら、私が教えたと思われるわ。(Your mother said speak in English. If she hears you she will think I teach them to you.)
金持ちの娘……でもその通りでしょ！　あんたが言ってたもん。(But it's true! I heard that from you.)
イサベル……私じゃない！(Not from me!)
金持ちの娘……そうね。あんたはイスラム教徒の地方から来たから、その言葉はしゃべらないもんね。何語を話してたの？　まったく。お母さんはなんであんたを雇ったのかしら？　最初はあんたのことを怖がってたのよ。(That's right. You came from Muslim province. So you don't speak that. What language do you speak there

ba? Yikes. I don't know why my mother got you still. She was afraid of you at first, you know.)

イサベル……どうして？（Why naman？）[*33]

金持ちの娘……イスラム教徒の友達がいるかもしれないからって。その友達と協力して、私たちを襲うかもしれないって。（Because you might have Muslim friends. And then you will help them hurt us.）

イサベル……そんなことしないわ。

金持ちの娘……だからいつもBUANG-BUANG KA GID《ブアンブアンカギッド》[*34]なんでしょ～（Is that why you are always buang-buang ka gid ya?）

イサベル……だから、英語で話しなさい！（I said, speak in English!）

金持ちの娘……バカ、アホ！　あんたから覚えたんだから。（Stupid fool! I learned that from you.）

イサベル……私はイロンゴの言葉が話せないわ。[*35]（I don't speak Ilonggo.）

金持ちの娘……じゃあ、私がお母さんから覚えたとでも言うの～（Are you saying I learned it from my mother, then?）

イサベル……もう……　ジェニファーったら……

金持ちの娘……PYAW-SI《ピャウシ》[*36]も覚えたわ。お父さんがよく言うの。なんて意味だろう～（I also learned pyaw-si. My father loves saying that. I wonder what it means.）

イサベル……知らないわ。（I don't know.）

金持ちの娘……イサベル、取り引きしようよ。私は英語で話す。（Isabel, let's make a deal. I will speak in English.）

イサベル……うん、英語で話す——（Yes, speak English-）

金持ちの娘……今日学校が終わって、私と一緒にモールに行ってくれるならね。（If you go with me to the mall after school today.）

イサベル……あぁ、LINTI《リンティ》[37]。

金持ちの娘……LINTI！　ほらね、あんたもお母さんから覚えたんでしょ！（You see, you learned that from my mother, too!）LILILILILILILILINTI！

イサベル……しーっ！

金持ちの娘……じゃあ、取り引き成立？（So is it a deal?）

イサベル……私は……　私は……　どうしていいかわからないわ。（I... I... I don't know what to do.）

金持ちの娘……私に任せて。

イサベル……勝手にして。

子どもたち……モールはきれいで涼しい。でも私たちは入れない。サンダルをはいてるから。——ほら、あそこの、売春婦を連れた日本人の観光客も、よく見たらサンダルをはいている！——でも、その足を見て。真っ白でやわらかそう。レチェ・フラン[38]みたい！　ハハハ、レチェ・フランみたいな足。あなたの足はチッチャロン・ブラックラック[39]みたいね！　ディヌグアン[40]に浸して、酢をかけたやつ！

（みんな笑う）――モールは涼しいけど、私たちは入れない。ほら、イサベルが来た。彼女が世話してるわがままな娘も一緒。――おーい、イサベル！

イサベルがジェニファーと一緒に登場する。イサベルは振り返る。遠くの方で子どもたちが手を振っているのに気づく。

子どもたち……私たちのこと覚えてる？

駆け寄ろうとするが、ジェニファーが一緒にいることを思い出し、すぐに立ち去ろうとする。

子どもたち……イスマイルは！　もう探さないの？

イサベルは立ち止まる。辺りをきょろきょろ見る。

子どもたち……ここにイスマイルはいないよ。こんな涼しいモールにはいない。

やがてイサベルは退場する。

子どもたち……イサベルはそっち！　イスマイルはこっち！　イスマイルは筋肉を鍛えることを覚えた！　心の筋肉も鍛えられて、固い石になってしまった。イスマイルは海賊の町のとある路上で、悪党の一員になっていた。

イスマイルと一緒に、子どもたちの一部が離れる。

子どもたちとイスマイル……DVDだよ、DVD！　DVDだよ、DVD！
お姉さん、お兄さん、見ていって、ほらDVD！
新作あるよ、画像はクリア、オリジナルのコピー、DVD！
お兄さん、買って買って、こっちはブルーレイ、ほらDVD！
探してるのは、DVD、なんでもかんでもDVD！
MTV、インディーズ、アダルトもあるよ、DVD！
安いよ、お兄さん、壊れてたら、返品オーケー
交換するよ、DVD、なんでもあるよ、買って買って！
DVDだよ、DVD！　DVDだよ、DVD！
お姉さん、お兄さん、見ていって、ほらDVD！
クリアだよ、お兄さん、耳垢まではっきりくっきり
お姉さん、ほら買って、すごく安いよ
もう大きな映画館に行く必要なし
十枚組、シーズン3、もうTVで見る必要なし
安いよ、お兄さん、壊れてたら、返品オーケー
無料でもう一枚つけるよ、なんでもあるよ、ほら買って買って！

サミール……（イスマイルに向かって）マエル、お前辛抱強いヤツだな。そんな商売、大して儲か

らないだろ。

イスマイル……十分元は取れるよ。

サミール……そんなんでか？　丸一日働いて――かご一個分でも売れればいい方だろ。しかも、今じゃＤＶＤはどんどん値段が下がってる。

イスマイル……（ポケットからお金を少し取り出して、サミールに手渡す）その通りだよ。それなのに、こうやって取り分は持って行くんだろ。

サミール……大義のためだ。

イスマイル……大義のためって？

サミール……間抜けなヤツラから巻き上げたものを還元するんだ。

イスマイル……意味がわからないよ。

サミール……あのキリスト教徒のブタ共だよ。ハリウッドとか英語のテレビ番組が大好きで、古い名作を探しに来る気取ったヤツもいる。だから、俺たちはヤツラが好きな物を与えてやってる。でも、ヤツラは知らないんだ。ブタ共の映画が観たくて百ペソ払うごとに、俺たちの同志に一ペソが流れてるってことをね。

イスマイル……同志？

サミール……世間では反政府勢力とか、犯罪者とか、テロリスト、盗賊だと言われてる。愚かなヤツラは、俺たちの同志がイスラム教徒という理由だけで、仕事を与えない。怖がって門前払いだ。ヤツラは同志のことをモロと呼び、下品で汚いと拒絶する。そうやって嫌っているくせに、ヤツラは俺たちからＤＶＤを買う。ハイスマイル……ハハ。ヤツラは、自分たちが敵の活動に寄付してるってことに気づいてないのさ。

イスマイル……それってつまり?

サミール……つまり、お金は回ってるんだ。でも、マエル、お前はまだ子どもだ。その仕事は卒業するんだ。

イスマイル……シャブの売人はいやだよ。

サミール……誰がシャブを売ってるって?　俺はやってない。兵士たちだ。お前はスパイになる方が向いてると思う。

イスマイル……スパイ?

サミール……キリスト教徒のブタ共を憎んでるんだろ?

イスマイル……父さんはヤツラに殺された。そして、僕はヤツラに教会から追い出された。

サミール……それに、ヤツラは、ミンダナオのイスラム教徒から土地を奪って金持ちになった。

イスマイル……そうだ。

サミール……だから、ヤツラから受けた不幸をお返ししてやるんだ。

イスマイル……何をしようっていうの?

サミール……誘拐だ。

イスマイル……(動揺する)なんだって、サミール。僕には無理だ。

サミール……無理って何が?

イスマイル……誘拐なんかできるほど大人じゃない。

サミール……お前がやるわけじゃない。

イスマイル……じゃあ何をするの？

サミール……お前がするのは、監視と、車のドアを閉めて閉じ込めるだけ。お前は問題ないかどうかを見張るだけ。見てるだけで、手は下さない。

イスマイル……何か怖いよ。

サミール……お前ひとりじゃない。全部で三人だ。お前はついて来るだけでいい。大したことじゃない。やってみろ。父親のために。

イスマイル……（しばらく無言）危険そうだけど。

サミール……報酬は二千ペソ。今まで二千ペソなんて手にしたことがあるか？

イスマイル……（再び無言。考える）わかった。

第六幕

子どもたちは再び中央に移る。演奏を始める。それに合わせて、誘拐の作戦の内容を説明する。

子どもたち……僕たち、これはお家で真似しないでねこの遊びは危険で失敗できないからね！
坊やたち、連れ去るのは一瞬
でも失敗したら、殺されちゃうかも
だから、十分用心するんだよ
問題が起こったら、一目散に逃げるんだよ
仲間が口笛かウインクをしたら
全員が行動に移る合図
行動を開始したらカウントを始める
三分間、一秒一秒が大事だからね
ターゲットの顔をちゃんと覚えておくこと
この顔を見たら、ウインクする、口笛を吹く
手を振る、頭をかく！
そしたら、誘拐役はターゲットに近づく！

この歌の間、イスマイル、サミール、もうひとりの子どもは準備を進める。そして次の行動を取る。

①イスマイルはアイスクリームを食べながら監視する。

②突然学校のチャイムが鳴る。子どもたちが「先生さようなら」と言う録音の声も聞

こえる。

③舞台の反対の袖からイサベルが登場する。イスマイルに背中を向けている。イスマイルは金持ちの娘をじっと見ている。

④サミールが手を振り、彼らのターゲットが来たことを合図する。

⑤イスマイルは頭をかく。子どもたちの合唱団の中から（この時までに歌は終わっているが、演奏はまだ続いている）、複数の誘拐役が出てくる。

⑥ちょうどその時、金持ちの娘がイサベルの方に走っていく。イサベルは金持ちの娘の手を取る。

⑦金持ちの娘がさらわれ、イサベルも一緒に引っ張っていかれる。イサベルは叫び声を上げる。急いでいたため、誘拐役たちはイサベルも巻き込んでしまう。ふたりとも口をふさがれ、すぐに意識を失う。サミールとイスマイルは急いでついていく。

演奏は続いていて、照明が変わると、場面は隠れ家になる。そこにイスマイルとサミールが座っていて、ひとりの男と話している。

サミール……（男に向かって）これじゃ足りない。二千ペソの約束だろ。

男……身代金がまだなんだ。頭金があるだけ感謝しろ。

イスマイル……えーと、僕の分は？

男……ふたりで山分けしな。

サミール……はぁ？　俺の取り分は五百ペソだけ？　半分以下じゃないか。

男……身代金がまだだと言ってるだろ。文句あるか？

イスマイル……サミール？

サミール……（二百ペソを手にとって、イスマイルに渡す）ほら。今はとりあえず……

イスマイル……二百ペソだけ？　二千ペソって言ってたのに。

サミール……だから、とりあえずだ。

イスマイル……僕はもう帰る。

男……待て。お前たちは子どもの見張り役だ。

イスマイル……それも僕たちの仕事なの？

男……文句が多いヤツだな。どこでこいつを拾ってきた、サミール？

サミール……すまない。（イスマイルに向かって）少しは口を慎め。ここまで来たからには、もう後戻りはできないんだ。


子どもの大きな叫び声が聞こえてくる。金持ちの娘、続いてイサベルが登場する。イスマイルはイサベルに気づかない。イサベルはうつむいている。ふたりに続いて、誘拐役がふたり登場する。


男……どうして子守りまで連れてきた？

誘拐役……抵抗したんだ。

男……何の役にも立たん。エサが増えるだけだ。

誘拐役……消えてもらうか？

イサベル……やめてください！　私はこの子の子守りなんです。食べ物は少しだけでいいので。

イスマイルはイサベルの声に気づく。イスマイルは周りに気づかれないようにイサベルに近づく。

男……大人しくしろ。サミール、お前は俺についてこい。イスマイル、お前はここで見張りだ。こいつらをいつキャンプに連れて行くか確認してくる。こいつが大声を出したら、教えるんだ。

イスマイル、イサベル、金持ちの娘は残される。娘はすすり泣いている。誰もしゃべらない。イスマイル、イサベルはイスマイルの方を振り向かない。

金持ちの娘……ねぇ、もうお家に帰りたい。(Yaya, take me home na.)*41

イサベル……心配しないで。帰れるから。(Don't worry. We will go home.)

イスマイル……英語ができるようになったんだな。

イサベル……(イスマイルの方を振り向く)あなたは！

金持ちの娘……(泣くのをやめる)知ってる人？ (You know him?)

イスマイル……(叫ぶ)黙れ！

金持ちの娘は再び大声で泣く。

イサベル……泣き止んで。ほら。心配しないで。帰れるから。（Stop na. Stop na. don't worry, we will go home.）

金持ちの娘……あんたもあの人たちの仲間なの？（You are one of them, yaya?）

イサベル……そんなわけないでしょ。（No, of course not.）

金持ちの娘……なんでこの不良を知ってるの？（Why do you know this bad boy?）

イサベル……知らないわ……　もう知らない人なの、ジェニファー。（I don't know him... I don't know him na, Jennifer.）

イスマイル……何言ってるの？

イサベル……あんたなんかもう知らない。

イスマイルは返事をしない。

イサベル……昔は強かったのに。

イスマイル……今もだよ！

イサベル……強い人はこんなことしない。昔は守ってくれた。

イスマイル……自分の味方だったら守るさ。

イサベル……この子があなたに何をしたって言うの？

金持ちの娘……そうよ、私が何かした？　あんたのこと知りもしないのに。（Ya, what did I do

to you? I don't even know you.)

イスマイル……お前だ！　お前！（You! You!）お前が僕たちをふるさとから追い出して、父さんを殺して、食べ物を奪ったんだ。そして後は知らんぷり。

イサベル……この子じゃない！　わかってるくせに。

イスマイル……そいつらだ！　そいつ！　まだ知らないだけだ。大人になったら、この子も同じことをするようになる。大きな声で、偉そうに両手を腰に当てて、あれこれ指図する。大人になったら、親の財産をゆずり受けて、土地をたくさん取り上げて、僕みたいな子どもを追い出すんだ。そして、兵士たちに家を焼くよう命じるんだ。

イサベル……誰がそんなこと言ったの？

イスマイル……キリスト教徒はみんな僕らを憎んでるんだ。

イサベル……私もキリスト教徒よ。あなたと仲良しだったでしょ。

金持ちの娘……ほらね。やっぱり！　イスラム教徒が友達なんだ。不良が友達なんだ！（You see! You see! I am right! Your friends are Muslim. Your friends are bad!）

イスマイルとイサベル……黙れ！／黙ってて！

金持ちの娘は驚く。

イサベル……あなたはわかってない。（You do not understand.）私たちの村では、イスラム教徒もキリスト教徒もない。私たちは太陽の子ども。それだけ。みんな同じ、みんな友達。

イスマイル……そんな世界はもう存在しない。これが現実の世界だ。もう楽園はない。僕たちは幼かったんだ。

イサベル……違う。ダリガウェンの村は現実の世界よ。殺し合いなどなく、神またはアッラーを敬っていた。彼らが来て、すべてを壊してしまった。キリスト教徒、イスラム教徒が原因じゃない。

イスマイル……ダリガウェンはもうなくなった。もう誰もいない。家は全部燃やされてしまった。

イサベル……まだ物語があるわ。

イスマイル……物語だって、もう力を失ってしまった。

イサベル……私は物語から勇気をもらってるわ。（金持ちの娘に向かって）覚えてる？　覚えてる？（You remember?）

金持ちの娘……何を？（What?）

イサベル……人間がどうやって火を手に入れたかって話。（That kuwento[*42] I told you about how fire came to man.）

後方左から河内哲二郎、高橋牧、木村恵実香、岩澤侑生子、近藤隼　撮影＝鈴木淳

金持ちの娘……えっと……　えっと……（I... I...）

イサベル……その昔、火がなくてとても寒かった。唯一火を持ってるのは巨人だけだった。巨人は山の中の大きな洞窟に住んでいた。（Dat kuwento[*43] when it was very cold. Because there was no fire. And the only fire is come from the giant. The giant is live in the mountain, is live in the big cave.）

金持ちの娘……そこで、若い男は山に登った。（And so the young man went up the mountain.）

イサベル……その前に、彼はお馬さん、わんちゃん、子猫ちゃん、ブタさん、そしてカエルさんに声をかけた。（But bepor[*44] that, he talk to the horsie, he talk to the doggie, and then the pussycat, and the piggy, and froggie.）

イスマイル……何の話だよ？

イサベル……物語よ。彼らがどうやって巨人の手から火を奪ったか。

イスマイル……彼らは団結した。

金持ちの娘……そして、若い男は巨人に立ち向かった。（And when the young man faced the giant.）

イサベル……巨人はふたりいた。（There are two giants.）

金持ちの娘……巨人はひとりだったはずよ。（I only remember one giant.）

イスマイル……ふたりだよ。

イサベル……若い男はふたりの巨人に立ち向かった。彼は手をあげた。（The young man faced the two giants. And he raised his hand.）

イスマイル……すると動物たちが鳴き出した。

金持ちの娘……お馬さんがヒヒーンと言った。（The horsie neighed.）

子どもたちは三人を囲んで、馬の鳴き声を出す。

イサベル……そしてわんちゃんがワンワン！（And the doggie bow wow!）

子どもたちはイヌのように吠える。以後、子どもたちはそれぞれの台詞に合わせて動物の鳴きマネをする。

イスマイル……子猫ちゃんがニャンニャン。

金持ちの娘……ブタさんがブヒブヒ。（And the piggy oinked.）

イサベル……そしてカエルさんがケロケロ。（And the froggie kokak kokak.）*45

イスマイル……みんな一斉に鳴いた！

イサベル……巨人たちはビックリした。世界の終わりだと思った！（And so the giants were surprised. They thought the world is ending na!）

金持ちの娘……そして、若い男は残り火をすばやく奪って、走り出した！（And the young man quickly grabbed an ember from the fire. and he ran!）

イスマイル……走り出した！

イサベル……巨人たちは彼を追いかけた！（The giants, they run after him!）

金持ちの娘……走り疲れてしまう前に、若い男はお馬さんに残り火を手渡して、次はお馬さんが走った！（But before the young man got tired, he passed the ember to the horsie and the horsie ran!)

子どもたち……パカパカパカパカ！

イスマイル……次はわんちゃん！

イサベル……次は子猫ちゃん！（And pass to the pussycat!)

金持ちの娘……次はブタさん！（Who passed it to the piggy!)

イスマイル……そしてカエルさん。

イサベル……巨人がカエルさんのお尻を踏もうとしたその時、カエルさんは飛び跳ねた。(The giants stepped on the froggies tail but the froggie jumped.)

金持ちの娘……そして残り火は人々の手元に落ちた。（And the ember fell into the hands of the people.)

イサベル……善良な人々は、火をみんなに手渡して回った。（The good people, who passed the fire around.)

イスマイルとイサベルは見つめ合う。イスマイルはイサベルの手を取る。イスマイルはイサベルの手を引いて逃がそうとする。しかし、イサベルはその手を離して金持ちの娘の方に行く。

イスマイル……行こう。

イサベル……この子も一緒よ。

イスマイル……君だけだ。

イサベル……この子は火なのよ、イスマイル。

イスマイルは動きを止める。少し考える。辺りを見渡して、誰もいないことを確認する。

イスマイル……急いで。（金持ちの娘に向かって）おい！　静かにしてるんだぞ！（Hoy! You keep quiet ha!)

彼らが逃げようとしたその時、サミールに見つかる。

サミール……おい！　どこに連れて行くんだ？

イスマイル……逃げろ！（サミールに襲いかかる）

混沌となる。子どもたちは再び速いリズムで演奏を始める。可能であれば、金持ちの娘を観客の間でたらい回しにし、最後は犯人たちのいなくなった舞台に戻す。

イスマイル……ほら、君たちのお家だよ。

イサベル……（金持ちの娘に向かって）行きなさい。（You go na.)

イスマイル……みんなに伝えて。君の金持ちの両親、横柄なクラスメートに、敵はイスラム教徒じゃないってこと。君を誘拐したのも助けたのも、どちらも人間なんだって。

金持ちの娘……わかりました。行こう。（Yaya, come na.)

イサベル……いいえ、あなただけ行きなさい。（No, you go.)

イスマイル……どうして？

イサベル……もう帰りたいの。

イスマイル……どこに？

イサベル……静かに暮らせるところ。

金持ちの娘……行こうってば。（Come na, Yaya.）

イサベル……もう行って。別の子守りを見つけなさい。（You go in na. You find another yaya.）

金持ちの娘はイサベルを抱きしめる。イサベルも抱きしめる。イスマイルとイサベルのふたりだけになる。


イスマイル……僕たちに帰る場所はないよ。

イサベル……あるわよ。信じて。

イスマイル……ダリガウェンみたいなところがまだ残ってるかな？

イサベル……一軒一軒ドアをノックしましょう。


イサベルは観客の前でドアをたたく。


イサベル……ごめんください！　ごめんください！　入れてくれませんか？　イスラム教徒がひとり。

イスマイル……キリスト教徒がひとり。

イサベル……貧乏人がひとり。

イスマイル……傷ついた人がひとり。
イサベル……怖がっている人がひとり。
イスマイル……悲しんでいる人がひとり。
イサベル……孤児がひとり。
イスマイル……挫折した人がひとり。

子どもたちも加わる。

子どもたち……ごめんください！　ごめんください！
誰か知りませんか
すべての人が平等で
お互いを愛し合っている場所を？
ごめんください！　ごめんください！
誰か知りませんか
宗教が他人から
非難されることのない村を？
ごめんください！　ごめんください！
誰か知りませんか
すべての人が
お互いを敬って虐げられることのない町を？

ごめんください！　ごめんください！
誰か知りませんか
人々が人種や習慣の違いを
気にしない村を？
知っている人がいたら
そこに私たちを泊めてください
その村こそが
私たちの家です
そして私たちが
周りをきれいにします
遙か世界中に行き渡るまで！
ごめんください！　ごめんください！
誰か知りませんか
すべてが平等で
誰も他の人種を非難することがない世界を？
ごめんください！　ごめんください！
誰か知りませんか
宗教が原因で
争うことがない世界を？

ごめんください！　ごめんください！
誰か知りませんか
すべての人が
戦争や憎しみと無関係な世界を？
ごめんください！　ごめんください！
誰か知りませんか
私たちみんなが
ひもじい思いをしない世界を？
知っている人がいたら
そこに私たちを泊めてください
その村こそが
私たちの家です
そして私たちが
周りをきれいにします
遙か世界中に行き渡るまで！

突然歌が終わる。キャスト全員が一列になり、全員が物乞い役になる。イスマイルとイサベルが中央にいる。

イスマイル……誰もドアを開けてくれない。眺めてるだけ。

イサベル……動こうともしない。関心がないみたい。
イスマイル……眺めてるだけで、誰も行動に移そうとしない。
イサベル……考え中なのかもしれない。
イスマイル……物語を続けていこう。
イサベル……物語がなくなったら、ダリガウェンの村を取り戻す希望も失われる。
イスマイル……きっと……
イサベル……きっと何？
イスマイル……きっと考え中なんだね。
子どもたち……きっと考え中なんだね。

子どもたちは静かに立ち上がる。暗転。

（終）

［註］

＊1——ジープニー…フィリピンで最も一般的な庶民の公共の乗り物。第二次世界大戦後、米軍のジープを改造したのが始まり。

＊2——ミンダナオ島…フィリピン南部に位置し、マニラがあるルソン島に次いでフィリピンで二番目に大きい島。インドネシアに近く、フィリピン全体におけるイスラム教徒の割合が五パーセントであるのに対し、ミンダナオでは人口の二割がイスラム教徒。

＊3——ダリガウェン（Dalingawen）…かつてミンダナオ島に実在した村。内戦により消滅。

＊4——コタバト地方のピキット（Pikit, Cotabato）…ミンダナオ島中部のコタバト州にある町。コタバト州はフィリピンの中で内戦の影響が最も大きい州のひとつ。

＊5——ＭＩＬＦ（エム・アイ・エル・エフ）…モロ・イスラム解放戦線（Moro Islamic Liberation Front）。フィリピン南部を拠点とする、フィリピン最大のイスラム系反政府武装組織。

＊6——マロン（malong）…幾何学的な模様を施した長い筒状の布。フィリピンのイスラム教徒の間で伝統的に使われている。

＊7——メスティーソ…スペイン系、中国系、アメリカ系などの色の白い混血。

＊8——「真っ黒」…スペインの植民地支配よりも前から存在する先住民ネグリト（Negrito）のことを指す。

＊9——神様（Panginoon）…創造主のこと。子どものセリフであることを考慮して、本戯曲では「神様」と訳出した。また混乱を避けるため、Panginoon以外のキリスト教の神を表す原語（Diyos、Bathala、Maykapal、God）はすべて「神」とした。

＊10——ウナギ…原語はpalos（ウナギ）

＊11——バランガイ…フィリピンで最小の行政単位。元来「舟」を意味し、舟で渡来したフィリピン人の祖先が舟単位で集落を形成したのが起源。

＊12——アッサラーム・ムライクム（Asalam mulaikum）…イスラム教徒の一般的な挨拶。意味は「アッラーとともにありますように」。

＊13——バンサモロ（Bangsa Moro）…ミンダナオ島に住むイスラム教徒またはその居住地域を指す。「バンサ」は国、「モロ」はイスラム教徒を指し、スペインの植民地時代に、スペイン人が敵意と軽蔑を含む名称としてイスラム教徒を「モロ」と呼んだのが起源。

＊14——「君のお父さんはミンダナオの人じゃないはず」…一九五〇年代以降、政府の政策により、島外

から多数のキリスト教徒が「約束の地」としてミンダナオ島に移住した。

＊15――目隠し遊び…原語は「pitik bulag」。フィリピンの子どもの遊びで、向かい合わせになったふたりのうちひとりが片手で自分の目を隠し（bulag＝盲目役）、もうひとりがその手を指ではじく（pitik＝はじく役）。はじくと同時にふたり同時に手で数字を表し、同じ数字であれば盲目役の勝ちとなる。

＊16――ダルナ（Darna）…フィリピンの有名コミックのキャラクター。スーパーヒロイン。実写でテレビシリーズ化・映画化もされている。

＊17――「なぜイスラム教に改宗しない？」…フィリピンでは、宗教が違う者同士が結婚する場合、どちらかの宗教に改宗するのが一般的。

＊18――フレッド・パノピオ（Fred Panopio）…フィリピンの歌手。一九七〇年代より活躍し、ヨーデルスタイルの歌い方が特徴。

＊19――ヨーヨイ（Yoyoy Villame）…フィリピンの歌手、作曲家、コメディアン。フィリピンの西部劇で数多くの楽曲を提供。フィリピン中部のビサヤ地方（Visaya。北のルソン島と南のミンダナオ島に挟まれた地域の総称）出身。

＊20――シマロン（Cimarron）…馬の名前。野生馬の名前として、よくコミックやドラマで使われる。

＊21――リト・ラピッド（Lito Lapid）…フィリピンのアクション俳優。数多くの西部劇またはカウボーイ映画に出演し、カウボーイハットがトレンドマーク。元・上院議員。

＊22――フェルナンド・ポー・ジュニア（Fernando Poe Jr.）…フィリピンの俳優。国民的人気を誇ったアクション映画スター。一九九〇年代まで活躍。

＊23――「兵士はキリスト教徒だろ？」…フィリピンではキリスト教徒が人口の八割以上を占める。

＊24――フィッシュボール…ボール状の魚のすり身を油で揚げて串に刺したもの。屋台でよく売られている。

＊25――「お母さんが私を身ごもったとき、暗闇を好き好んだ」…フィリピン独特の概念で、受胎期あるいはつわりの時期の女性がある特定の物、場所、人物などを欲すること。その欲した対象が胎児に影響すると信じられている。日本でもつわりの時期に酸っぱいものが食べたくなるとよく

言われるが、フィリピンでは食べ物に限定されないのが特徴的。

＊26――プラム…原語は「duhat」。学名Syzygium cumini（ムラサキフトモモ）。ブドウのような濃い紫色の果実。

＊27――イニトゥロン・サバル（Initulon Sabal）…黒い姫が男性の振りをして、イスラム教の指導者として名乗った偽名。

＊28――クンタオ（kuntao）…ミンダナオ発祥の武術。

＊29――Wowoweeの歌…フィリピンのテレビ番組の主題歌。

＊30――ノベナ（Nobena）…特定の守護者（聖人）に対する祈願のために、九日間連続して祈るカトリック教会の信心業のこと。

＊31――「ねぇ」…原語は「Yaya」。「子守り」を意味する。

＊32――BUANGIT…フィリピン中西部のパナイ島、ネグロス島西部で使われているヒリガイノン語で「バカ」を意味する。

＊33――「Why naman?」…「naman」はタガログ語で、この文は英語とタガログ語が混ざった「タグリッシュ」。「naman」自体は単独では意味を持たず、ここでは「why」の疑問の気持ちを強調している。

＊34――BUANG-BUANG KA GID…ヒリガイノン語で「頭がおかしい」の意味。

＊35――「イロンゴの言葉」…ヒリガイノン語のこと。口語では「ヒリガイノン」よりも「イロンゴ（Ilonggo）」と言う。

＊36――PYAW-SI…中国語で「ちくしょう」の意味。金持ちの娘の家族が中国系フィリピン人であることを示す。

＊37――LINTI…フィリピン中東部から南部、主にセブ島やミンダナオ島で使われているセブアノ語で「雷」の意味。ここでは「雷に打たれちゃえば良いのに」の短縮形で、苛立ちを表す慣用句。

＊38――レチエ・フラン（leche flan）…フィリピンのプリンに似たスイーツ。

＊39――チッチャロン・ブラックラック（chicharong bulaklak）…ボイルした豚の腸をカリカリに揚げたもの。フィリピンで一般的なおつまみで、揚げた後の形が花（ブラックラック）に似ていることを語源とする。

＊40――ディヌグアン（dinuguan）…豚の肉や内臓を豚の血で煮込んだフィリピンの一般的な家庭料理。
＊41――「Yaya, take me home na.」…「na」はタガログ語で英語の「now」に相当する単語。これもタグリッシュ。以下、英語の文中に出てくる「na」はすべて同じ意味とする。
＊42――「That kuwento I told you...」…「kuwento」はタガログ語で英語の「story」に相当する単語。
＊43――「Dat kuwento when...」…「Dat」は「That」のフィリピン訛り。
＊44――「But bepor that...」…「bepor」は「before」のフィリピン訛り。
＊45――「kokak」…タガログ語のカエルの鳴き声。

〈解説〉

『イスマイルとイサベル』の背景にあるもの

日本での舞台化への希望をこめて

珍田真弓

本戯曲『イスマイルとイサベル』の翻訳の話をいただいた際、ロディ・ヴェラ氏の作品とのことで非常に嬉しく心が踊った。氏の戯曲は以前にも翻訳したことがあり、それはフィリピンの妖怪「アスワン」を題材にした物語であった（『アスワン〜フィリピン吸血鬼の誕生〜』）。アスワンは人間の妊婦を襲ってその胎児を食べると言われている女吸血鬼で、迷信深い人が多いフィリピンでは実在する妖怪として恐れられている。その戯曲は、アスワンが誕生した背景を人間の業と絡めて描いた、残酷ながらも悲しい物語であった。その翻訳中にヴェラ氏が来日しているとのことで、翻訳に伴う疑問点を確認するため本人と会う機会をいただいた。人間の醜さをえぐり出すような激しい作品とは裏腹に、氏は人懐っこい笑顔が印象的な穏やかな人物で、とある公演に出演直後というタイミングだったにもかかわらず、私の疑問に一つずつ丁寧に答えてくれた。その日、東京はまれに見る大雪で、雪の積もった車を背景に嬉しそうに写真を撮っていた姿を今でも覚えている。その後、俳優としてもシリアスな役からコミカルな役までこなす表現力豊かな姿や、自身が主催者としてマニラで年一回開催している演劇祭「ヴァージンラブフェスト（Virgin Labfest）」では、終演後の壇上で大学生などの若い世代中心の観客に向かって、穏やかな淡々とした口調ながらも演劇への情熱と希望をにじませながら上演作品の応募を呼びかける姿を目にして、私はすっかりファンになっていた。

この『イスマイルとイサベル』は、フィリピン教育演劇協会（ＰＥＴＡ）の企画として、「人々の教育を通して社会の変容を目指す」ＰＥＴＡの理念に基づき氏が書き下ろしたもので、二〇〇九年にマニラで初演された。東京でのリーディング上演後のシアタートークで氏が語った話によると、ミンダナオの紛争についてフィリピン都市部の若者を教育することが企画の目的であった。そのため、子どもにもわかりやすいように、ミンダナオ伝承の民話を随所にちりばめ、紛争がテーマながらも、歌と踊りを盛り込んだエンターテインメント性も備えた音楽劇となっている。また、実際の上演時には、劇中の物語を語る場面において芸術的な影絵を用いた演出が行われた。しかし、子どもがターゲットとは言え、フィリピンでの上演後は大人からも大きな反響があったと言い、私自身も本作品を翻訳しながら胸に迫ってくるものを感じた。

フィリピンの紛争というと日本ではあまり知られていない話のようで、リーディング上演に際しては「フィリピンで紛争があるとは知らなかった」との声をよく聞いた。しかしミンダナオ島では、自治・独立を求めるイスラム系反政府勢力とフィリピン政府軍との武力衝突が四十年以上にわたって続いている。記憶に新しいところでは、本戯曲にも登場するモロ・イスラム解放戦線（ＭＩＬＦ）とフィリピン政府は二〇一四年三月に歴史的な和平合意に至っているが、二〇一五年一月にミンダナオ島マギンダナオ州で国家警察特殊部隊とＭＩＬＦとの間で偶発的な銃撃戦が発生して警官四十四人が死亡するという事件が起こっている。フィリピン国内のメディアは殉職した警官を英雄として取り上げ、連日この事件について大々的に報じていた。また、ミンダナオ島から離れたマニラでも、過去に公共のバスやショッピングモールでイスラム系反政府勢力の関与が疑われる爆破事件が起こっており、庶民が日常的に利用するようなモールであっても、必ず入り口で警備員による手荷物検査がある。

また、ミンダナオ島は天然資源が豊富で肥沃な土地と言われているにもかかわらず、長年の紛争により産業が停滞し、フィリピンで最も貧しい地域の一つとなっている。本作品は物乞いの集団が客席に押し寄せるという鮮烈な場面から始まるが、実際マニラでは、ミンダナオ島などの貧困地域から流れてきた人々が路上で物乞いをする光景が日常的にみられる。

こうした背景がありながらも、本戯曲に登場する「ダリガウェン」は、ヴェラ氏によると、フィリピン人でさえ知らない実在の村であった。フィリピンでは異教徒間で結婚する場合、どちらか一方の宗教に改宗することが一般的であり、実際、私も氏から直接話を聞くまでは架空の村と思っていた。しかし、ヴェラ氏は本作品のリサーチ中に、かつてイスラム教徒とキリスト教徒が共存していたというこの村の存在を知った。そこでは異教徒間の結婚でも改宗せずに夫婦が成立し、紛争に巻き込まれて村が消滅してしまうまで宗教上の問題が一切なかった。氏はその話に驚き、この村を題材に作品を作ることに決めたそうだ。

東京のリーディング上演では、原作に忠実に、生演奏での歌と踊りを交えたリーディングに留まらないパフォーマンスが繰り広げられ、非常に感動的で素晴らしい「音楽劇」になっていた。氏がシアタートークで語ったように、戯曲で現実を変えられるほど問題は単純ではないが、演劇には確かに、ニュースで知ることのできない紛争の現実を強いインパクトを持って伝える力がある。日本国内ではフィリピンの紛争があまり知られていないかもしれないが、実際には、ミンダナオの和平交渉において日本政府が仲介役を担ってきた経緯がある。二〇一一年にはフィリピンのアキノ大統領とＭＩＬＦ議長が極秘来日して、成田でミンダナオ和平に向けた初のトップ会談が行われ、これが上述の歴史的合意に至るきっかけとなっている。このような状況を踏まえると、日本とフィリピンのつながりは意外と深く、本作品が日本で上演される意義は非常に大きいと考える。また本作品には、フィリピンの多言語国家としての一面や、厳然たる貧富の差と言った日常的な現実が詰まっており、著者の「いちファン」としても日本での舞台化を切に希望したい。

※三八五～三八八頁に、リーディングの演出をされた立山ひろみ氏のエッセイを、四一二～四一五頁には、作家ロディ・ヴェラ氏からのメッセージを収録しています。ぜひあわせてお読み下さい。（編者）

Part 2-2

作家と作品

——地域・歴史・演劇

#『ナパジ・ナパジ』

スコット・ランキン＝作／トレヴァー・ジェイミソン＝原案（オーストラリア）

核による災禍に演劇が果たす役割

佐和田敬司（演劇研究者・翻訳家）

ＩＣＡＮのノーベル平和賞とオーストラリアでの核実験

二〇一七年、国際ＮＧＯ「核兵器廃絶国際キャンペーン」ＩＣＡＮがノーベル平和賞を受賞した。ＩＣＡＮは二〇〇七年にオーストラリアのメルボルンで活動を開始し、広島と長崎に投下された原爆の生存者や、戦後の核実験で被害を受けた人々の声を世界に届けてきた。そしてオーストラリアには、一九五〇年代、六〇年代に行われた英国による豪州マラリンガでの核実験の被害を受けた、先住民アボリジニの人々がいる。アボリジニの被曝者にとって、ＩＣＡＮは、なかなか自国政府に伝えられない自分たちの経験を、国際的な場で語ることの出来る重要なプラットフォームである。同年十二月のオスロでの平和賞授賞式には、アボリジニの被曝者も参加している。そもそもオーストラリアで行われた英国の核実験は、一九五〇年代、六〇年代の保守政権を率いたメンジーズ首相によって、国民に信を問わないどころか内閣にさえ相談のないまま、英国の要請に応じて進められたものだった。今日、この核実験について知らないオーストラリア国民もおり、まして日本を含め世界で広く知られているとは言えない。ＩＣＡＮの活動がノーベル賞受賞で脚光を浴びることによってこの状況は変わっていくだろう。だが、もちろんＩＣＡＮ発足以前から、核実験を経験したアボリジニの人々が声をあげなかったわけではない。そして彼らの声を伝える媒介の一つとして、演劇作品『ナパジ・ナパジ』があった。

演劇と証言

二〇〇六年に初演された『ナパジ・ナパジ』は、アボリジニの俳優であり、核実験からの避難民の第三世代に当たるトレヴァー・ジェイミソンが語る物語である。大陸南部の砂漠地帯に暮らしていたトレヴァーの祖父母たちは、近隣のマラリンガで行われる核実験のために、突如として避難を余儀なくされる。政府の無為無策によって避難は混乱を極め、その結果数多くの被曝者を出す。避難民たちは収容所を転々とし、離散していく。そしてトレヴァーたち避難民第三世代の若者の多くは避難の末行き着いた町で荒んだ暮らしをし、伝統に根ざした彼らの土地と切り離され、彼らの言語であったピジャンジャラ語も失いつつある。しかしそれでも、彼らは半世紀の試練を生き抜いてきた。トレヴァーは、放射能に汚染されいまだ帰ることの出来ない自分たちの故郷について、何万年もの歴史を持つ先住民として力強く言う、「半減期はたかだか二万五千年。俺たちなら待てる」。

『ナパジ・ナパジ』の特徴の一つは、トレヴァー自身が避難民第三世代として、祖父母、父母、兄弟などの現実の家族について語る点である。彼は俳優として演じながら、同時に証言者として真実の物語を語る。『ナパジ・ナパジ』にはその上演史の中で様々なバージョンがあり、時にはトレヴァーの実の弟が出演したり、彼の亡き父が生前祖父の思い出を語った映像が映し出されたり、マラリンガの核実験を体験したおばあさんたちが舞台上で当時を証言したりする。またピジャンジャラ語の話者であるおばあさんたちが、その言語でトレヴァーの語りにコーラスで彩りを添える。これらの経験を有する「当事者」たちと、役を演じる「俳優」たちが、一緒に舞台を作り上げている。これは、俳優が役柄になりきって演じる演劇を超えて、過酷な歴史を生き抜き、困難に満ちた社会の現実を経験してきた者たちが真実を証言することが重視されるオーストラリア先住民演劇の流れを汲むものである。

アイデンティティとしての言葉

さらにこのような演技の問題だけではなく、『ナパジ・ナパジ』は社会の現実に、直接的にアプローチする。例えばこの作品には、今まさに消滅の危機に瀕している少数言語という、もう一つのテーマがある。オーストラリア先住民はかつて二百以上のグループに分かれ、それぞれに言語や方言が存在していた。だが、先住民は強制的に移動させられ、それによるコミュニティの解体で話者同士が引き離され、きわめて多くの先住民言語が消滅した。トレヴァーたちの言語であるピジャンジャラ語は、白人との接触の歴史が浅かったこともあり奇跡的に現存する言語の一つだ。だがそれでも、話者は現在約四千人で、消滅の危機にある。作品の中では数多くのビジャンジャラ語の語彙や歌が用いられ、重要な意味を作品に持たせている。さらに劇団はトレヴァーも出演するピジャンジャラ語学習ビデオをウェブ上に上げて、上演後にも観客を誘導する。これは、コミュニケーションのための言語学習と言うよりも、危機と離散を生き抜いてきた彼らの力強い文化を象徴する役割としての言語を、よみがえらせる試みである。核実験の被害という過去の出来事だけではなく、今、彼らが直面している課題に、一作品の上演では終わらない、社会的運動として取り組もうとするプロジェクトといえる。

和解のかたち

『ナパジ・ナパジ』で重要なのは、この物語が、被害者と加害者という単純な二項対立を超えているという点である。トレヴァーは、マラリンガの核実験による被曝者に、アボリジニだけではなく、実験に携わった多くの白人も含まれていたことを作品の中で強調する。さらに、ユミという日本人の登場人物に、広島・長崎の原子爆弾の惨禍について語らせる。このように、核実験の被害者が白人黒人を問わないことを伝えることで、核の非人道性そのものをクローズアップし、さらに広島・長崎の物語と繋げることで、マラリンガを国内の歴史から、世界史の大きな流れの中に位置づける。

さらに注目すべきは、『ナパジ・ナパジ』を貫いているのが、残酷な出来事と向き合っても、寛容とユーモアを忘れない精神である。『ナパジ・ナパジ』というタイトルは、「私はあなたに何かを与え、あなたは私に何かを与える」という意味のピジャンジャラ語である。しかしこれは報復を意味するのでは決してない。白人の観客は、アボリジニに対しての贖罪意識がいかに高い人であっても、人間の本能として心が防御姿勢を取ってしまう。作品の中では、ピジャンジャラ語のコーラス隊のおばあさんたちが繰り返し、お遊戯（あたま・かた・ひざ・ポン）を歌い踊り、客席の白人もしばしば一緒に歌うよう舞台に誘われる。童心に帰る楽しい気持ちの中で、被害者・加害者という二項対立が生み出す心の防御はゆるみ、そのとき初めてアボリジニの人々の物語を芯から受け止めることが出来るのである。トレヴァーは作品の最後に、自分たちはまた数を増やしていくが、白人は少子化で減少し、立場はいつか逆転すると言い、こうつぶやく。「そのときには自分たちが金を恵んで、死に際の苦しみを和らげてあげる。ナパジ・ナパジ」。決してそれは加害者への捨て台詞ではなく、むしろユーモアと寛容の心に富み、さらにはオーストラリアでいま多くの人が望んでいる先住民とそのほかの国民との「和解」（リコンシリエーション）の、一つのかたちを示しているのである。

日本での上演で得られたもの

スコット・ランキン作・演出による『ナパジ・ナパジ』は、二〇〇六年にメルボルン・フェスティバルで初演された。本作の原形は、二〇〇二年に初演されたトレヴァー・ジェイミソンとスコット・ランキン共作『マムの生涯における輝ける場面』に見られる。両作品はともに、オーストラリア国内外の国際芸術祭で上演された。スコット・ランキンは白人の劇作家で、制作集団Big hARTを率いて先住民を主題にしたいくつかの作品を執筆してきた。例えば、『ナマジラ』は一九五〇年代に西洋の水彩画法を学びオーストラリアで一世を風靡した実在のアボリジニ画家の伝記作品で、差別的な時代に毀誉褒貶を味わった主人公の人生と画法が、アボリジニの人々に大切にされ受け継がれていることを舞台で表現した。トレヴァー・ジェイミソンは、舞台のほかメインストリームのテレビや映画で大活躍するアボリジニの俳優であり、本作で二〇〇八年のシドニー演劇賞の主演俳優賞を受賞した。日本で公開された映画では、『裸足の一五〇〇マイル』にも出演している。自分自身や家族、祖先の物語を描いた『ナパジ・ナパジ』と『マムの生涯における輝ける場面』は、役者としてだけではなく、物語の制作にも重要な役割を果たしている。

本作の日本での初演は、二〇一一年十二月「紛争地域から生まれた演劇シリーズ3『動乱と演劇』」においてであった。福島の原発事故から八ヶ月後であり、放射能を逃れて離散するアボリジニの人々の物語に、原発事故からの避難者の姿を重ねる観客もいた。その後、筆者は翌年のシドニー大学での国際学会「アジア太平洋の戦争をふ

上演後、七字英輔と語る筆者(右) 撮影=奥秋圭

りかえる」で『ナパジ・ナパジ』の日本上演が観客に与えたインパクトについての講演を行い、オーストラリアの聴衆からも反響を得た。広島・長崎の原爆投下、そしてフクシマを経験した直後の日本で『ナパジ・ナパジ』が上演され、それについて日本でもオーストラリアでも議論が継続して行われたということは、日本や南半球の個別の出来事として収束せずにリンクしていったことを意味する。他の厄災と異なり、放射能の問題は何世代にもわたって影響を及ぼす。ゆえに長いスパンで、かつグローバルにリンクを広げながら、個々の経験が継続的に共有されなければならない。その意味で『ナパジ・ナパジ』を日本で上演した「紛争地域から生まれた演劇シリーズ」の意義は計り知れず、また一回きりの上演で終わらせるべきでは決してないと思う。また、Big hARTも、『ナパジ・ナパジ』の日本上演を切望していることを書き添えておく。

『ナパジ・ナパジ』について、より深く知りたい方は、拙著『オーストラリア先住民とパフォーマンス』(東京大学出版会、二〇一七年)を参照されたい。

『修復不能』 アフガニスタン人権民主主義連盟（ＡＨＲＤＯ）（アフガニスタン）
『ブルカヴァガンザ』 シャーヒド・ナディーム（パキスタン）

「名誉」の所在とは？

村山和之（南・西アジア言語文化研究）

二作品に共通する慣習法の風土

南西アジア諸地域の社会問題を背景としたトピックを読むとき、留意すべき特徴点は何であろうか？　その土地の人々が信仰する宗教の種類か、歴史的な民族興亡の年表か、はたまた一方的な報道に準拠した正義のありようでか？

アフガニスタンを舞台にした『修復不能』（二〇一三年上演）とパキスタンを舞台にした『ブルカヴァガンザ』（二〇一四年上演）の二作品を読み解くときにも、前述した目のつけどころはもちろん有効であり、それらがなくては、一次的理解はまず不可能といってよい。

しかし、それらに加えてどうしても欠かしてはならない装置は、対象とする人々が生きてゆく共同体の中で無自覚的に受容して身につけてきた言行の倫理コード、つまり慣習法に則った理解である。いうなれば、民族の「掟」が彼らの宗教や歴史や正義その他諸々の規定より先んじて、重視されるのだ。

その世界において人々が最も大事にするものは何か。それは一にも二にも「名誉」である。共同体の中で個人の名誉が貶められ、失われることは、その個人の人間としての死をも意味することになる。土地・財産や客人や弱者・避難民といった「守るべき存在」が不当に侵された場合に起こりくる紛争も、根源には「名誉」を侵されたことによる。

女性は男性にとって自分の名誉そのものであり、彼女の名誉が汚されることは自分の名誉が汚され、一族の名誉が汚されることであり、彼は全力をあげて名誉回復を達成しなければならない。

アフガニスタンやパキスタン内の部族慣習法が強い地域では、厳密には民族と地域によって差異がみられるが、一般的に、不当に負った借金（不名誉）を返済するために行われる血の復讐劇の連鎖を防ぐためには、最大限の努力を惜しまない。

頭文字Zから始まる三つの補償案カードすなわち「ザル（金銭の譲渡、zar）」、「ザン（女性の腰入れ、zan）」、「ザミーン（土地の譲渡、zamin）」を提示しながらあくまで平和的解決を第一とした交渉によって紛争を解決しようとする。このカードも有用ではなくなり、長老会議によっても解決の余地がなくなり、にっちもさっちもいかなくなって初めて戦いが始まるのだ。

我々が目にしている紛争の内幕には、複雑な過程が重なっていたことを忘れないでおきたい。

『修復不能』の世界

アフガニスタンという国は、十八世紀半ばにパシュトー語を母語とするパシュトゥーン人の指導者が部族集会によって王に選出され、イランとインドの支配を脱し、征服戦争を重ねた末に建国された、パシュトゥーン人主導の国である。その下にライバルであるタージク人、常に敵対するモンゴル系のハザーラ人、トルコ系の後援を盾に立振舞うウズベク人ほか多数の少数民族が、常に睨みあってきた。それゆえアフガニスタンという国家の名の下に、全国民が一体となって奉仕することは通常考えられない歴史と伝統をもつ、外敵の侵略に立ち向かう場合を除いては。

首都カーブルとカーブル以外の全土という二項対立の図式も忘れてはならない。同じパシュトゥーン人でも、西欧の影響を受けた開明的君主の改革や共産主義体制の拠点などをお膝元で経験してきたカーブルと、伝統的文化慣習の中で生きてきた諸地方では、考え方や行動に自ずと違いが生まれている、その溝は同じ民族とはいえ大変深いものがある。

英語原題“Infinite Incompleteness”、ペルシア語“8 naa tamaam”から解されて誕生した『修復不能』という邦題は、劇のテーマだけに止まらず、少なくともアフガニスタン建国以来、国家として政府をもつに至ってから現在まで綿々と続くあらゆる事象を物語っている。「もとどおりにならないという現実に向き合う演劇」の本質を表現した名訳だ。

俳優や観客が個々の経験や体験を語り即興的に再現し、その場に居合わせた人々は突きつけられたメッセージを共有し、現実としての理解を深めるというプレイバック・シアターの手法の下で、この作品は上演されてきた。それゆえ従来の伝統的な大衆演劇タマーシャーtamaashaと違って、この演劇は非常に限定された場所で厳定された招待客に対してのみ幕を開けてきた「閉じられた演劇」の性格をもつ。

なぜならパシュトー語、ペルシア語（ダリー語、ハザーラギー語）の舌が打ち鳴

『修復不能』
手前左から大久保鷹、花ケ前浩一、大谷賢治郎
中央奥は小山萌子　撮影＝石澤知絵子

らされ、この作品が上演されると、耳を覆いたくなる事実が語られ、目を瞑りたくなる事実の再現によって不利益を被る人たちが浮き彫りにされるから。

誰であれ定めた敵と戦う経験をしてきた人たちは、程度の差こそあれ、自分の名誉にかかわる慣習法的不正行為を犯してきている。台詞に調えられた各場面が事実だとしても、自ら築いてきた体面・名誉が傷つけられる耐えがたき屈辱の審判劇を認めることになってしまう。当然のことながら、イスラーム法や部族慣習法の見境もなく、上演阻止にあらゆる方法で全力を注ぐこととなる。

いくらシナリオで個人が特定できぬよう匿名にしたとて、隠喩を散りばめたとて、whoを除いた4W1Hで語られる悲劇は、誰でもが思い当たる日常的一事件として共有できてしまうからだ。

まさに、まさに命がけの作劇、上演活動を続けているアフガニスタン人権民主主義連盟。脱帽である！　アフガニスタン国内において唯一無比の活動団体として評価できよう。

アフガニスタン国内では他にも、制限付きではあるが開かれた演劇の場として、教育活動、社会運動の一環として民族問題や女性の権利をも主題に含めた、創作劇を中心とする地方劇団や学生劇団が数多作られ、地区予選を勝ち抜いて首都カーブルで決勝大会を飾る演劇フェスティバルも、教育省や情報・文化省の肝いりで開催されている。州ごとにたくさんの劇団が生まれていることにまず驚かされるではないか。

本来、演劇をはじめとする舞台芸能とは、自ら演ずるものではなく、鑑賞者として味わい評価する側にいることこそ文化的慣習とする土地柄である。それにもかかわらず、舞台に立って不特定の観衆に自らをさらし、演技を通して何かしらのメッセージを「伝え」ようとするのは、アフガニスタン演劇史においても画期的な時代に入っているといえよう。

しかし、六〇年代～七〇年代を記録した写真の中に見られる劇場風景、そこで演じられるコメディーとダンスと音楽の祭典こそが、アフガニスタン人民が望む真のエンターテインメントとしての演劇の姿だと私は思っている。それこそ今はまだ修復不能の過程にあるかもしれないが、劇場がいっぱいの笑い声と笑顔で満たされるときこそが、アフガニスタンの演劇が修復された時であると信じている。

私の夢のなかに　最後の橋を架けるつもりなら、頼む　話し続けてくれ、
そうしたらなんとか　息を吹き返してみせる。
（『修復不能』より。ハフィーズッラー・シャリーアーティー・サハルの詩挙句。訳：後藤絢子）

一刻も早くアフガニスタン人権民主主義連盟が、その役目を全うしてアフガニスタンのアンダーグラウンド演劇界から、拍手とダンスをもって姿を消す日（発展的解団）を、私は心から待ち望んでいるのだ。

『ブルカヴァガンザ』の世界

東・西パキスタンは、一九四七年、英国直轄領と諸藩王国領からなる大英インド帝国からインド共和国と共に分離独立した、イスラーム教を国教とするイスラーム教徒が九十八％を占める国である。その後、一九七一年、東パキスタンをバングラデッシュとして失い、残った西パキスタンが現在のパキスタンとなる。

『ブルカヴァガンザ』
左から円城寺あや、明樹由佳　撮影＝石澤知絵子

政治的にも経済的にも文化的にも最優勢なのが、パンジャーブ州のパンジャービー人で、全人口の六割を占める。日本で「パキスタン人」と言った場合、たいていがパンジャービー人をさしている。このほか主要民族ごとに州を構成してパシュトゥーン人、バローチ人、スィンディー人、インドからの移民（ムハージル）などが住んでいる。

『ブルカヴァガンザ』を生み出したアジョーカー劇場は、パンジャーブ州都ラホールを拠点に、並行演劇（パラレル・シアター）という手法で民衆の啓蒙と娯楽に、三十五年間も貢献してきた老舗の現代劇のカンパニーである。

パラレル・シアターとは、伝統的な大衆演劇の真髄である娯楽性を維持しながら、作品を通して様々な社会問題をメッセージとして突きつける、「娯楽」と「啓蒙」を二本の大黒柱として活動するスタイルをさす。

「自由と平和の実現」を目標に掲げるアジョーカー劇場にとって、「今日の（アジョーカー）」政体や伝統社会に巣くう腐敗や悪習は、娯楽劇の中で風刺され批判されるべき対象として作品の重要なテーマとなっている。基本的人権の尊重といった類の外来の試薬を投与すれば、ほぼ陽性反応が出るような悪しき慣習法の伝統が都市部でも農村部でも依然として残る風土において、アジョーカー劇場は自らの演劇作品をもって、命がけで笑わせ、泣かせながら社会の膿を切り落としてまわっているのだ。

『ブルカヴァガンザ』は、イスラーム教徒の女性の身体を覆い隠す幕・ヴェールを、隠蔽、隠れ蓑、ダブルスタンダードのメタファーとして、劇場自体、そして宗教的知識人役を除いた男女の俳優全員に纏わせて進行する芝居である。

副題に「聖戦時の愛の物語」と添え、若い男女を主軸として展開するストーリーの中で、体制によって隠された隠されるべきものと、世間によって忖度されたものがブルカを纏い、異端児を炙り出しては滅ぼしてゆく恐ろしい世界が淡々とコミカルに描かれる。

ブルカは正しく着用している分には、あらゆるものから守ってくれ隠してくれる強い味方であるという。これこそ「世界」そして「世間様」の名で呼ばれる「リワージriwaj」こと「慣習・風習」の一側面を意味している。

リワージにあえて敵対してまで他人と違ったブルカ・コードに臨む分子たちは、たちまち体制を維持しようとする強力なシステム、世間様によって攻撃され社会的犯罪者として名誉を剥奪され葬られてしまう。

ブルカをどんな人間が被っているかが問題ではなく、ブルカを被っている人こそが人間であると規定され、体制の意向に応じて歪められた宗教や慣習の価値観を無自覚に受容する人間ばかりが作り出される社会になりつつある、と三十五年前にブレヒト劇から始まったアジョーカー劇場は常に警鐘をやかまし過ぎるほど打ち鳴らしてきた。

この劇の最後、全員で歌われる挿入歌にはこうある。

ブルカにあまる　厚顔無恥さ　ブルカも恥じ入り　隠せぬ始末
恥を恥とも　思えぬあなた?　ブルカ絢爛!　ブルカヴァガンザ……

（『ブルカヴァガンザ』より。訳：村山和之）

いかに悪食のブルカでも、名誉の対極にある恥を恥とも思えないパーソナリティーだけは隠しきれないぞ、と人間を信じ、まだ見捨てていないではないか。

私はこの作品を通して、日本にもたくさんのブルカが被せられていると思うようになった。政治にも経済にも文化にもどこにでも、寺社から買ってきたお守りの袋を切って、中身を確認できるか否かが踏み絵となるレベルの、程度が低くも恐ろしいハードルで。

自分もブルカを被りながらも、勇気を出してブルカを剥いで生きてゆきたい。

『夕食の前に』 ヤーセル・アブー＝シャクラ（シリア）、

『白いウサギ、赤いウサギ』 ナシーム・スレイマンプール（イラン）

制約くぐり抜け強権体制批判

河野孝（文化ジャーナリスト）

歴史、民族、文化の十字路である中東は、イスラム教とキリスト教、ユダヤ教などの宗教対立、スンニー派とシーア派など同一宗教内の宗派対立、民族・人種対立など複雑な対立要素を抱えこんだモザイク国家が多い。一方で、民主主義も成熟しておらず、強権的な国家が言論・表現の自由を往々にして抑制している。また、経済的な基盤も脆弱で国民生活の先行きは不安定さを増している。

こうした状況から生まれてくる演劇作品は、ペシミズムやニヒリズムに彩られ、直接的な権力批判を包み込んだ間接的表現が必要悪となっているのが実情だ。

「紛争地域から生まれた演劇7」（二〇一五年十二月）でリーディング上演された『夕食の前に』（翻訳：鵜戸聡、演出：シライケイタ、出演：伊藤弘子、蓉崇）はシリアのヤーセル・アブー＝シャクラの作品だ。少数派のアラウィー派から出たアサド大統領のバース党が支配するシリアも典型的なモザイク国家だ。

アブー＝シャクラは一九八五年ダマスカス生まれ。祖父はパレスチナからの難民という。ダマスカス高等演劇研究所で学んだ。ベイルートで製作された『夕食の前に』はバグダッドでリーディング形式で上演され、サンフ

『夕食の前に』
ナーセル役の蓉崇（手前）とＤＪ役の白井圭太　撮影＝石澤知絵子

ランシスコの「リオリエント ReOrient」フェスティバルでも製作が進んだ。この戯曲が上演された時点で作者はトルコのイスタンブールに居を構えていた。

政治闘争の中で「殉教」した父の不在が、母と息子を引き裂き、政治、社会への根深い不信が母子の間に激しい葛藤を生み出す。このように闘争に幻滅した若い世代と親世代のギャップを母と息子の愛憎に満ちた対話劇で描いている。

登場人物はナーセル、母親、ＤＪ。ＤＪは舞台の正面コーナーのナーセルの部屋の方に少し高いブースがあり、機材一式と鎮座している。ＤＪにセリフはない。

父親は過激派テロ組織アブー＝ニダール派と行動を共にした末に、意見が違ってアブー＝ニダールに撃ち殺された、とナーセルは語る。

ト書きに、「登場人物たちの動きは、見る者に早回しのビデオを見るような気持ちにさせる。ステージは二秒暗くなり、登場人物に夕食の話をする前に戻る」、という具合に、時々、シーンが巻き戻される個所がいくつかある。言説の不確かさ、物事の順行的な秩序感覚に揺らぎを与える効果がある。

ナーセルが「テロリストのアブドゥッラー」というムザッファル・アル＝ナッワーブの詩を暗唱する。「お前のナイフを研げ」「お前は弾丸だ」などと闘争心を鼓舞する章句があふれる。「テロリストのアブドゥッラー」は父のロール・モデルであったのだ。

父はこの詩にちなみ、息子をアブドゥンナーセル（勝利の奴隷）と名付けた。しかし、息子はアブド（奴隷）という言葉を嫌って意識的にナーセルと名乗るのだった。前世代の負の遺産を引き継ぐのを拒絶する意思表示だろう。

部屋に引きこもり、イスラムでは禁じられている酒も飲むナーセル。酩酊状態の中で妄想を見ているのか。

ナーセルは自慰で精液を出して周りに塗りたくる。その行為で精子が死ぬことを、五分以内で自分の血統から五億人を殺していると比喩する。また、昔語りで、アブー＝ライラーと呼ばれる巨人の戦士がいて、自分の弟を気が狂うほど愛していた。その弟を殺した従兄弟の殺害者となった。自分の血統であっても四十年かけて血族を殺し続けたというのだ。

この血族同士が殺しあう血まみれの物語は、内戦や政治的対立で抗争を繰り広げ、国民としての同胞を殺戮しているシリアの政治情勢に対する皮肉であるのは間違いない。

アブー＝シャクラが示すのは、母親があの手この手で仕掛けてくる物語の虚

手前から母親役の伊藤弘子、白井圭太、蓉崇。
撮影＝石澤知絵子

偽性を暴き立て、拒絶する身振りである。出来合いの物語に安住し甘んじることへの拒否である。ナーセルが吐き出す呪詛は、既成社会がはらんでいる欺瞞に対する絶望的なフラストレーションの表明にほかならない。

「紛争地域から生まれた演劇8」（二〇一六年十二月）でリーディング上演された『白いウサギ、赤いウサギ』（翻訳：關智子）はイランのナシーム・スレイマンプールの作品。演劇の既成の観念を打ち破る「知的で巧妙なスキーム」で新しいコンセプトを提供した。演出家はおらず、俳優は封印された台本を観客の前で初めて開くことを要求され、演じることができるのは一生に一度だけという条件が課される。

一九八一年生まれのスレイマンプールは、七九年のイスラム革命後の世代。イランが世俗的な王制からイスラム教を国教とする宗教国家に変わり、表現の自由が制限される状況の中で作家は知的で巧妙な表現形式を考え出した。二〇一一年の初演から五年間に二十カ国語以上で千回を超える上演があったということは、演じる演劇人にとって演劇が生まれてくるような原点を実感させたからであろう。

この作品の特徴は第一に、観客参加の新しい形だ。観客参加型の演劇は、六〇年代から叫ばれてきた割には成功していないのが現実だが、この作品では、演じる俳優の指示で観客がゲーム的に参加するだけでなく、不在の作家も俳優を介して参加している。さらにネット時代の今、作家のメールアドレスを知らせ、観客に上演された場での出来事を報告するよう求めることで、その場に不在の作家とWEB上でつながる可能性を創出していることが新しい。舞台が終演後も開かれているというのは演劇の理想とするところだ。

第二に、演劇のライブ感、緊張感がある。台本を通じて、俳優と観客の対話、不在の作家と俳優、観客との対話が実現している。作家は自己紹介の中で、二〇一〇年四月二十五日にシーラーズで書いており、「私に、あなたたちが私の言葉と向かい合う時、あなたたちが存在する年も日付も知らない。生きているかどうかさえ定かではない」と上演される時間と書かれた時間との乖離が微妙なリアル感を出す。

第三に、作劇の面白さ、ユーモア。繰返される「お若いですね」という台詞と演じる俳優の実年齢とのギャップがおかしみを生んだりする。ダチョウの物真似などで形態的な面白さも追求している。

第四に、従来の戯曲の観念を破る要素がある。フィクションの形をとりながら、作者のリアル、観客のリアルを取り込み、そこの歴史的な時代性を背景に、双方のリアルな感覚が共鳴しあって、同時代的に共に存在する地平を切り開いている。そして「皆さんは私の未来である」「皆さんについて何も知らないということが私の考えを刺激する。そして書かせる」「私が望む街ならどこにでも行かれる」などと時空を往還する。

第五に、現場性、一回性、出来事性が実現されている。俳優が事前に指示されるのは、決して台本の入った袋を開封しないこと、ダチョウの真似を考えておくことで、俳優の性によって二種類の台本が用意される。演出家がいない。稽古もない。同じ俳優が再演することも禁止されている。俳優各人の主体性に任され、俳優の演じ方が違うことで同じ舞台はない。俳優の即興的な対応能力が試される。その結果、強調するところも違うし、行為の反復の度合も違う。間合い、アドリブも違ってくる。喜劇俳優が演じればコミカルなタッチが濃厚に出てくる。東京公演では、堀源起、占部房子、髙田恵篤、美加理の四人が演じた。俳優の出自も異なり、男女の性差もあって劇のニュアンスはそれぞれ違った。

第六に、メタシアター的(演劇にかかわる話題が劇中で扱われている)。観客がやるのが劇中劇的なエチュードである。作者、俳優、観客、それぞれの生きる時間が、併存したり、混ざりあったり、普遍的な視点に置かれたり、演劇の時間性を浮き彫りにする。

第七に、「イソップ物語」の寓話のようにウサギ、クマ、カラスなどの動物を登場させ、それを借りた権力批判、人間性への皮肉な見方を見せる。白いウサギから赤いウサギを選別する訓練方法を通じて、誰が支配者になっていくか、差別がどう生まれていくか、という社会的な構造を描き出し、迫害に至る心理的な分析までしている。サーカスを国家や社会に見立て、クマやカラスは当局の監視・取締まり側に当たる。サーカスを見るウサギは長い耳をしまわなければいけないが、長い耳を塞ぐことは、情報を遮断し、国家に従順な国民を作りだそうという比喩であろう。

第八に、基本的人権や表現の自由が制限されている国の作家が書いているという点だ。検閲などの制限の中で、表現の自由をどのように得るか、他者とどうつながって理解しあえるか。そのためのスキームをうまく開発した。先進国ではダイレクトに表現できるので、このような形式を取る必要性を感じることはないだろう。作者は「何か私を自由にしてくれるものを書きたい。これを書いているのは二十九歳。希望とエネルギーに満ちている」と閉鎖的な状況で書いている。執筆当時は、パスポートも与えられていない。

この作品が書かれたころだろう。二〇〇九年六月、強硬派のアフマディネジャド大統領が選ばれた大統領選の不正を糾弾する抗議デモで女性が射殺される事件が起き、国中が騒然となった。作品にその事件の痕跡は見られないが、こうした状況の中で生まれてきたという事実は創作と無関係とは思えない。

中東地域のように表現上の制約があり、表現者自身も生命を賭しているという厳しい状況の中で生まれてくる演劇。建前上にしても先進国の自由な社会で生きている我々は、目を背けることなくその魂の叫びを受けとめて、真摯に向き合う責務がある。

Part 3

演出家、作品を語る

「紛争地域から生まれた演劇」各作品の演出にあたって

フェリドゥン・ザイモグル(トルコ)、ギュンター・ゼンゲル(ドイツ)＝作

『ヴェールを纏った女たち』

魂に纏うもの

赤澤ムック(劇作家・演出家・俳優)

本作が上演された二〇一〇年は今から八年前になる。演出ノートは既に廃棄しており、記憶に頼って当時のプランを記す。こうして自身が演出家として意図などを語ることも珍しいので、楽しい時間となった。そして改めて、この戯曲の秀逸さに唸る。

まず、この戯曲は実在する女性たちへのインタビューによって生まれた作品だ。なので、架空の人物に劇作家の思うがまま語らせたのではない、という提示が必要と考えた。登場人物の中に『改宗した女』という役どころがあった。彼女はドイツで知り合ったムスリマ(イスラーム教の女性)との会話を起点として、キリスト教からイスラーム教へと改宗する。なので、それまで登場する女1~3の言葉をこのムスリマと重ね合わせることにした。女4は自分の出番まで、白い軽装に録音機を持つインタビュアーのていで存在してもらった。女1~3は種類が異なる黒の洋服。私は当時、まだ彼女たちが纏うヴェールにヒジャブやヒマール、ニカブなど種類があることも、今

やお洒落心を付け足していることも知らなかった。上演にあたり、学んだ現実を取り入れて黒ではない色にしようかとも悩んだが、私のようにムスリマに無知識な人にこそ刺さる作品にしたかったので、多くの日本人が連想する黒で衣装を統一した。

今や、彼女たちは日本のロリータファッションまで取り入れているそうだ。パステル色の明るいヴェールを纏う女性たちの、なんと美しいことか。

ヴェールの色だけではない。この作品に打ち砕かれた私の偏見はまだまだ存在した。たとえばタイトルだ。恥ずかしながら「纏った」と書かれているのに、どこかで「纏うことを強要されている」と潜在的に思っていたのだ。今だって全てのムスリマが、自分の意志だけでヴェールを纏っているわけではないかもしれない。しかし私は、全ての人間一人一人に意思があり、各々違う事情があると本当の意味で想像できていなかったのだ。

女1。日本人の観客が最もすんなりと受け入れるであろう、思春期の少女。彼女が語る日常は、バイトと恋愛の話でちっとも日本の女の子と変わらない。演じる女優が成人女性だったので、日本の若い女の子をデフォルメして早口で語ってもらった。時に他の女優に短い台詞を振り分け、きゃーきゃーと盛り上がる具合に。彼女と日本女子との違いは信仰心だけだ。信仰に従いヴェールを纏い、彼女は貞節を守っている。美しさを隠すのではなく、美しいからこそ隠す。伴侶となる相手以外を退かせるためのヴェール。相手が自分に本気かどうか篩にかけられるヴェールなのだ。私はイスラームのこの考え方が素晴らしいと感じた。日本に生きていると、時折セックスが生殖行為だという事実を忘れてしまう。誰かが「エロい・セクシー」なファッションを好み、自分のために纏うのは素敵だと思う。しかし異性の目を引くためだけにそれを頑張る行動は、イスラームの教えよりも格段に寂しく感じる。私自身が若い頃にそんな風だったからかもしれない。

女2。主婦になりたい少女。彼女はより日本の国民性と近しい考えをもっている。目立つことや、何かを成すことを目的とせず、早々に自分の身の丈を査定して生きている。どこにでもいそうな少女だが、やはり日本との違いは視野の広さだ。自分の信仰を軸に世界との差異を捉えている。だから査定は主観ではなく、客観性を帯びるわけだ。

日本は多神教の国だ。自然の中に神の宿りを信じ、神社に初詣へ行き、お墓参りをして、クリスマスを祝う。既にキリストが入っているのだ、八百万の神の中にアッラーやヤハウェも参加は可能だろう……などという考え方は甘いのか。そして多神教を悪とする宗教もある。自分が受け入れてもらえることを前提に考えを始めるのは危うい。信仰のために、経済のために、政治のために、戦争は続いている。

女3。身体障碍者で車椅子生活の彼女は、おむつをしている。介護者の青年との憎愛にまみれた日常。女優二名で一役を演じた。排泄や淫行に関する直接的な台詞は、発した心情が伝わる前に観客へ刺激を与える。それを避けたかった。車椅子も使わず、二人寄り添って床に座り続けてもらった。役と女優の状況を似せることが、この戯曲の生々しさを損なうと考えたからだ。舞台作品において、演

手前左からこいけけいこ、赤澤ムック、牛水里美、中里順子、中央奥は新井純　撮影＝奥秋圭

出が観客の想像を邪魔することが最もいけない。おかげで強烈な打撃力を生めた。私が伝えたい生々しさは生きた彼女そのものであり、その行為自体ではない。一人の女性を一人で演じないことにより、彼女が健常者ではないこと、過激な行動の裏に切実な思いがあることを描きたかった。

女4。ここまで黙ってインタビューの聞き手をしていた彼女。他の女性たちが立ち去った後に、一人で語り始めてもらった（実際は彼女もインタビューをされた女性の一人なのだが、ここは演出のために創作させて頂いた）。そして改宗をした彼女は最後に、薄い綺麗な色のヴェールを纏う。イスラームは決して遠い存在ではなく、抑圧もされておらず、違う国に生まれた友人のようなものだ、と伝えたかった。

私は、劇作家からのメッセージを、濁りなく日本の観客へ伝えられただろうか。この瞬間にも「今」を切り取る新しい芝居が生まれているのだろうが、もしまた機会があれば是非本作を再び演出してみたい。もしかすると演出よりも積極的な、興行としての立ち上がりをすべきとさえ思わせてくれる。執筆から十年以上の時を経ているが、世界は日増しにこの戯曲を求めている気がしてならないからだ。

本作上演後、フランスとベルギーで顔を隠すヴェールを禁止する法律が施行され、スペインとイタリアの自治体では禁止令が出た。イギリスもヴェール着用について学校管理者と判事の裁量に任せるとする政令を出した。ドイツでは約半数の州で、教員のヴェール着用を禁止している。ヨーロッパでイスラーム過激派によるテロが勃発したために、自衛手段としての意味が大きいのだろう。賛同者の中には、かつての私のように、女性はみなヴェールを被せられ自由意思さえ奪われていると考える人もいるかもしれない。けれど伝統や文化が消滅することは、国や種族が形を失うことと同じだ。たとえそれがどんなに自分の不安を煽ったり、劣って見えたり生理的嫌悪を抱くことでも、非難することは間違いだ。世界中の人間が自分と同じになるなんて無理以前に、なんと奇妙で退屈なことだろう。自分の知らない生き方があることを、素晴らしいことだと捉え、理解を深めていきたい。押し付けでない互いを認め合う理解を。
　最後に、アメリカ在住のイスラーム学者、ハムザ・ユースフの言葉を紹介する。

　個人的には顔をヴェールで隠すことに賛成しないが、ヴェールはイスラームの合法的な伝統である。ヴェールを被る女性の大半は神の命令に従って着用しており、決して夫の命令ではない。数年前にフランスに行ったが、街でポルノグラフィーの大きな看板がかけられていることに衝撃を受けた。女性のヴェールをはぎとって人びとの視線を集めることが文明で、その視線をかわすためにヴェールをかぶることが犯罪なのはおかしい。

　大切なことは、この戯曲にある会話による理解と、共生の精神ではないだろうか。

左手前から牛水里美、中里順子　撮影＝奥秋圭（左も）

新井純

スコット・ランキン＝作　トレヴァー・ジェイミソン＝原案・共同創作（オーストラリア）

『ナパジ・ナパジ』

証言の演劇

和田喜夫（演出家）

『ナパジ・ナパジ』は、一九五三年から一九六五年の十二年間に渡り、南オーストラリアのマラリンガで行われた英国の核実験がどのように行われ、どのような問題を生み続けているかを証言する演劇だ。上演台本は、先住民俳優のトレヴァー・ジェイミソンと白人の劇作家・演出家のスコット・ランキンの共作となっている。上演の形態は、トレヴァー自身が実名で演じる一人芝居を中心に、実在の家族や同族のピジャンジャラの人々の証言や合唱があり、非先住民の俳優も参加するチームだが、公演の時と場所によって出演者も台本も変化しているようだ。

今回の私の上演台本は、大きくは二つの要素で組まれていた。トレヴァー自身の先祖や家族と核実験の話が中心だが、それと併行して一七八八年以降のオーストラリアで植民地政策として白人が行ったことについてのアボリジニの目線からの証言の二つだ。核実験の話は日本の広島と長崎への原爆の話や冷戦の話と繋がり、植民地政

髙田恵篤　撮影＝奥秋圭（左も）

土井通肇

策の話はこれまでの歴史の記述では無視されている出来事、白人の立場から書き換えられた出来事をジョークを交えて証言し、弟ジャンガラが白人が持ち込んだ酒に溺れ、刑務所暮らしを繰り返す原因の証言にも繋がっている。

　これらの全てを日本の観客に明確かつ身近に伝えるには、いくつかの補足が必要だと考え、まず上演台本の作成の段階で言葉の補足をした。多くの日本人にとってオーストラリアは、大自然に恵まれた素敵な観光の地であり、ホームステイの地であり、重要な食糧供給国というステレオタイプの印象に封印されている。マイノリティーの問題はほぼ報道されない。舞台にオーストラリアの地図を貼り、開演前にオーストラリア文化の研究家・翻訳家の佐和田敬司氏に解説をお願いした。そのことで共に感じ、考え合う場を持つことを目標とした。

『ナパジ・ナパジ』の特質は、全編がストーリー・テリング（物語る）の手法で書かれていることだ。このストーリー・テリングこそアボリジニ演劇の要であり、アボリジニの演劇人が再発見し、再発明した根源的な演劇だと思う。観客に直接語りかけるこのストーリー・テリングの重要性を私に教えてくれたのは、現代オーストラリア演劇のリーダーの一人となった劇作家・演出家のウェスリー・イノックだった。ウェスリーの『クッキーズテーブル』やアボリジニ演劇の父と言われるジャック・デイビスの『ドリーマーズ』の冒頭とラストのストーリー・テリングの言葉は比類のない美しさと親しさとポエジーを持っている。

なぜストーリー・テリングが重要かといえば、アボリジニの人々が演劇を選んだ理由と深く結びついている。私なりの要約だが、アボリジニの人々の演劇の目的は、夢や希望を持てない同胞を元気づけること、優越的に存在する白人社会の偏見を取り払うことだ。植民地政策後の打開策を書物に記しても、同胞を元気づけることはできず、白人は読まない。現状を変革できるのは何か？　その答えが演劇だったのだが、欧米の演劇の理論や手法を必死で学ぶ中で、観客との関係を考え、試行錯誤の結論としてストーリー・テリングを選んだのだ。

今回のＩＴＩの企画は、戯曲リーディングという台本を持った形での公演なのだが、演出としてまず考えたのはストーリー・テリングの経験がある俳優に頼みたいということだった。近代劇以降の、客席を暗くし、観客は目の前にいるのに存在していないように演じ、観客が第四の壁を通して覗き見る構造の演劇しか体験したことのない日本の俳優にとって、この戯曲は非常にハードルが高いと判断した。観客と向き合える俳優でなければ、『ナパジ・ナパジ』におけるストーリー・テリングに込められた思いを伝えることは不可能だと考えた。

『ナパジ・ナパジ』が素晴らしいのは、先住民の物語に非先住民の人々も参加し、共有できるような工夫をこらしていることだ。まず多民族の家族的チームを作り、観客と一緒に童謡を唄い、ピジャンジャラ語を観客に発語してもらうなど参加型としたこと、核実験に関わった白人の兵士が、彼らもまた被爆者であると証言することなどによって、この舞台が糾弾ではなく和解によって新たな世界を生み出すためにあることも共有する。今回のリーディングの稽古場では特にその点についての話し合いを重ね、提出の方法を探った。

悲しい出来事は重く表現しない方がよいということも、アボリジニの演劇人から教わったことだ。悲しい立場の人間を傷つけないための重要な方法であり、心構えである。それはまた白人がアボリジニ演劇に関心を持って来場してくれるための、そして入植時において〝世界で最も悲惨な存在〟とされたレッテルを払拭し、同じ現代人であることに気づいてもらうための切実な方法でもある。『ナパジ・ナパジ』はアボリジニの悲しい歴史だけでなく、核実験や戦争によって家族を失った非先住民の母親の悲しさも証言する。そのことで非先住民の観客の先住民に対する偏見が解け、先進国の愚かな優越感に気づいて欲しいという願いが込められている。ストーリー・テリングの演劇が一度に出会える人の数は少ないが、だからこそこの舞台がオーストラリア国内だけでなく、海外においても驚きと、喜びをもって観客と出会い続けているのだと思う。

植民地政策、白人同化政策によるアボリジニの人々の悲しみや憤りを、はたして日本人が伝えることができるのか、上演してよいのかという問いかけは、自分自身への問いとして、アボリジニの演劇人からの問いとして、さらに学者、観客からの問いとして、初めて取り組んだ時には強くあった。この問いへの明確な解答は今も無いが、書かれた戯曲に添うことでアボリジニの演劇人の思いを伝えることができ、またアボリジニの演劇人に、彼等の作品の普遍性を知ってもらうこともできると信じている。無関心や無視が最も残酷なことだと思う。

二〇〇一年に『嘆きの七段階』と『ストールン』のリーディング上演で、初

左奥から伊藤総、明樹由佳、土井通肇、髙田恵篤
撮影＝奥秋圭

めてアボリジニの演劇作品に取り組んだ動機は、私自身の偏見・差別意識を問うためであり、経済中心で物質中心となっている現代の日本への問いかけとなると考えたからだが、ストーリー・テリングという行動を組み入れた演劇の素晴らしさを探究し、共有し、普及したいと思ったからでもあった。あれから十五年以上の年月を経た今、ますます経済格差が拡がり、コミュニティーが崩壊しつつある日本において、ストーリー・テリングが本当に必要だと感じている。ますます派手で華やかに見せる熱狂型のイベントが増え、空前のグルメブームの時代となっている。大きすぎる公共施設が今も各地に建設され、一方では貧困に喘ぐ人々が増えている。この現実の先に何が待っているのか。

現代の日本の大都市での演劇は、個人の才能の展示の道具か、商業の道具になりつつあるのではと思う。ウェスリー・イノックが「白人の演劇には今、観客が見えないのでは」と発言していたが、『ナパジ・ナパジ』は日本の現代劇もその危機にあること、そして根源的で新しい演劇の可能性を私に教えてくれた。

筆者近影（上演後のトークにて）　撮影＝奥秋圭

プラディット・プラサートーン（タイ）＝作

『Destination』

だから、私はここにいる。その意味を見つけるために。

鈴木アツト（劇作家、演出家）

『Destination』は、私にとって忘れられない作品である。なぜなら、初めて演出家として依頼された外部の仕事だったからだ。そして、初めて演出家としてギャラをいただいた作品でもあった。私はその時三十二歳。依頼を受けた時は相当喜んだのではないだろうか。あれから、もう五年もたったとも思うし、まだ五年しかたっていないのかとも思う。

本稿執筆にあたり久し振りに『Destination』を読み返してみて、戯曲の細部を思い出すと同時に、しかし、難しい戯曲だなあという印象を持った。というのは、現代のタイを舞台としながらも、一九七三年と一九七六年の、民衆による政治デモの、軍による弾圧・武力鎮圧を題材にした作品だったからだ。タイ政治の歴史的背景を知らない日本の観客に届けるために、戯曲の普遍的な要素をどう抽出し、どう演劇化するべきか。そういった課題に、稚拙ながらも格闘していた五年前の自分の思考についても思い出すことになった。

私は『Destination』の演出をする半年ほど前に、作者のトゥア（プラディット・プラサートーン）のワークショップに俳優として参加していた。それはタイの大衆演劇「リケエ」を通して、トゥアの演劇の方法を学ぶといった内容だったのが、これが私にとってはとてつもなくおもしろかった。特に、台詞よりも身体表現や歌を重視する手法に影響を受けた。『Destination』の演出の依頼を受け、戯曲を最初に読んだ時、登場人物の一人がリケエの衣装を着ていること、そして、劇中にタイの歌謡曲がたくさん使われていることを知り、まずもって、トゥアのワークショップで学んでおもしろいと思ったことを、そのまんま取り入れることを考えた。それは、今思えば、『Destination』から読み取れるものを演劇化する試みというよりは、タイの戯曲を紹介するにあたって観光的な要素を使うといった方法だったと思う。具体的には、リケエのど派手な衣装を、トゥアに頼んでタイから持ってきてもらい、その登場人物を演じる俳優に着てもらう。そして、歌の上手い俳優をキャスティングし、タイの歌謡曲をタイ語の歌詞で歌ってもらうという方法だった。歌はタイ語で

左から加藤大樹、松浦佐知子、金恵玲　撮影＝奥秋圭

歌われるのだから、歌詞の意味は日本人の観客には伝わらない。しかし、歌のメロディーやリズムと一緒にタイの空気感が伝わる、といった具合だ。

もちろん、今の私も、そういった観光的な要素、もっといい言葉に言い換えれば、文化的な要素を「演出」することも、日本の観客の興味を引きつけるためにはとても大事だと思っている。私はそういった手法の効果を、『Destination』の上演を通じて学ばせてもらったとも思っている。というのは、『Destination』以降、海外戯曲を演出する際に、原語の歌を取り入れるというのが、私の演出の一つのパターンとなったからだ。しかし、もう一度、『Destination』を演出させてもらえるとしたら、タイの空気感は伝えつつ、もう少しだけ深く戯曲を読み込んでみたいとも思う。そもそも、私がトゥアから学んだ、台詞よりも身体表現や歌を重視する手法は、究極的に言えば、日頃の身体訓練が肝だ。プロデュース型の公演ではそれを出演者に求めるのは容易ではないし、何より身体性を見せることが難しいリーディングの公演だった。では、五年前に戯曲をもっと読み込めていたら、私には何が見えただろうか。それを考えてみたい。

五年前も薄々は気づいていたのだが、三人いるメインの登場人物の中で一番重要なのは、ヘンという名前の七十八歳のおばあちゃん

金恵玲（手前）と吉田俊大　撮影＝奥秋圭

である。ヘンは、白鳩が描かれたカバーのついた本を持っている、というのが登場人物の紹介のところに書かれている。つまり、戯曲の一番最初のト書きに、「白鳩が描かれたカバーのついた本」についての記述があるのだ。戯曲の一番最後のト書きは「ヘンはいなくなり、本だけが残されている。ケン、電話をかける。」である。この後、ケンの「もしもし、父さんだけど、あのさ」という台詞が続いて、劇は幕を閉じる。「白鳩が描かれたカバーのついた本」は、作者が語りたい何かであることは間違いない。

白状すると、五年前の私は、この「白鳩が描かれたカバーのついた本」の題名がなんなのか、どんな内容が書かれている本なのか、にあまり関心が無かった。「白鳩が描かれたカバーのついた本」という外見を、単純に、白い鳩だし平和を象徴する何かだと安易に推量しただけだった。ラストシーンではト書きどおりに、「本だけが残されている」ことを強調するため、椅子の上に置かれた小道具の「白いカバーの本」を、サス照明で照らす、という誰もが考えられる演出をして、劇を終わらせた。どういう意味があるかは観客の想像に委ねるという、まあベタな方法だ。

今ならまず、実在する本なのかをすぐに調べることから始まる。実在の本なら可能な限り内容を読むか、タイ語版しかなければ翻訳者に読んでもらって概要を確認するだろう。そして、タイの観客にとってよく知られている本か、あるいは、そうではないのかを確認するだろう。よく知られている本というのは、ある種のシンボルとして、意味を発することがあるからだ。また、劇の中で内容が引用されている場合は、全体の中でその部分がなぜ使われたのか、他の部分がなぜ使われなかったのかを見逃してはならない。そこに劇の作者の意図がある。実在の本ではない場合もあるだろう。その時は、劇の作者が、登場人物の台詞ではない形で、自分の言葉を観客に投げかけたということだから、より丁寧に見なければいけないのかもしれない。

劇中でこの本の中身を、ヘンが読んでいるところが一箇所だけある。「黄金の空が輝くとき……私に見える世界は暗く曇る」。五年前の自分が、この言葉に注目しなかったのが不思議でしょうがない。詩的で深遠な言葉だ。言葉を、文字通りに解釈すれば、「空は明るいのに、自分の視界は暗い」と言っているのだ。これは、タイ経済は発展して、スカイトレイン（バンコクを走る高架鉄道）まで建設される社会になったのに、個人は不幸なまま、という意味にも取れるし、平和になった途端、そのために流された血が忘れ去られる、といったような意味も想起させられる。

この言葉にこだわっていれば、少なくとも、全体の照明に対する演出は変わるだろう。衣装も三人の主要人物のそれぞれにとっての、「黄金の空が輝くとき……私に見える世界は暗く曇る」を表わす衣装にできたかもしれない。この言葉を起点にして、彼らの性格や価値観について出演者と深く話し合うこともできたはずだ。そして何より、我々が今暮らす日本社会において、「黄金の空が輝くとき……私に見える世界は暗く曇る」は、どういう意味を持ちえるか、ということも考えられたのではないか。もちろん、これらのことによって優れた作品になるかどうかはわからない。ただ、今の私は五年前に比べて、そういった戯曲の中の最も大事だと思われる言葉を探し出し、その言葉にこだわって演出をすることをより重視するようになった。よりおもしろいと思うようになった。年月は人を絶えず変えていく。だからこそ、歳を重ねることも悪くない。

この文章を書いている間に、トゥアから「白鳩が描かれたカバーのついた本」について返事が来た。「あの本は特定の本というよりは、自由や民主主義を象徴するものだ。それも六〇年代から八〇年代のあの政治の季節において意味を持っていた本。もし、特定の一冊を挙げるとしたら、この本かもしれない。本の名は、*Chan jung ma ha kwam mai*。『だから、私はここにいる。その意味を見つけるために』」

ヤエル・ロネン&ザ・カンパニー（イスラエル／ドイツ）＝作

『第三世代』

第三世代について

中津留章仁（劇作家・演出家）

ＩＴＩさんから、紛争地域から生まれた演劇シリーズの演出をして欲しいと言われ、渡されたのが、このイスラエル人であるヤエル・ロネン氏の『第三世代』という戯曲でした。私には、ドイツ演劇に造詣が深い新野守広さんが訳した日本語版が手渡されました。その時は返事をせず、取り敢えず読んでみますという曖昧な返事をし、その日は別れました。

この作品は、イスラエル人、ドイツ人、パレスチナ人が合宿のような形で一同に集い、互いの思いなど話し合いながら、ヤエル氏が戯曲におこしたものであるということでした。当時はまだ、ワーク・イン・プログレスの状態で、戯曲としては練り込まれていない部分もあったように思います。

戯曲を一読しましたが、最初は正直ピンとは来ませんでした。ユーモア溢れる戯曲である故、そのニュアンスを掴むのに苦労したのです。ホロコーストの知識ぐらいはありましたが、例えばインティファーダの第一次と第

左から坂東工、木下智恵、吹上タツヒロ、田島亮、阿部薫、屋良学
撮影＝奥秋圭

二次の違いやその背景、あるいはイスラエル軍がパレスチナへ入る際はフムスといってパレスチナ地区にある美味しい豆のペーストを食べに行くくらいの軽い気持ちであるなど、現地の人間にしかわからないユーモアが多く盛り込まれており、そのニュアンスを読み取るのに苦労しました。唯一理解出来たのは、人間の思いだけです。よくわからないニュアンスでも次の台詞がこうだから、きっとこうだろうと仮説を立てて、調べていきました。申し遅れましたが、この作品はドイツ出資で劇場もドイツで行われる作品でした。ヤエル氏はその後ドイツに移住したと記憶しています。話を戻します。そういった経緯の作品であるが故、ドイツ人が多くの観客であることを想定した劇作が施されていると感じました。イスラエルとパレスチナという世界中が最も注目するトピックを扱っていながら、ドイツ国内でのホロコーストの総括が正しく行われてきたか否かの論争が、ユーモアとアイロニーたっぷりに描写されています。パレスチナへの爆撃の悲惨さが体験談として語られる一方で、誠意がある振りをしてイスラエル人のご機嫌を伺うドイツ人の描写や、

もう充分お金を出してきたからいいだろうというドイツ国内右派の発言等が盛り込まれています。それは正に、日韓関係を想起させました。お金では解決しない人間の思いがあるというのが、イスラエル人であるヤエル氏の主張のようにも思え、私自身もその点に深く共感しました。本を読み解いていく作業の中で、その辺りの感触を基により深く読み進めることが出来たように思います。

また、通常自分ではない誰かを演じるはずの俳優が、本人として劇中に登場するというのも、面白い点として挙げられるでしょう。演劇は虚構であることを理解した上で、役名や語られる内容は実話であるという絶妙なバランスを保つことによって、ユーモアやドラマを引き立てている手法には驚かされました。実際にドイツチームの中にはセクシャルマイノリティの方がいて、そのことが劇中でも触れられていますが、これもまた、俳優本人たちが話し合って戯曲を立ち上げるという作業工程だから出来たのかもしれません。

ヤエル氏は、ドイツで大成功をおさめ、チケットがなかなか取れない程の人気振りだと聞いております。彼女の持つ虚実入り乱れた独特の視点は、私が作劇する上で大変参考になったことは言うまでもありません。この戯曲と出会わせてくれたＩＴＩの方々に、心より感謝いたします。

イハッブ・ザハダァ、ムハンマド・ティティ、ラエッド・シュウヒイ（イエスシアター、パレスチナ）＝作

『3 in 1』

俳優、そして演劇の可能性

杉山剛志（演出家）

この作品は、パレスティナのヘブロンに暮らす、ラーイド（ラエッド）、ティーティー（ティティ）、イーハーブ（イハッブ）という三人の俳優が実際の日々の生活の中で経験した出来事や状況、またそれに対してそれぞれが感じたことや行ったことが源となって紡がれた物語だ。

保守的で信仰深い人々が多く暮らし、政治的にも経済的にも非常に厳しい状況にあるヘブロンという街で、社会からその必要性を認めてもらえていない俳優という職業に従事する三人は、日々の生活の中で実現できないことや解決できないことを山ほど抱えている。隣人との問題、妻や家族との問題、習慣、伝統、宗教、社会との間で起こる問題など、様々な局面で彼らは自らの無力さや他人からの無理解や理不尽さに日々苦しめられる。

そんな状況に限界を感じたイーハーブは、共に活動してきたラーイドとティーティーを残し、ヘブロンを出てフランスへ行くことを決心する。しかし、新たな地でも自らを取り巻く困難さは変わらず、恐れと不安を抱えな

がら自問を繰り返す日々を過ごしていたが、ある時ついに彼は最後の舞台に上がる決意をする。そして「死」と「芸術の完成」という両面を併せ持つ現実と虚構の間のような結末を迎える。

ともすれば日本に暮らす私たちにとって遠く無縁の世界の出来事と思えてしまいそうなこの作品を演出するにあたって、当時私は特に二つのことを強く伝えたいと思っていたことを覚えている。先ず一つ目は、俳優という職業に生きる人達の魅力について。そして二つ目は、ヘブロンで起こる日常的な出来事のシーンからスタートした物語が、次第にシェークスピアの『ハムレット』やチェーホフの『かもめ』に登場するトレープレフなどの人物たちが内面に宿すような普遍的な問いや精神性に発展することについてである。

先ず一つ目の「俳優という職業に生きる人達の魅力」について。この物語の中では三人の俳優がヘブロンの抱える政治的・経済的・宗教的な問題に直面する場面がいくつも描かれている。しかし重要なことは、彼らを虐げられている人々として扱い、彼らの悲劇として伝えることではなく、人生における様々な問題や障害に対して彼ら俳優（演劇人）が何を感じ、どう受け止めているのか。そしてそのような現実にどのように対峙し戦っているのかである。彼らの社会や置かれた状況の困難さを表現するよりも、彼らの逞しさや魅力について描くことの方がより重要だと感じたからだ。

彼らの生き方は、時にまるで無邪気な子供のようである。例えば、ラーイドの隣人からの苦情や支払いの取り立てに対する対応の仕方などは、遊び心と活力に溢れ、困難な事態に対してもユーモアと悪ふざけで大胆に切り抜けようとしている。また俳優という職業上、普通の人より繊細であることが要求される為、イーハーブのように多くのことを感じ傷つき悩むことも多く、社会や世の中に存在する嘘や欺瞞にも敏感で憤りや無力感も人一倍痛感する。しかし、周囲の無理解や理不尽な行いに苦しみながらも美しい社会や人間を愛し、傷つき失敗しながらもその理想の実現を追い求めようとする彼らの生き方からは、環境は違えども何か大切なものを私たちは受け

左から廣畑達也、重盛次郎、木野本啓
撮影＝石澤知絵子

取れるのではないかと思う。

そして、二つ目の「普遍的な問いや精神性への発展」について。物語で起こる出来事は、私たち日本に住む者たちにとっては非日常的なものばかりだが、ヘブロンに暮らすパレスティナ人の彼らにとってはごく日常的な出来事や状況からスタートする。予告のないバリケードの設置、女性の舞台出演や女装の禁止、あちこちにある監視カメラの存在などなど、ヘブロン独特の出来事や状況に対して、彼らはどうにか出口を見つけようと戦いもがく。それはやがて彼ら自身の中で、思考の広がりや発展に繋がっていく。例えばティーティーの「人は生きている一生の間、いや死の間際でさえ、眠りというものが一体何なのか、起きているということが一体何なのかを知らず（分からず）にいる……」やイーハーブの「どうしておれは何一つ実現できないんだ？」など、「生きるとは何だ、死ぬとは一体なんだ？」というハムレットの苦悩にも共通するような問いにまで発展する。この人物たちの精神や思考の発展は、全く異なる環境に生きる私たちにとってこの物語で扱われている問題を身近に感じさせてくれるのに役立っているだけでなく、この作品を普遍性あるものにすることにおいても非常に重要な役割を担っている。

物語のクライマックスにイーハーブの印象的なセリフがある。

「演劇、これがおれがしてきた、そしておれにできる唯一のこと、おれが経験しなかった唯一のことだ」と。ここに彼の人間としての新たな発見や成長を見ることができる。彼が人生でこれまで経験してきたことは数多くの限界、敗北、不可能性、見出せない自らの存在意義ばかりである。しかし、様々な困難を経験した後、この瞬間に彼は「演劇こそ、社会の中で人間の精神と人格を向上させる可能性と力を無限に持っているものだ（＝人生では決して経験しなかったこと）」という自らの存在意義に対する強い信念に到達できたのではないだろうか。この作品を制作したラーイド、ティーティー、イーハーブの三人が運営に携わる演劇団体イエスシアターがNO（禁止）しかないヘブロンにおいてYESという肯定的な名前を劇団の名前にし、演劇を通して人々や地域の能力を高めることができると信じて活動を続けているように。

左から廣畑達也、重盛次郎　撮影＝石澤知絵子

アフガニスタン人権民主主義連盟（ＡＨＲＤＯ、アフガニスタン）＝作

『**修復不能**』

アフガニスタン演劇との出会い

公家義徳（演出家）

この原稿を書くにあたって、いまぼくはいろいろな記憶をたぐり寄せています。初めてこの脚本を読んだ時のことや、顔合わせや稽古場での風景、アフガニスタンや中東の歴史を様々な資料から学んでいった時のことなど、ぼくはどのようにしてこの脚本と向き合っていったのだろうかと。ドキュメンタリー演劇と称されたこの戯曲に描かれる世界は、ぼくが生きてきた世界とはまるでかけ離れた、というよりも、想像を絶するほどの痛みや悲しみ、怒り、そして沈黙の言葉に満たされたものでした。脚本に目を通していけば、まさかこれが本当にぼくと同時代を生きる人びとの日常なのかと目を疑うばかりの残酷な風景のイメージが、次から次へと押し寄せてきます。他者によって無残にも命が奪われるという恐怖と隣り合わせの暮らしとは一体どのようなものであるか、ぼくはそれをどのように理解しようと努めたのかをこの機会にもう一度考えてみようと思います。

この物語の作者はアフガニスタン人権民主主義連盟（ＡＨＲＤＯ）と団体名で記されています。実際にはそのグ

ループの中で、ボリビア人とドイツ人の両親を持つヤルマー・ホルヘ・ジョーフリ＝アイヒホルン氏（演出）が中心となり、三十年以上にも及ぶアフガニスタンの紛争における犠牲者たち百数十人からの聞き取りをもとにこの脚本は書き上げられました。出演者は男性三名、女性一名の四人です。驚くべきことに、実際の彼らの舞台には、脚本上の登場人物であり十八歳の時に兄弟三人で拘束され二週間にわたって拷問を受けたことを告白するドクター・シャリーフ氏、その人自身が、男2を演じる役者としてこの作品の舞台に立っているのです。彼の兄は収容所から生きて戻ることはありませんでした。彼は実際に、紛争で六人の兄弟を失っているのです。彼は稽古中（過去の出来事と向き合うあまりのつらさに）何度も倒れてしまったと、来日したヤルマー氏がぼくたちの稽古場を訪れた際に言っていました。それから、アフガニスタンでこの作品を上演する際には決して情報を外に漏らすことはできない、上演情報をかぎつけた何者かが、いつ会場にテロを企てるかわからないから、ということも。この作品をアフガニスタンで上演するという行為は、命の危険をさらすことをも意味するものなのだということをぼくはその時に初めて知りました。そうまでしてやらなければならない仕事、それが彼らの行う演劇なのです。

『修復不能』と翻訳されたこの脚本の原題は『Infinite Incompleteness』。これを直訳すれば「果てなき未完成」ということになります。いつまでたっても完成することのないもの。非常に興味深いタイトルだと思いました。どこまでいっても不完全な人間たちの作りだす絶望的な世界とかすかな未来への希望を描いたこの物語は、やはり人間という不完全な生き物の姿をありのままに描きだしていきます。そして抑圧された人びとの告白によって紡がれたこのノンフィクションの物語は人々の意識を変えていくための武器となっていくのです。絶望的なタイトルでありながらも、その内部はマグマのような熱量で変革への可能性を求めている、それがこのタイトルによく表されているような気がします。

物語中の出来事を頭の中で意味として捉えることはできても、語られる言葉の一つひとつが本当はなにを意味するのか、それを多少なりとも理解できるようになるにはずいぶん時間がかかりました。なぜならば作品の背景となるアフガニスタン（の歴史）をぼくが知らなかったからです。しかし作品の背景が少しずつわかってくることによって、アフガニスタンのいまを描いたこの戯曲はアフガニスタンの歴史をも物語っているのだということに気づかされます。長い歴史の中で、アフガニスタンは時代ごとに大国（イギリスやロシア、アメリカ）の覇権争いに巻き込まれ、分断されて、力ずくで自由を奪われてきたのです。そこで人々は大国から自分たちの生きる権利を勝ち取ろうと共に闘おうとするのですが、いつのまにかそれが民族間の権力闘争となり、同じ国に生きる者同士が殺しあいをするようになってしまったのです。そしてその権力闘争は一部の野蛮な男性指導者たちが中心となり、たくさんの罪のない人びとの生活を脅かしています。権力者が変わるたびにその土地に生きる人びとのルールも変えられ、政治が変われば昨日まで政治犯として捕らえられていた人物は解放され、昨日まで無実だった人間が今日には逮捕されることになってしまうのです。

左から花ヶ前浩一、小山萌子、大久保鷹、大谷賢治郎
撮影＝石澤知絵子

この物語にはパシュトゥーン人、タジク族、ハザーラ族、ウズベク人、と異なる四つの民族が登場します。物語の登場人物である三人の男たちは自分とは違う別の誰かの代弁者となり、各々の民族の言語を使って順々にモノローグを語っていきます。彼らはみなアフガニスタンという国内でイスラム教を信仰する民族ですが、イスラム教にもスンニ派、シーア派と二つの異なる宗派があり、彼らの顔かたちはずいぶん異なります。大まかに言えば、民族によって生きる地域と言語がみなバラバラなのです。

作品冒頭ではまず祈りの呼びかけ（アザーン）が聞こえてきます。そこにロケット弾発射の警告音が鳴る。そこにアフガニスタンの国旗に使われている緑、黒、赤、別々の色の衣服を身に付けた三人の異なる民族の男性が登場し、彼らはめいめいの宗派の様式で祈りを捧げます。その後、妊婦であるブティマール（女性）が登場し、非常に混乱した様子でいなくなった、じぶんの子供たちを探し始めます。これがアフガニスタンの現実を切り取った物語の冒頭です。

この作品は大きな三つの場（幕）からなり、登場人物の男性三人は墓地、建設現場、ゴミ置き場と場面ごとにじぶんの居場所を変えていきます。死体とごみの山であふれたアフガニスタンを新しく再建しようと三人の男たちは様々な身振りを行いますが、結局最後には

ブティマール役の小山萌子　撮影＝石澤知絵子（左ページも）

途方に暮れてしまうのです。

一場では三人の男たちは順番にじぶんと同じ民族の男性の苦悩を語り始めます。

二場では三人の男たちはじぶんと同じ民族の女性たちの苦悩を語り始めます。

三場では男たちは敵対している民族の苦悩を語り始めます。

そしてついには互いに武器を取り、あらゆるものを破壊し、殺し合いとなり、三人とも死んでしまうのです。他者の痛みをじぶんのものとして共感できるからこその、そしてそれを受け入れることができない（許すことができない）からこそ起こるこの現実の悲劇に、ぼくはただ言葉を失うばかりでした。

しかしこの悲劇の物語を力強く支え、希望へ導こうとするのが、女性であり妊婦のブティマールの存在です。各場面の終わりごとに妊婦のブティマールは唄い、そして詩を朗読します。彼女は劇中ずっと、紛争で亡くなった多くの死者たちを数えながら、三人の男たちを見つめています。ラストシーンで彼女は三人の男たちの亡骸を前に子供を産み落とすと、瓦礫の中に見つけたはさみでじぶんの耳と鼻を切り落とし、ついに彼女自身の言葉で語る「犠牲者のマニフェスト」をわが子のために力強く読み上げるのです。「わたしは人間

ラバーブを演奏する佐藤圭一

である、ただ、人間である。わたしは女である。わたしは母である。そしてわたしはおまえがほしい、わが子よ、人間の悲劇の憂き目に遭ったすべての犠牲者たちとともに在り、望まぬ死を遂げた犠牲者たちの眠る、静かな墓標の前で歌うために」と。そしてマニフェストを読み終えた後、彼女はフォルーグ・ファロフザードの詩『だれにも似ていないだれか』をアフガニスタンに生きるすべての子供たちに向けて朗唱します。「あなたたちはひとりぼっちにはならない、わたしたちと声を共にする人が、だれにも似ていないだれかが、近づいてきているから」と。

しかしその希望の言葉を一瞬でかき消すかのように、ブッシュ元大統領の演説「合衆国には、政府の仕組みをだれかに押し付けようとする権利も欲望も意志《たくらみ》もない」続いてオバマ元大統領（上演時点では現大統領）の演説「アフガニスタンとイラクは違う。アフガニスタンとは我々が勝利を収めねばならない戦争である。なぜならそこが三千人のアメリカ人を殺したアル＝カイーダが攻撃の火蓋を切った地だからだ」というこれからも止まぬ戦火を予言するかのような言葉で物語が締めくくられるのです。

二〇一七年八月には、トランプ現大統領はアフガニスタンに派遣する米軍の規模を軍事上拡大する方針に転換したという声明を出しています。

アフガニスタンでの（世界の）紛争が終結しない限り、この物語は永遠に未完のまま書き綴られていくということになるのでしょうか。

カテブ・ヤシン（アルジェリア）＝作

『包囲された屍体』

『包囲された屍体』を演出して

――カテブ・ヤシン 空間と言語を越える劇詩人

広田淳一（劇作家・演出家）

私は二〇一三年に「紛争地域から生まれた演劇5」に参加し、アルジェリアの作家、カテブ・ヤシンの『包囲された屍体』という作品の演出を担当しました。その体験は私にとって非常に困難な思い出として記憶されています。というのも、カテブの描く劇世界はあまりにも不確かな空間と時間を扱っており、また、独立のための紛争の渦中にあるアルジェリアの様子は、日本に生きる我々にとってはもはや現実感を持てないほどの凄惨な状況であったからです。もちろん、大いに取り組み甲斐のある作品ではあったのですが、私たちは戸惑いを抱えながら稽古に臨むこととなりました。当時の私たちに稽古場で何度も場面の繋がり、登場人物たちの心理の繋がりの解釈に悩み、いくつもの壁にぶち当たったことを覚えています。それでもカテブの戯曲の不思議な魅力に惹かれ、私たちは彼の世界にどんどん入り込んでいきました。

カテブ作品の魅力は、なんといっても豊かなポエジーに彩られた目くるめくような劇世界でしょう。彼の作品では登場人物たちが自由自在に場所を行き来し、詩的言語と会話劇とが、あるいは、現在の話と過去の思い出、さらには未来の話までもがシームレスに繋がっていくのです。それは日本の現代劇ではなかなかお目にかからないような、極めて自由度の高いテキストでした。しかも、その特徴的な文体によって描き出されるのはファンタジックな楽園的世界などとは程遠い、哀しみと怒りに満ちた血塗られた世界なのです。しかし、私は描かれている状況に殺伐とした荒涼感を覚えつつも、それとは裏腹に、作品中を流れるとても温かなものを同時に感じていました。それは彼の作品に満ちている独立と愛への意思ゆえだったのかもしれません。『包囲された屍体』では、厳しい戦いの状況の中にあってなお失われない、弱者への慈しみに満ちた眼差しと未来への希望が描かれていたのです。

『包囲された屍体』の舞台となっているのは、独立の機運が高まりつつあるフランス治世下のアルジェリアのどこかの都市、時期的には「セティフ暴動」の前後ということになるのでしょう。けれど彼は、劇の舞台となる場所がどこであるとも、また、いつであるとも明確には指定しません。むしろ作品の冒頭、彼はあえて都市名をいくつも羅列することで、「ここ」がどこであるのかを意図的に曖昧にします。おそらく、そのことによって彼は当時のアルジェリア、あるいは彼自身の中に漠としたまま存在する荒ぶる魂を、そのままの形で舞台に上げてしまおうと目論んでいたのでしょう。

物語は屍体の山から始まります。主人公ラフダルは独立を求めて弾圧された男です。ラフダルは屍体の山の中で負傷しているひとりの男であると同時に、すでに死んでしまった屍体のひとつでもあります。言うなればこの作品は、個人の物語であると同時に独立を求めて死んでいった複数の魂たちによる、複数形の叫びの劇でもあるのです。

左から宮崎雄真、沼田星麻、山森信太郎、浅野千鶴、糸山和則、小角まや　撮影＝山口真由子

この作品を演出する上で重要になったのは、ヒロインである「ネジュマ」という女性をいかなる存在と解釈するべきか、という問題です。ネジュマはラフダルの恋人のような存在であると同時に、「決して愛することはない」とも語られる存在であり、その関係性は単純ではありません。ラフダルは正面からネジュマを愛することはありませんが、また、無視することもできないのです。一体、この女性はなんなのでしょう？　あえて単純化して言えば、ラフダルのネジュマへの思いの複雑さというのは、アルジェリア人がフランスに対して抱く思いの複雑さのメタファーであると言うことができるでしょう。なにせネジュマには、「父の愛人の外国女の娘」という設定が与えられており、物語のラストではネジュマとラフダルの子供がこの国の未来を担っていくことが示唆されるのです。——愛せるかどうか別として、とにかく彼女との間にできた子供がこの国の未来を担っていく。ネジュマという女性は、そういった存在感を持って作品中に存在しています。

やはり当時のアルジェリア人にとってフランスの問題というのはあらゆる意味で大きな存在感を持っていたようです。ネジュマのような擬人化された思いとは別に、フランスという国家への直接的な思い、怒りもまた、ラフダルの同志たちによって語られていきます。友人のひとり、ムスタファーは言います。

ムスタファー………子供の頃から俺たちは、やつらと戦わなければならないだろうと分かっていた。走れるようになるや俺たちは反抗し、地下に潜った。（上演台本より。以下同）

おそらく、当時のアルジェリアの若者たちにとってフランスという国は文化を教えてくれる教師であると同時に、自分たちを貧しいままの境遇に貶め、搾取し、抑えつけてくる存在でもあったのでしょう。その思いは非常に複雑な屈折を孕んでいます。カテブ・ヤシン自身もフランスに留学したのちに帰国、そしてアルジェリアの独立運動へと加わっていく中で自らも逮捕されるという体験をしています。『包囲された屍体』の冒頭に描かれている「セティフ暴動」をはじめ、多くのアルジェリア人達、しかもカテブにとっては「同志」とも言える大切な仲間たちの血が流されたわけですから、彼にとってもフランス人たちへの怒りは決して小さなものではなかったでしょう。戯曲のあちこちにもフランスへの怒り、そしてまた、母国の状況への怒りが滲んでいます。

私は当時の若者世代には二重の「怒り」が存在したのだろうと考えます。ひとつには自分たちを搾取するフランスに対しての直接的な怒り、そしてもうひとつは、それを甘んじて受け入れ続けてきた父以上の世代に対しての怒り、というものです。若者たちはそういった怒りを大きな原動力としつつ、危険を顧みず独立運動へと身を投じていくことになったのではないでしょうか。

ただ、私が『包囲された屍体』という作品の中で最も興味を惹かれたのは、そういった政治的な側面ではありません。むしろ私は、戦いの渦中にあって戦いの外からそれを眺めているような、超然としたカテブの視線に目を見張りました。凄惨な状況の中でも、あくまでカテブの視線は弱きものたちに注がれ、怒りよりも哀しみに物語の焦点は合っていくのです。劇の終盤、ラフダルの友人たちは彼に向かってこう言います。

ハサン…………放っておこう。ラフダルはむなしくも自分の屍体と戦っているんだ。そんな奴がどうして〈俺たち〉についてこれる？

ムスタファー…………そうしよう。あいつにとってはもう〈俺たち〉は木々よりも説得力がないんだ。あいつは、自分の屍体と戦っている。

それに対してラフダルは、

ラフダル…………さらば、同志たちよ！なんと恐ろしい青春を俺たちは過ごしたことか！

と応答します。カテブは実人生においても一時期独立運動に身を投じたわけですが、作品の中において自分の分身たるラフダルを「同志たち」に見限らせ、代わりに「ネジュマ＝フランス」、「父＝父世代」に対する追想へとラフダルを導いていくのです。それは多くの血が流されたあとに訪れる新しい時代へと思いを馳せることであり、怒りと哀しみのあとに来る、次の世代のための想像力なのだろうと思います。私は、ここに政治とは別の文脈で歴史を作っていく演劇の力を感じるのです。物語のラスト、ネジュマとラフダルとの間に生まれた子供アリーは、ラフダルから受け継いだナイフを握りつつ、反抗の心を胸に宿して木に登ります。

ネジュマ……そこから降りなさい！　降りなさいってば！　ほら、降りるのよ。その短刀を渡しなさい。
アリー……これは父さんの短刀だよ。僕の短刀だ。
ネジュマ……それでお前のポケットは苦いオレンジで一杯ね！　そんなの捨てなさい。そのオレンジには毒があるって百遍も言ったでしょ。ほら、降りるのよ。

アリーは降りない。彼はポケットからオレンジを取り出して、パチンコに装着し、観衆の方に狙いを付ける。

部屋にオレンジの雨。

幕が下り、パチンコで何発も打たれる。その一方でコロスの声が遠くでささやく。

コロスの声……民衆の党の活動家たちよ。隠れ処《が》を離れてはならぬ！

暗闇。光。ゴングが鳴り響く。

『包囲された屍体』は、まるで当時のアルジェリアの混乱をそのまま掬い取ったような作品でした。怒りと哀しみ、その他いくつもの語り尽くせぬ感情の渦が、もつれ合いながら高い水準で並列して描かれているのです。そこには、政治史には決して残ることのないアルジェリア人たちの心理的葛藤の歴史が、刻みこまれているのだと感じます。

ウォレ・ショインカ（ナイジェリア）＝作

『狂人と専門家』

『狂人と専門家』はなぜ難解なのか

伊藤大（演出家・劇団青年座所属）

二〇一五年十二月の「紛争地域から生まれた演劇」シリーズ7でウォレ・ショインカの『狂人と専門家』の演出を担当させていただきました。これまでに手がけた戯曲の中では飛び抜けて難解で、いただいた資料や翻訳者である粟《あ》飯《い》原《はら》文《あや》子《こ》さんのレクチャーなどで表現しようとしているものや世界観については大まかな理解はしていたのですが、いざ実際に言葉に接してみるとかなり独特な難しさに思わずたじろいでしまいました。実際のところいちど演出の作業を経た現在に至るもまだわからないところは多々あります。今回はこの難解さについて今一度考えてみたいと思います。

このお話をいただいたきっかけが、ちょうど一年ほど先だってジョエル・ポムラの『世界へ』（訳＝佐藤康）を劇団青年座公演として演出したのを林英樹さんにご覧いただいたことでした。ポムラの作品の視野の広さとやはり他に類を見ない独自の世界観には、魅了もされましたがやはり難解きわまりなくかなり苦労しました。しかし、同じく難解ではありますがポムラが持っている問題意識は間違いなく現代の先進国が直面しているものであり、読み解いていくと政治・経済、社会事象から人間の内面に至るまで、みごとに綾を織った表現としていることがわかります。一見凡庸なやりとりやきわめて観念的な言葉の羅列を伴いながら、世界で起きている事象の深淵までえぐり出す全く新しいスタイルをもった不条理劇でした。ポムラの場合、難解さの原因は劇中にちりばめられた記号のつながり方がかなり解釈を要する次元にあったこと、そしてこの記号をつなげたのがドラマ性を排除した断片であったことなどがあげられます。

ウォレ・ショインカも不条理劇のスタイルで書いているといわれます。なるほど『狂人と専門家』でいえば、ナイジェリアの内戦による荒廃を背景に、戦争から帰還してきた医師が人を救う職業を放棄し専門家＝諜報員となって同じく医師・専門家だった父親を監禁し権力の奥義をつかもうとするという大きな筋立てと、この二人以外にここに登場する四人の物乞い、伝統的な薬草医療を学んだ妹、ほとんど魔術師のような伝統的治療師の老姉妹、牧師など、象徴性を帯びあまり生活感のない登場人物たちは不条理劇にふさわしいものです。別役実氏の戯曲をはじめとしてさまざまな不条理劇に取り組み表現を試みてきた経験から、概念としてはこの世界観はわかります。が、いざこの世界観を表現しようとするとたちまち難題にぶち当たります。例えば、主人公ベロが父親に権力の源泉ともいえるアズ神について尋ねる問答は次のようなものです。

ベロ……………じゃあ、あんたの崇める神は？
老人……………人間性を忌み嫌っている――つまり、肉体を。
ベロ……………何故アズなんです？
老人……………何故って、過去も――今も――ここにあり……

ベロ……やめてくれ！

老人……これでわかっただろう、わたしはお前の救済を不可能にした。

ベロ……何故アズなんだ？

老人……記号。言葉だ。

ベロ……何故アズなんだ？

老人……何かである必要があったのだ。

ベロ……何故アズなんだ？

老人……何百万人もが信奉するとだな……みな恐れをなしたではないか。

ベロ……何故アズなんだ？

老人……この問題をまた始める気か？　一件落着したではないか。判決、精神異常によるもの。おかげさまで。

ベロ……何故アズなんだ？

老人……何故いけない？

ベロ……何故アズなんだ？

老人……誰が知りたいのだ？

ベロ……わたしだ。何故アズなんだ？

左から山賀教弘、名取幸政、カゴシマジロー、青木和宣、沖永正志、荻野貴継　撮影＝石澤知絵子

老人……………お前にとって何になるのだ？
ベロ……………質問に答えろ！　何故アズなんだ？

（『狂人と専門家』上演台本第二幕より）

観念的な次元からかなり抽象的な次元に飛躍した言葉までが立て続けに繰り出され、アズ神の核心を知ろうと食い下がる主人公ベロに対して、彼の父＝老人の方がはぐらかしつつかつては自身が持っていた権力の源泉ともいうべきものをほのめかしている様子が描かれています。同じ質問を執拗に繰り返すことでベロの異常な執着が表現され、老人の答えからは戦争の狂気の中で民衆が求めたものが権力の根拠だったことはわかります。いうまでもなくこれは普通の「会話」といわれるような次元のやりとりではなく、テンションの高さが求められるのですが、それだけでは成立しません。なぜならこの対話をする二人の存在やその目的は具体化しうるのですが、権力の象徴ともいうべき「アズ」という神の存在の措定がどうしても腑に落ちてこないのです。その点に実感を持つことが出来るか、最低限何らかの問題意識を共有することが出来るかがこの言葉たちにリアリティを感じるための必要条件なのだと思います。いろいろとイメージを膨らませようとしたのですが、今の日本人にとっては難しい課題でした。アズ神自体がナイジェリアの部族信仰に基づいているのですから、信仰の土壌や信仰のあり方をイメージすることが困難なわれわれにとっては当然です。そして、この戯曲にはこうした道具立てがほかにもかなりあるのです。

例えば薬草による伝統的な治療を施す二人の老女。薬草について学ぶシ・ベロに対し彼女の兄が帰ってくるのを予言する言葉はこうです。

イヤ・アバ……あの人は帰ってくるさ。兄上、それに父上も。あそこには二人を縛り付けるものがありすぎる。呪われた土地では、肉体ではなく、精神にとらわれてしまう。手を見せてごらん。

シ・ベロの手をまじまじと見て、突然噴き出す。

この手はまだ経帷子を着せられる手じゃないね。誰かが戻って、すぐにでも椰子酒を飲むことになるよ。

このイヤ・アバとイヤ・マテという二人の老女は大詰め、ベロによる権力の簒奪が成功しようかというときに薬草小屋に火を放ち、その試みに抵抗しようとします。そのとき彼女たちが頼りとしているのは土地の伝統に根ざす薬草です。やはりアフリカ固有の共同体信仰に基づく力を、現代の日本でイメージするのは難しい。

このように、この戯曲においては劇世界の土壌にアフリカ固有の風土性が根ざしており、現代に生きるわれわれにとって共通の問題である「独裁的権力」や「戦争の狂気」を突き詰めていくときにも、この特殊性が鍵となってくるのです。おそらく、その点がこの作品をいやが上にも難解な相貌をまとっている

左から青木和宣、沖永正志、荻野貴継、カゴシマジロー、横堀悦夫、久松夕子、水嶋カンナ
撮影＝石澤知絵子

ように見せる原因なのではないでしょうか。

とはいえ、「独裁的権力」も「戦争の狂気」もその源泉は人間の奥底に眠る、決して理性のみでは語り尽くせない神秘性を帯びたものであることは確かです。危険であることがあるとわかっていても、人類は「独裁的権力」や「戦争」という同じ過ちを繰り返してきました。これは究極の非合理的な行動です。とすれば、ショインカがアフリカ土着の信仰という理性では割り切ることの出来ない非＝合理をもってこれらに切り込んでいったことは戦略的には充分に合理的なことだったのかもしれません。なるほどショインカの特異な世界観を一番的確に表現してくれたのは、合理性だけでは割り切れない感性にダイレクトに訴えかけてくる和田啓氏によるパーカッションの生演奏でした。

海外作品に取り組む際は彼我の共通点に着目するよりも、むしろまったく違う特殊性を極めていった方が結局は一巡りして普遍性に至るというのが演出家としての私の信条です。一見難解なショインカ作品も、この特殊性を掘り起こし的確な表現をして挑むべき余地は大いにあるのでしょう。模索の道はこれからもまだまだ続きます。

左から久松夕子、水嶋カンナ、横堀悦夫、松熊つる松　撮影＝石澤知絵子

ロディ・ヴェラ(フィリピン)=作

『イスマイルとイサベル』

観客はみな、当事者であることから逃れることができない

立山ひろみ(劇作家・演出家)

ロディの『イスマイルとイサベル』を読み返すと、あらためて鳥肌が立ちます。リーディングの演出を、そして、これは〝音楽劇〟なのです。と、最初にお話を頂き、リーディングなので、もちろん稽古期間等の制約もありましたが、考えられるベストの出演者に集まって頂き、〝音楽劇〟のリーディング、の形を模索しました。

私たちは、フィリピンのコトをどれだけ知っているでしょうか？　いくらインターネットが普及しようが、肌感覚で、〝他国のコトが解る〟と考えるのは傲慢だと思うのです。私たちは、いつでも、圧倒的に〝知らない〟。フィリピンは、日本には本当に縁のある国です。それでも、〝知っている〟コトは断片的な情報です。

リーディングを演出する際、ロディの作品に対峙する際、ロディの作品を通して、フィリピンのおかれている状況、世界に対峙する際、いろんなコトを調べ、時には翻訳の珍田真弓さんに、稽古場に足を運んで頂き、わからないコトを質問したり、フィリピンのお話を伺いました。

私は、作り手は、常に作品に誠実に向き合うべきであると考えています。私の当時の結論としては〝圧倒的にわからないコト〟を〝わかったフリしてやる〟のは一番さけるべきだというコトでした。失礼だと思うからです。それを、稽古中にメンバーとも共有し、〝わかったフリしてやらない〟というコトを徹底しました。本番を観て頂けた方には、伝わったのではないかと思いますが、私はほとんど、そこに描かれている、「愛」を中心に演出させて頂きました。なかには「危機」や「死」の匂いが少ないというご指摘をいただくコトもあるかもしれませんが、それを深めるためには、リーディングという形式には限界があり、すべての要素をまんべんなくやるコトが上演にとってベストだと思えなかったというのはあったかと思います。

ロディのテキストは素晴らしいです。この素晴らしさを、しっかり伝えるためには、リーディングという表現形態の原点に戻って、しっかりテキストの魅力を伝えるコトに集中しようと考えました。また、〝音楽劇〟というのが、このテキストの表現される形態であり、そこにも、作者の意図があります。ミンダナオの伝説など、たくさんの物語が、こどもたちを支え、奮起させ、物語の推進力になっています。なので、音楽劇のリーディングとできるよう、関根真理さんはじめ、出演者に作曲をお願いし、ほぼ全員が演奏も兼ねる形でのリーディング上演としました。

この作品の初演は、ロディがPETAのために書き下ろしたそうで、上演後のシアタートークでご本人が話されたように、若い方たちに、ミンダナオの紛争について伝えるという企画意図があったようです。そのため、私たち戯曲を読む読者にも、同じように、いつの間にか、〝知っていく〟というプロセスが入ってきます。しかし、教育という側面だけでなく、芸術性、普遍性の高い作品です。

この作品を通して、私たちは、そこに、一瞬ユートピアのようなモノを見ます。もう、失われてしまった。イスラム教徒とキリスト教徒とが、仲良く暮らす〝ダリガウェン〟の村。そこにあるモノは、今、この世界に、あればいいと心から思えるモノであり、失ってからは、また、育むのに、大変な時間がかかるであろう、モノ。もう幻のようなモノです。ちなみに、ロディも、〝ダリガウェン〟に関しては、架空の村なのかと思っていたそうですが、実際に実在した村だったそうです。

最後のシーンでは、こどもたちが、「ノックしよう」と言い始めます。観客の前でたくさんのドアをたたきます。その場にいる誰も、そこから逃れることはできません。私たちは「ノック」されます。自分たちの村を奪われた、土地を奪われた、親を奪われた、なくした、LOSTしたこどもたちが、「入れてくれませんか」「誰か知りませんか」「私たちの家です」ノックをしてまわります。そこまで歌と演奏で表現されていたものが、突然演奏が終わり「誰もドアを開けてくれない。眺めてるだけ」「動こうともしない。関心がないみたい」「眺めてるだけで、誰も行動に移そうとしない」そして、「考え中なのかもしれない」と。最後に「きっと考え中なんだね」「きっと考え中なんだね」と言って、セリフはとじられ、こどもたちは静かに立ち上がります。

いま、まさに、私たちが言われているのだと思います。

この少年少女たちの問いかけに、私たちは、一瞬で、いままで観てきたパフォーマンスの当事者にされてしまいます。みごとだなと感動しますし、声に出して何度か読み返しましたが、涙があふれます。そこまでにも、ここに至るまでに、登場人物たちは、物乞いとして、観客に話しかけてきました。冒頭からしてそうで、まず、観

左からHiRO、伊東沙保、高橋牧、近藤隼、岩澤侑生子
撮影＝鈴木淳

客席から、実際に、マニラでも見られるそうですが、こどもたちが、施しを求めて歩き、観客に話しかけます。劇中で何度か、観客席に話かけ、観客席と、物語、物乞いとしての語り、登場人物、という関係が、何度もおり合わさり、いつの間にか、このラストの構造の説得力を最大のモノにしています。

ロディ自身にも、ロディの作品にも、学ぶことが多かったです。この作品を演出させて頂いたことを感謝しています。演劇には、確かに、テレビやインターネットのニュースだけでは判らない、真実の一片を見せる、考えさせる、伝える、力があります。ぜひ、『イスマイルとイサベル』を声に出して、読んでみてください。想像してくださ い。あなたも、もう、当事者であることから、逃れられないはずです。

ヤーセル・アブー＝シャクラ（シリア）＝作

『夕食の前に』

世界の縮図としての演劇だとするなら、この演劇の描く世界に希望はあるか

シライケイタ（演出家・劇作家・俳優）

この作品の演出を担当することになった時、途方に暮れた。

シリア人作家の紡ぎ出す言葉を語る資格が、現在の日本人にあるのだろうか。

言葉の起点が、あまりにも僕たちと違いすぎる。

想像力で補うには、僕の想像力は余りにも貧弱だった。

言葉の向こう側には、暴力と、絶望と、憎しみと、死が無数に横たわっている。そして、それらを突き破るような、愛情への飢え。

壮絶な戯曲だ。

この作品はタイトル通り、夕食の前の出来事だ。

夕食の支度をする前の母親と息子が、ひたすら話をする。死んだ父親の話、映画の話、息子の日常の話、外で繰り広げられている戦闘の話、そこから母親の過去の浮気の話といったタブーにも切り込んでいく。お互いがお互いのタブーに食い込み行き場がなくなると、母親はその場から逃れようとするかのように、夕食の支度をしに台所へ行く。

しかし、どうしても夕食を食べることはできない。母親が夕食を持ってテーブルに着くと舞台上の時間が巻き戻され、夕食の支度をする前に戻るのだ。

そして、夕食の支度をする直前の会話から再び始まる。さっき夕食の支度をしに逃れることで避けた会話を再びしなければならない。そしてその会話は、先ほどとは違う展開に、先ほどよりももっと深くお互いの内面に食い込んでいく。

この巻き戻しが、芝居を通じて何度も繰り返される。つまり、この母子は永遠に夕食を食べることができないのだ。永遠に、お互いの内面に食い込む会話を続けるしかないのだ。余りにも悲劇的で、余りにも喜劇的で、余りにも絶望的で、そして演劇的な企みに満ちた戯曲である。

左から蓉崇、白井圭太、伊藤弘子
撮影＝石澤知絵子

基本的には母と息子の二人の会話のみで進む芝居なのだが、もう一人、台詞はないがＤＪという出演者がいる。ＤＪは常に舞台奥のＤＪブースに鎮座している。このＤＪが音楽をかけると、その音楽にのって時間が巻き戻される。劇中幾度も出てくるト書きを以下に引用してみる。

母親は台所に夕食を作りに行く。ナーセルは鏡の前で髪を整える。母親が食事を持って台所から出て来ると、ナーセルは母親と一緒にバルコニーに行く。彼らの動きはルーティン的でわざとらしい。彼らが食べるために着席すると、ＤＪコーナーがライトアップされ、ステージの他の部分が暗くなる。オーケストラが演奏を始める。そこからシーンが巻き戻され、母親が夕食の支度に行く前に戻る。登場人物たちの動きは、見る者に早回しのビデオを見るような気持ちにさせる。ステージは二秒暗くなり、登場人物たちは夕食の話をする前に戻る。（上演台本より）

つまり、親子に夕食を食べさせないのは、このＤＪの意志によるものである。とすると、時間と空間を意のままに操るこのＤＪは「神」ということになる。そう。この親子が会話を続けるのは、神の意志である。神の意志によって、二人は夕食を食べることができず、常に夕食の前の時間を生き続けている。

このＤＪが、舞台を司る演劇の「神」なのかアッラー（私は、作者がイスラム教徒なのかどうか知らない）なのかは分からない。そして、それはどうでもいいことだ。重要なのは、この作家が強烈に「自分の意のままにならない大きなもの」の存在を信じ、描いていることであろう。それは、シリア騒乱という、およそこの世で起こりうる最大の悲劇を目の当たりに生きる作家にしてみれば、不思議なことでは無いのかもしれない。

しかし、この「神」も絶対的な存在では無かった。

息子がＤＪを殴り倒してしまうのだ。そしてその後は、息子がＤＪブースを支配する。

ＤＪブースでミキサーをいじり、その後の時間と空間を息子が支配するのだ。つまり、息子自らが「神」になることを選ぶ。

そうして母親の動きを縛り、動けない状態にして、罵倒の限りを尽くす。

自分の精液を母親に見せつけ、自分は一瞬にして五億人を殺戮することのできる破壊者だと叫ぶ。創造主であると同時に破壊者であると。

途中から全く意味不明の劇中劇が息子によって上演される。

たった二人の出演者しかいない舞台上は、混沌と混乱の極みだ。

母親の自由を縛り、見たくないもの、聞きたくないものを浴びせ続け、傷つけ続ける行為は、戦争行為のメタファーとして強烈だ。

他者の自由を奪い、踏み込み、蹂躙し、殺す。人間の生み出した最大の狂気。悲しみと憎しみの連鎖。この世の絶対悪としての戦争。

舞台上の混沌と混乱はそのまま、世界の混沌と混乱だ。息子自身が「神」になり、この混乱を引き起こしているということは、シリアの内戦もまた「神」の意志によるものだ、ということになるのか。だとするならば、この世界にもはや「希望」はないのだろうか？

演出家としてこの作品に向き合いながらそんなことを考え、絶望にも似た思いを味わった。

この芝居のラストで息子は、母親が気を失うまで殴打する。家庭における最大の悲劇である。

家庭内の最大の悲劇が、この世の最大の悲劇に重なる。

母親が気を失った後、息子がＤＪブースのミキサーを破壊して、この芝居は終わる。

ミキサーが破壊されたということは、その後この家庭には「神」は降臨しない。

この行為は、戦争を作り出した「神」への否定なのか、自分たちの意志で時間と空間を生きるのだという意思表示なのか、はたまたこの世界そのものに対する絶望からなのかは分からない。おそらく、そういった全ての思いのこもった行為なのだろう。


我々がリーディング上演した時、私は、読み終わったページを舞台上に一枚ずつ捨てていくという演出をした。俳優の足元に死屍累々と重なり、横たわっていく文字たち。その文字たちは、作家の絶望であり、シリアの屍であり、そして一縷の希望でもある。それらを踏みつけにしながら俳優は作家の文字を読んだ。その事で少しでも作家の痛みを共有できないかと思った。共有できたかどうかは分からない。それでも、紛争地域から生まれた言葉を読むことが、少しでも、人類の希望に繋がる行為だと信じたい。

白井圭太（左）と蓉崇　撮影＝石澤知絵子（左も）

伊藤弘子（手前左）と蓉崇、奥に白井圭太

イスマエル・サイディ（ベルギー）＝作

『ジハード』

隣人を想像してみる、演じてみる

瀬戸山美咲（劇作家・演出家）

『ジハード』の戯曲を読み始めて最初に抱いた感覚は「遠くない」というものだった。ベルギーで生まれ育った移民二世のムスリムがテロに参加する話だと事前に聞き、過激なものを想像していたのかもしれない。しかし、それは偏ったイメージだった。そこに書かれていたのは、私たちと地続きの世界で生きる人たちの姿だった。彼らが友人たちと冗談を言い、笑い合う様子は私たちのそれとよく似ていた。主人公たちの愛するカルチャーとして『ドラゴンボール』やゲームの『コール・オブ・デューティ』やエルビス・プレスリーなど、聞き慣れた固有名詞がたくさん出てくるのも親近感につながった。

しかし、読みこむうちに最初の印象は反転していく。『コール・オブ・デューティ』に出てくる敵は「彼ら」のような顔をしていた。エルビス・プレスリーは（ムスリムの敵だと彼らが思い込んでいる）ユダヤ人だからファンをやめる必要があった。『ドラゴンボール』の絵を描くことは教義上許されないことであった。彼らの置かれている状況は、想像以上に複雑だった。親はモロッコからやってきたが、彼ら自身が生まれたのはベルギーである。しかし、ベルギーの社会は彼らを「移民」として区別し続ける。また、彼らはムスリムだが、コーランを読んだことはない。だから、自分たちがしてはいけないと思っていることについて、その根拠を知らない。彼らはベルギーの社会にもムスリムの社会にも、はっきり属することができていないのだ。アイデンティティと居場所の問題は、どの国でもどの宗教でもどのコミュニティでも存在する。そういう意味でこの作品は普遍性を持っている。宙ぶらりんな彼らが、確かなものを求めてテロリストになろうとする姿はとても悲しい。

果たして、この作品と私たちの距離は近いのか遠いのか。私と俳優は、最初の本読みでこの作品のわかる部分とわからない部分についてひとつひとつ確認した。わからない部分、特にイスラムに関するセリフや行動については注意深く話をした。そして、安易に自分たちの知っているものに置き換えないことにした。私は以前、自分の主宰する劇団の作品でムスリムの人物を登場させたことがあり、そのとき、日本在住のムスリムの方にお話を伺ったことがあった。そのとき、日本で生まれ、無宗教に近い環境で育ってきた自分とは「神」の概念がまったく違うこと、またそのことによる人生観の違いを知った。しかし、言葉ではなんとなく理解できても、感覚として理解するのは難しかった。『ジハード』においても同じだった。

しかし、これは演劇だ。「わからない」ものだからこそ、演じてみる意味がある。登場人物になってみるという体験は、私たちと「描かれていること」の距離を明確にしてくれるだろう。すべて理解できなくても、できる限り他者を想像すること。そのこと自体がこの戯曲が内包する重要なテーマだった。

最初の本読みのあと、私はベルギーへ行った。作者のイスマエルさんが演出家に会いたいと言ってくださったからだ。彼はこれまで、この作品を慎重に上演してきた。二〇一四年の初演のあと、二〇一五年十一月にパリで、二〇一六年三月にブリュッセルでテロが起きてしまった。そして、今も世界各地でテロは起き続けている。『ジハ

左から日下部そう、盛隆二、本折最強さとし　撮影＝石澤知絵子

ード』は注目を集め、上演依頼が殺到した。しかし、彼らは自分たちの目の届く範囲だけで上演を重ね、七万人以上（二〇一六年時点。現在は四十万人以上）の人にこの作品を見せてきた。とても地道な活動だ。その作品を日本でリーディングすることを許可してくれたのは、異例のことだ。国際演劇協会のみなさんの熱意が伝わって実現したことだと思う。任せるからには自分たちがどんな想いでこの作品を上演しているか知ってほしい——イスマエルさんの強い想いを感じながら、私は彼に会いに行った。

ベルギーでは、実際の上演も観ることができた。それはブリュッセルから車で一時間ほどの人口三万人弱の町・サンブルヴィルの市民ホールでおこなわれた。一日二回公演で、昼は十四歳から十六歳までの地元の学校の生徒向け、夜は一般客向けだった。私は昼の回を観た。上演が始まり、まず驚いたのは、予想以上に笑いが起きていたことだった。台本にもすでに笑いが織り込まれているのだが、俳優の存在そのものが笑いを呼び起こしていた。俳優たちはときにスタンドアップコメディのように客席を向いて演じた。すると、だんだん彼らが身近な友達のような気がしてくる。そして、彼らとすっかり仲良くなったのち、彼らは状況的に追い込まれ、これまでの人生の苦しみを告白し始める。笑っていた分だけ、泣きたくなった。

上演が終わると、今度はひとりの女性が舞台上に上がった。彼女はイスマエルさんたちのツアーに帯同して、自分の経験を話しているという。彼女は息子をシリアの戦闘で亡くしていた。ベルギーにいた頃、息子は引きこもりがちだった。しかし、ある日突然行方不明になってしまったのだという。それから三日後、息子から「シリアにいる」という電話が来た。彼女と夫は大変な衝撃を受けるが、どうしてこんなことになってしまったのだろうと自分たちを責めることしかできない。そして、三ヶ月後、見知らぬ男から「おめでとうございます。息子さんは殉職しました」という連絡が来た。

息子はリクルーターのすすめでシリアに渡り、ＩＳの戦闘に参加していた。リクルーターの「君の居場所はここではない。シリアに行って同胞のために戦おう」という言葉に惑わされた。リクルーターはその後逮捕されたが、息子の命は戻ってこない。今、ベルギーには彼女たちのような親たちが集まって思いを分かち合うグループがいくつかあるのだという。

私は、客席を埋め尽くすティーンエイジャーたちを見た。今、ここにいる子供達に芝居を見せること、そして彼女の話を聞かせること。その意味をあらためて感じた。

上演後、イスマエルさんに話を伺った。まず笑えたということを伝えると、笑いの要素はとても大切していると話してくれた。感情を揺さぶり、最後まで飽きずに観てもらうことが重要だと彼は考えていた。しかし、笑いだけではもちろんない。『ジハード』に描かれているのは、彼自身の切実な思いだった。移民二世である自分は、自分がなぜこの国にいるのか説明できないこと。自分たちは「見た目」という一生剥がせないレッテルを貼られていること。一方で、自分たちもほかの人を差別しているときがあること（実際、劇中で女性について偏見を持って話すシーンがある）。彼は白黒はっきりしない現実を見つめ、自分の罪も受け止めた上で、少しでもよき者であろうとする人だと思った。

イスマエルさんと会った次の日、私はブリュッセルの移民の人たちが多く暮らす二つの地域（モレンベークとスカールベーク）をめぐった。モレンベークはパリ同時多発テロの実行犯が、スカールベークはブリュッセルで起きた連続爆破テロの実行犯が潜伏していた地域だ。しかし、当然のことながら、実際に足を運ぶとどちらも平穏な住宅街だった。この何の変哲もない街のアパートとテロリズムがつながっているからこそ、問題の根は深い。人を疑う気持ちがコミュニティを分断してしまう恐れもある。だからこそ、『ジハード』のような作品を通して、隣人を想像することが大切なのだ。集まり、対話する機会を持つことが必要なのだ。

日本に帰ってきて、翻訳の田ノ口誠悟さんと俳優たちと台本の改訂を進めた。登場人物たちは日常の延長でシリアに渡り、テロに参加してしまう。だから、会話は極力自然なやりとりでなければならなかった。

演出はリーディングの域を少し出てしまうことは承知で動きを取り入れた。イスマエルさんのセリフは「身体」で書かれたセリフだと感じたからだった。登場人物たちは過去の英雄でもなんでもなく、

日下部そう（中央）と盛隆二　撮影＝石澤知絵子

今、ベルギーで生きている友人なのだということを意識した。さらに、イスマエルさんたちにならって、お客さんに向けた演技も入れた。客席から笑いが起きたときはほっとした。

上演を終えて、「距離」についてあらためて考えている。私たちは、今回のリーディングを通してベルギーで暮らす若者のことを少しだけ想像した。でも、それはヨーロッパのできごとだから想像できた部分もあるかもしれない。今も西欧諸国で起きたテロ事件の報道を見るたび私はショックを受ける。日本でも同じようなことが起きたら……と想像するからだ。しかし、中東で起きているテロはどうだ。ちゃんとひとつひとつの事件を私は想像しているだろうか。同じ地平で起きているものだと意識しているだろうか。とても自信がない。

でも、演劇を通せば、少し感じられるかもしれない。今回の作品は私にとって世界への入口だった。これから、もっと手を伸ばしたい。

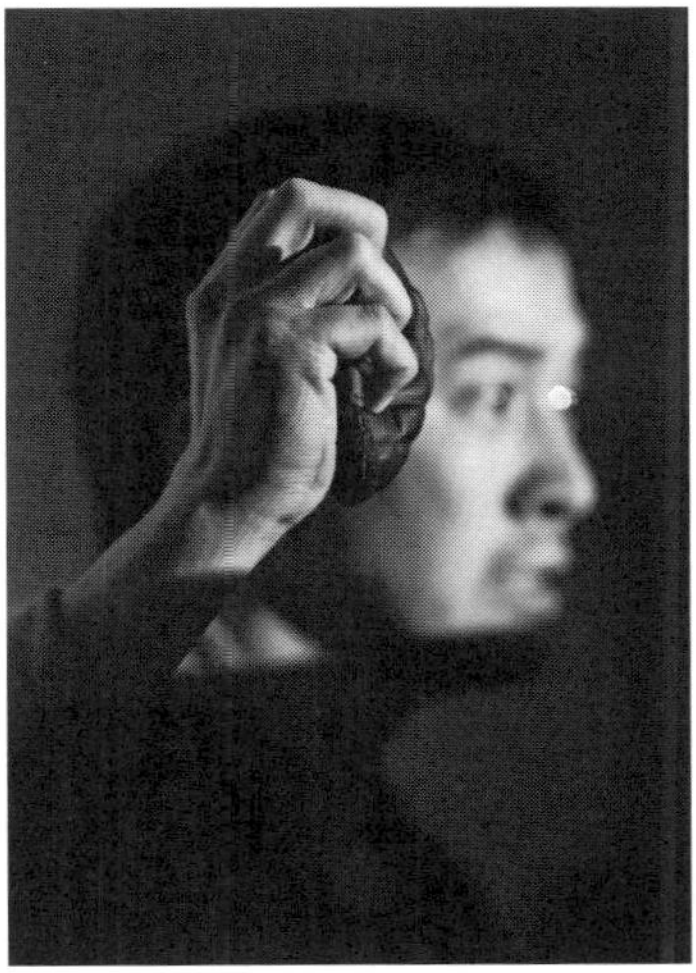
イスマエル役の日下部そう　撮影＝石澤知絵子

Part 4

作家たちからのメッセージ

『ナパジ・ナパジ』

スコット・ランキン（オーストラリア）

Scott Rankin

オーストラリアのビッグ・ハート（Big hART）から、そして私たちの国の最も隔絶したいくつかの地域から、ご挨拶します。七十年にわたるあなた方の精力的で素晴らしい仕事に、感謝しています。

エドワード・サイードによって、「国とは語りである」という真実は、広く知られてきました。各世代の人々には、自分たち自身の一章を書き加え、新しい未来を創るチャンスがあります。あなた方の仕事は、新しく、より平等な語りを、紛争地域の物語から湧き出させるものです。それは尊く、きわめて重要なものです。なぜなら、物語を書き、その結果、未来を語るのは、「勝者」ではないのだということを、肝に銘じなければならないからです。誰もが、未来を創る物語に関わる権利を持っていなければなりません。これが、「文化的権利」の真に意味するところです。

私たちの組織ビッグ・ハートは、「もし誰かの物語を知っていたら、その誰かを傷つけられなくなる」という言葉を、モチベーションにしています。だからこそ、私たちは、社会の周縁にある見えない物語を、語ろうと努め

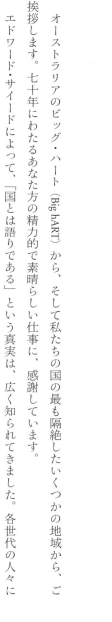

るのです。あなた方の仕事である、紛争地域の物語を語ることは、きわめて重要です。その仕事がなければ、そのような物語は目に見えないままであり、危険に晒された人々はさらに苦しむことになるでしょう。あなた方の七十年の実践の中での誉れある業績を、私たちは称えます。

プロフィール

ビッグ・ハート（Big hART）の創設者の一人で、クリエイティブ・ディレクター、CEOをつとめる。ビッグ・ハートは数々の賞を受賞した社会実践型芸術集団であり、二十五年にわたり、演劇やドキュメンタリー、音楽、ヴィジュアルアーツを用いて、不当な出来事についての物語を語ってきた。中でも賞を受賞した演劇プロジェクト『ナパジ・ナパジ』は、一九五〇年代、六〇年代に自分たちの土地で核爆弾を炸裂させられた、中央オーストラリアのピジャンジャジャラ・コミュニティとともに制作された。

ビッグ・ハートの上演作品

『スケート』メルボルン、二〇一七年十月
『サムライ・ディッガー』キャンベラ＋奈良、二〇一五年十一月
『スキームの中の亡霊たち』キャンベラ、二〇一五年九月
『ブルー・エンジェル』ホバート、二〇一五年三月
『突き出た腰骨』メルボルン、二〇一四年十月
『ナマジラ』シドニー、二〇一〇年九月
『ニュントゥ・ナリ』シドニー、二〇一〇年五月
『ナパジ・ナパジ』メルボルン、二〇〇六年十月

翻訳　佐和田敬司

『Destination』
プラディット・プラサートーン（トゥア）（タイ）
Pradit Prasartthong（TUA）

私の戯曲『Destination』をＩＴＩ日本センター主催「紛争地域から生まれた演劇４」に加えていただいたことを大変に光栄に思います。演劇は人々の生活、社会、そして人間の世界を反映するものだと私は考えています。この世界は依然として紛争に満ちていることは認めなければなりませんが、人々が理解し合うための最も優れた手段の一つが演劇なのです。

アーティストとして、私たちは希望と激励を唱えながらも、事実に正直でなければなりません。演劇そのものはこの世界を変えることはできない、しかし人間の考え方を変え、希望を抱き、よりよい生活のために戦い続けるようにと人々を鼓舞するのだと言った人がいます。

「紛争地域から生まれた演劇」プロジェクトは、貴重な使命を果たしてきました。そして紛争地域が存在する限り、この使命が存続されることを祈念します。

プロフィール

バンコクの劇団マカムポン（Makhampon Theatre Group）のディレクターを三十年に渡って務め、その間、地方及び都市部の草の根コミュニティと活動を共にし、社会的立場の異なる人々への支援としての演劇ワークショップや公演を通して、アーティストや学生たち、中産階級コミュニティを巻き込むネットワークを構築した。二〇一二年、劇団マカムポンを離れ、劇団アナッター（ANATTA theatre troupe）を設立。二〇〇二年からバンコクシアターネットワークの事務局長も務めている。

二〇〇三年－二〇〇七年に公益財団法人せたがや文化財団世田谷パブリックシアターが主催したアジア現代演劇コラボレーションプロジェクト「Lohan Journey（ローハン・ジャーニー）」に十五人のアジアの演出家と共に参加。二〇〇四年のアジアン・カルチュラル・カウンシル（ACC）ニューヨークのグランティでもある。

二〇〇四年、タイ文化省現代芸術文化事務局（The Office of Contemporary Art and Culture（OCAC），Ministry of Culture, Thailand）により、現代舞台芸術部門では最初のゴールデンアーティスト賞（Silpathorn Award）受賞者に選ばれた。また、日本財団アジア・フェローシップ（APIフェローシップ）により、二〇一一年から二〇一二年の一年間、東京に滞在した。ニックネームは「トゥア（TUA）」。

過去の公演（受賞作品）

二〇一〇年十一月『Destination』（行き先）

どこに行くとも知れない電車になぜだか乗り合わせた、タイで起きたそれぞれ異なる政治的紛争を生き延びた三人の登場人物の芝居。バンコクシアターフェスティバル（BTF2010）「最優秀演劇作品賞」受賞。日本語に翻訳され、東京芸術劇場で開催された国際演劇協会（ITI）日本センター主催「紛争地域から生まれた演劇4」においてリーディング上演された。

二〇一五年五月『Dragon's Heart The Musical』（ミュージカル　ドラゴンハート）

生涯を社会経済の発展とタイ社会を非暴力的に民主化するために捧げながら、政治的紛争のために母国で暮らすことも死ぬこともできなかった男の史実に基づいた作品。国際演劇評論家協会（IACT）タイセンターによる「2015年最優秀ミュージカル脚本賞」受賞。

二〇一六年十月『A Nowhere Place』（どこにもない場所）

一九七六年十月の虐殺における犠牲者と殺人者の記憶を語る芝居。国際演劇評論家協会（IACT）タイセンターによる「2016年最優秀戯曲賞」候補作品。

翻訳　千徳美穂

『**第三世代**』

ヤエル・ロネン（イスラエル／ドイツ）

Yael Ronen

私たちのDNAには、生き残るために移住を決意した祖先の物語や戦争の記憶が情報として刻み込まれています。アイデンティティ・ロール・プレイでは被害者と加害者が常に入れ替わり、自分自身を捉え直すことにつながります。いかなる場所に生まれ、育ち、どのような個人史を持っていたとしても。たとえあなたが、生き残った体験など自分とは無縁だと思っていたとしても、この作品の中に人間の在り方を見たのなら、このメッセージを読んだなら……あなたはきっとそれを体験したのです。

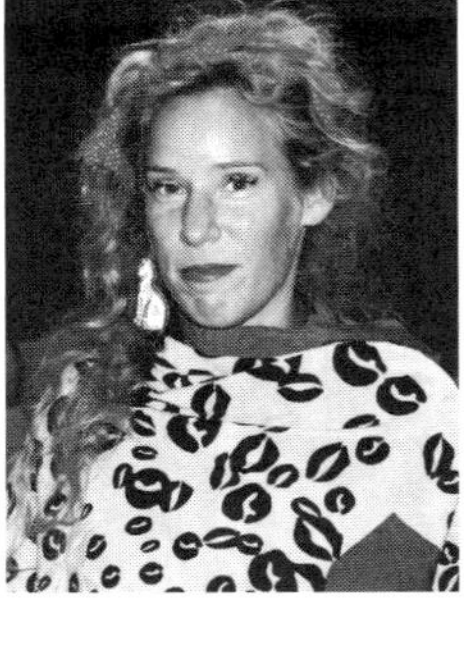

二〇一八年七月 来日時撮影

プロフィール

一九七六年エルサレムに生まれる。ハビマ劇場芸術監督も務めた父、女優の母、演出家の弟という演劇一家に育った。ニューヨークとテルアビブで劇作と演出を学んだ後、ハビマ劇場演出助手になる。二〇〇八年にイスラエル、パレスチナ（パレスチナ系イスラエル人）、ドイツの俳優たちとの共同作業をもとに『第三世代』を制作し、一躍有名になった。現在はベルリンのマクシム・ゴーリキ劇場で「亡命アンサンブル」を立ち上げて多様なバックグラウンドを持つ俳優たちとリサーチやワークショップを積み重ねるとともに、ベルリンとテルアビブを拠点にヨーロッパ各地の劇場で演出家、作家として活躍している。代表作に『第三世代』（二〇〇八年）、『コモン・グラウンド』（二〇一四年）、『シチュエーション』（二〇一五年）など。ネストロイ賞（二〇一六年）、新しいリアリティのためのヨーロッパ演劇賞（二〇一七年）、ＩＴＩ（国際演劇協会）ドイツセンター賞（二〇一七年）など受賞多数。

翻訳　新野守広

『修復不能』

ヤルマー・ホルヘ・ジョーフリ＝アイヒホルン

（ドイツ／ボリビア）

Hjalmar Jorge Joffre-Eichhorn

撮影＝Oksana Potava

「紛争地域から生まれた演劇」は非常に画期的な取組みであり、ここに私たちＡＨＲＤＯ（アフガニスタン人権民主主義連盟）とその戯曲『修復不能』が関われたことを誇りに思います。翻訳のプロセスから上演、そしてなにより日本で行われたプログラムの数々は、幸せで忘れがたい経験となりました。

私たちは、演劇が世界中で変革の力になると強く信じています。紛争の生起するところでは特にです。演劇は心と精神と体を鍛え、考え、感じ、行動する喜びを生み出します。私たちにとって演劇とは、文化的行動免疫システム（cultural immune system）を活性化する再起の力です。人々が現実から目をそむけないようにするために。もっと正義のある、民主的で美しいアフガニスタンを目指し、頑張り続けるために。

最後に。演劇はアートと政治の連帯です。この連帯の精神が、いま、緊急に必要なのです。

ＩＴＩ日本センターのみなさん、アフガニスタンの演劇活動家との連帯をタシャコル*。

＊――Tashakol…ペルシア語で「ありがとう」の意。

プロフィール

演劇人として五大陸三十以上の国、特にアフガニスタンで仕事を手がけた。アフガニスタン人権民主主義連盟（AHRDO）の共同創設者となり、二〇一三年にはアフガニスタンでの演劇への取組みを書いた「もしもブルカが飛んだら（Wenn die Burka plötzlich fliegt）」を出版。

翻訳　後藤絢子

『イスマイルとイサベル』
ロディ・ヴェラ（フィリピン）
Rody Vera

本戯曲『イスマイルとイサベル』は、二〇一五年に東京で開催された「紛争地域から生まれた演劇」においてリーディング上演された。戯曲のリーディング後に小規模な公開フォーラムが行われ、その場でパネリストの一人から私がこの作品を書いた動機について尋ねられた。なぜ、自分が関わったこともないはずなのに、戦争のような子どもや女性の命が犠牲になる悲惨な出来事について書こうと思ったのか？　と。私はこう答えた。「私は劇作家として、自分の国で起こっている良いことと悪いことの両方を人々の記憶に留めることを使命にしているのです」と。私たちのような芸術家はその国々の伝承者と言える。とりわけ戦争は、私たちの歴史において人々の生命のみならず精神も破壊してきた。その例として、私は自分の母親の経験について話した。私の母は一九四四年の日本軍による大虐殺の生き残りで、その虐殺では聖職者、女性、子どもが犠牲になった。日本軍が占領した街を米軍が徐々に奪還していく中で、パニックになった日本兵はマニラの至る所で人々を虐殺し始めた。母はじっと死んだふりをし、本当に死んでいるか確かめるため日本兵から銃剣で右肩を突かれても身動きひとつしなか

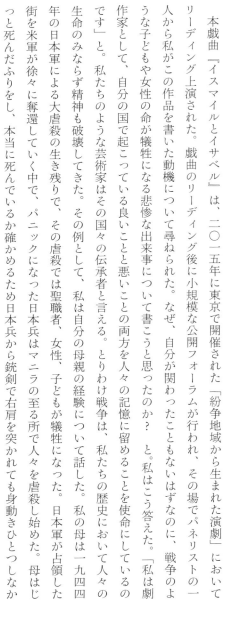

った。会場は静まり返り、私の話にショックを受けていた。現実かつ現在の暮らしとはかけ離れているものの、同じ日本人がかつてこのような出来事の当事者であったことに心を揺さぶられたのだろう。

そのフォーラムの講演者の一人であったアリ・マフディ・ヌーリー大使は、許しが平和を築き暴力の連鎖を断ち切る手段になると語った。これは私がずっと懸命に考えてきたことであった。実際に、許しは戦争による耐えがたい痛みを抑える鎮痛剤となる。そして、許しの重要性もさることながら、忘れないことの重要性はさらに大きいことを言っておきたい。これは、私の国のように、人々が過去に君臨した暴力の復権を許し、集合的記憶が薄れている状況において特に当てはまる。西暦二〇〇〇年を迎えるまで、最後の二十年間に渡って私の祖国を苦しめた独裁政権の亡霊が、現在再び私たちの前に出没し始めている。過去に起こったことの記憶が意図的に歪められ、巧みに姿を変えた歴史修正主義の活動に対して、かつての独裁者フェルディナンド・マルコスの支持者（および子孫）から潤沢な資金が提供されている。

日本占領下のフィリピンにおける恐怖の記憶でさえ、今や静かに消されようとしている。ほんの一ヵ月前の今年四月、日本大使館はフィリピンの従軍慰安婦をたたえる像の設置に抗議し、この像はひそかに撤去された。こうしたことを鑑みると、許しという行為の結果、戦争や抑圧などのあらゆる暴力による惨状の記憶が私たちから消される方向に向かっては決してならない。そして、私は劇作家として、私の国に迫り来る記憶喪失に対して監視の目を光らせる任務を続けていく覚悟である。劇作家としての私の任務は、良い話を伝えることに留まらず、祖国の苦しみや試練を記録することである。私たちが忘れることがないように、そして、この色あせない記憶が、忍び寄る暴力の支持者の復権を防ぐ最前線となるように。

プロフィール

劇作家、映画脚本家、俳優、演出家。フィリピンで権威ある文学賞カルロス・パランカ文学記念賞（Carlos Palanca Memorial Awards for Literature）の殿堂入り受賞者である。

東京、ニューヨーク、シンガポールなどで複数の共同プロジェクトに参加した経験がある。

二〇一五年、フィリピン作家連盟（UMPIL）のバラグタス賞（Gawad Balagtas）およびアテネオ・デ・マニラ大学（Ateneo de Manila University）の民族の光賞（Gawad Tanglaw ng Lahi）を受賞した。

年一回、新作の戯曲を上演する演劇の祭典ヴァージン・ラブフェスト（Virgin Labfest）の共同創立者。現在は、フィリピン人劇作家のグループであるライターズブロック（Writer's Bloc）の代表を務める。

近年の作品（すべてフィリピンで制作）

翻訳

二〇一八年 Manila Notes（平田オリザ作『東京ノート』の翻案作品）

二〇一八年 A Girl is half-formed Thing…アイミアー・マクブライド／アニー・ライアン作

二〇一五年 ペール・ギュント…ヘンリック・イプセンの戯曲の翻案

オリジナル

二〇一七年 Under My Skin…ＨＩＶをテーマとした戯曲

二〇一六年 Indigo Child…拷問と政治的弾圧をテーマとした一幕物

映画脚本

二〇一八年 Nana Rosa…従軍慰安婦として最初に名乗り出たロサ・ヘンソンの生涯を描いた作品

二〇一六年 Ang Aking Juan Luna（未映像化）…19世紀のフィリピン人画家ファン・ルナ（Juan Luna）を記念した作品

二〇一六年 Bagtik or Signal Rock

二〇一六年 Heneral Goyo, Ang Batang Heneral…米比戦争時の若き将軍の生涯を描いた作品

翻案

二〇一八年 How Love Came to Juan Tamad…ロシアのモスクワにてタンハーラン・ピリピーノ（Tanghalang Pilipino, Inc.）により上演

翻訳　珍田真弓

Part 5

ITIと「紛争地域から生まれた演劇」

「紛争地域から生まれた演劇」シリーズはこうして始まった

小田切ようこ（美術家）

「紛争地域から生まれた演劇」のシリーズは、二〇〇九年に第一回「バルカンの同時代演劇――紛争地域から生まれた演劇――」に始まって以来毎年上演を続け既に二〇一七年は九回目、そして九年間に翻訳し紹介した戯曲は二十三作を数え、それらの翻訳戯曲は国際演劇年鑑の巻末に掲載され、二〇一一年度版の年鑑からはその別冊付録として出版されるようになった。だが、もともと、〃紛争地域から生まれた演劇〃というコンセプトのもとに編集企画があってシリーズ化されたのではなく、いわば文化庁と国際交流基金とＩＴＩとの智恵の出し合いのような経緯があって初回のリーディング上演発表が実現し年鑑巻末の掲載に漕ぎつけたというのが、立ち上げの頃の事情である。

ＩＴＩは当時、社団法人で舞台芸術分野の統括団体という立場で、現在のように国際演劇年鑑の編集事業に対して助成を受けていた。その前年（二〇〇八年）までは、隔年で人材育成事業として「世界の秀作短編研究」のタイトルで、フランス篇、イギリス篇、ドイツ篇などを実施、それぞれ数作品をリーディング形式で上演してきた。これは、社団法人は興行する目的の団体ではないことになっていたため、「人材育成」の見地から、選んだ短編を、レクチャーし関連ワークショップを行い研究シンポジウムを開催し、最終的にその短編を立体化してリーディング形式でその研究成果を発表する、という一連の「勉強」のプロセスが事業の主体となっていた。で、二〇〇九年度だが、世界の秀作短編研究シリーズを継続していくにあたって、その年が外務省の「日本・ドナウ交流年」と発表されていたこともあり、短編作品の選定はそれらの諸国からということになった。それは名案ではあったがドナウ川が国内を流れる国は十ヵ国以上あり――ドイツ、オーストリア、ハンガリー、スロバキア、セルビア、ルーマニア、ブルガリア、ボスニア・ヘルツェゴビナ、クロアチア、それにウクライナ、スイス、イタリア、モルドバ等も少々接している――作品探しは、大変な大仕事であった。知人や年鑑の執筆者の方々に聞いたり大使館に協力を仰いだりして紆余曲折の末、最終的にクロアチア、ルーマニア、セルビアの作品が秀作として残り（この時の実行委員は七字英輔氏、宗重博之氏および筆者）、「世界の秀作短編研究シリーズ」を継承しつつ発展させた形で、「バルカンの同時代演劇」という枠組みの「特集」として年鑑に合流させることとなった。そしてこの年ユネスコでは奇しくも「紛争地域の芸術」というキャンペーンがあり、ユネスコのNGOの一つであるITIはその理念を全世界のユネスコ加盟各国と共有するべく、編集部は二〇一〇年度版年鑑の特集のタイトルを「紛争地域から生まれた演劇」としたのだった。編集上、特集のタイトルは大いに迷うところだが、当時の編集長の故岩淵達治氏も「ユネスコのそれ、良いね」と。やや事後承諾的ではあったが、ホッとしたことを覚えている。

また、この「バルカンの同時代演劇」の企画の実現に向けて、文化庁の助成のほかに国際交流基金の協力を得たことも私たちには大きな励みとなった。当時、国際交流基金はバルカンで進められていた或る事業を支援していた。のちに「バルカン室内管弦楽団」となって演奏活動を続けてゆくことになる音楽家たちへの支援である。

少し長くなるが、日本ではその事情があまり実感をもって伝えられておらず、〝バルカン半島というところは大変らしい〟という程度の認識でしかなかったと思うので、背景をかいつまんで記そうと思う。

旧ユーゴスラビア崩壊後、セルビアの自治州だったコソボは独立を果たしたのだが（コソボ地区にはアルバニア人も多く住んでいた）、独立勢力とセルビア軍の衝突が激化、NATO軍の空爆によりセルビア軍は撤退、国連暫定統治に移行したが、その後もアルバニア系と少数派のセルビア系の衝突は止まず、殊にコソボ北部のミトロビツァは民族対立の象徴の地ともいわれ、イバル川に架かる「対立の橋」の周辺は特に治安が悪く、NATO軍が警備に常駐。そんな情勢の中、NATO加盟国でもなく、親セルビアのロシアでもない第三国・日本の指揮者（柳澤寿男氏）が、何とかこの橋の南北でコンサートを開けないかとバルカンの民族共栄と平和を願って腐心の末、NATOや国連の保護と協力を得て、対立する民族の共演に向けて練習に漕ぎつけた。二〇〇七年のことであった。（実際に歴史的共演のコンサートは二〇〇九年五月。）当時集まった演奏家は十四人、当時は練習が終われば互いにいがみ合うセルビア系とアルバニア系の人たちだったそうである。（現在は団員はおよそ五十人、ミトロビツァでの警察警護の中で行われた演奏会の後、世界各国で演奏活動を続けている。二〇〇九年十一月の来日公演は第一生命ホールだったが、聴きに行った。終演後、指揮者の柳澤氏にお目にかかれたが、穏やかな中にも平和への強い思いを語るお人柄が印象的だった。）

国際交流基金の担当の方は「バルカンの同時代演劇——紛争地域から生まれた演劇——」の企画について、エールを送って下さり、私たちは随分勇気づけられた。バルカンの音楽活動を支援した〝よしみ〟ですと、具体的に広報宣伝（主にメールレター）や関連シンポジウムの会場（同基金のJFICさくらホール）の提供など、本当に有り難く、お世話になったこと、ひと昔ちかいことながら忘れることはない。

さて、こうして実現に至った「バルカンの同時代演劇」だが、前年度まで続けてきた「秀作短編研究シリーズ」の延長線上の催しとして、前述のように〝人材育成〟の大きな枠組みであることを踏まえて、最終的にリーディング形式の上演がゴール、その前段階のプロセスで関連シンポジウムとレクチャーという「勉強」の流れを踏襲した。このベースは現在も変わっていない。ただし、バルカンのこの時は「紛争地域」という密度の重く厳しいテーマが初めて前面に現れたので紛争地域とは何かについて、かなり掘り下げた真摯な議論があり秀作短編シリーズとはシンポジウム内容の性格が当然ながら異質になっていた。リーディング上演する戯曲についてセルビア、クロアチア、ルーマニアの各作品については勿論だが、パネリストにセルビア在住の詩人で翻訳家の山崎佳代子氏、ルーマニアから評論家のミハエラ・ミハイロフ氏を招聘し、劇団黒テントの宗重博之氏、演劇評論家の七字英輔氏が加わって内野儀氏の司会で進行したシンポジウムとレクチャーは、「紛争地域の演劇」「平和構築と演劇」等をテーマに三日間にわたった。（上演作品に関連する然るべき人を招聘することは、この時以来やはり続けられている。）

各上演後にアフタートーク。演出家、出演者と観客の、作品観劇後の〝ディベート〟タイムを設け、ルーマニア作品「ケバブ」では翻訳を手がけた市川明氏も参加された。リーディング上演の会場となったシアターいわとを提供してくれた劇団黒テントに感謝、やはりひと昔ちかく経っても良い想い出は残っている。

このシリーズの当初、年鑑編集部は紛争地域を「面」的な地域ととらえていたが、徐々に「点」的に点在する紛争地から発表される作品を扱うことに変わってきた。それほど、世界には、地球上には、「紛争」が存在するという現実である。「年鑑」の特集記事として紹介し巻末に組むことで始まった企画は、このように発展し今までのリーディング上演は、みな、多くの関心を集めた。主催するＩＴＩや観客を、そして年鑑の読者を、紛争とは何か、なぜ紛争なのか、という考えの領域に巻き込み、私たちが「紛争」の外にいるのではなく、無関心ではいられないことを実感させ、ずっとそのことを懊悩させている。

ならば、演劇に何が出来るか、「紛争地域から生まれた演劇」のシリーズの発表は、改めてその創作の行方が私たちのやむにやまれぬ平和への希求であることを考えさせ、表現者ならば、その創作は、考え悩み続け表現し続ける使命があるのではないか、と情熱をもって訴えているようでもある。

世界の演劇ネットワークの中の「紛争地域の演劇（Theatre in Conflict Zones）」

曽田修司（アーツマネジメント研究）

はじめに

国際演劇協会（ITI／UNESCO）日本センター（以下、日本センター）は、国連教育科学文化機関（UNESCO、以下ユネスコと記述する）と連携して活動している国際演劇協会（International Theatre Institute）の日本における代表組織である。ITIは演劇舞踊に関する専門組織が集まって構成している世界規模のネットワークの一つであり、その性質から言えば非政府組織（NGO）、民間非営利組織（NPO）である。

日本センターが「紛争地域から生まれた演劇」（Theatre Born in Conflict Zones）というシリーズ企画を始める以前から、ITIの世界ネットワークの中で、「紛争地域の演劇」（Theatre in Conflict Zones）というテーマに関わりのあるプロジェクトがいくつか行われてきた。本稿では、そのことについて紹介する。

日本センターが「紛争地域から生まれた演劇」シリーズを開始したのは二〇〇九年のことである。それ以前には、関連のあるプロジェクトとして、「『紛争地域の演劇』センター」（The Centre for Theatre in Conflict Zones）、「未知の敵」（My unknown enemy）、「壁―分断された世界」（WALLS–Separate Worlds）という三つのプロジェクトがそれぞれ別の地域で実施されていた。「未知の敵」と「壁─分断された世界」には「紛争地域」という言葉が直接プロジェクト名の中に出て来る訳ではないが、いずれも、ＩＴＩ内部のテーマ別委員会のひとつである「文化アイデンティティと開発委員会」（Cultural Identity and Development Committee, ＣＩＤＣ）で実施された一連の事業である。また、最近の動きとして、ＵＴＥ（The Union of European Theatres/Union des Théâtres de l' Europe (et de la Méditerranée)、ヨーロッパ劇場連合）の中で、「紛争地域の演劇」（Theatre in Conflict Zones）がテーマとして掲げられているので、これについても紹介する。

1 「『紛争地域の演劇』センター」（The Center for Theatre in Conflict Zones）

「『紛争地域の演劇』センター」（The Center for Theatre in Conflict Zones, ＣＴＣＺ）は、ＩＴＩドイツセンター（トマス・エンゲル Thomas Engel 代表）とＩＴＩスーダンセンター（アリー・マフディ Ali Mahdi 代表）[*1]との間の協定に基づく共同プロジェクトである。ＣＴＣＺは、ドイツとスーダンの公的基金及びドイツの二つの財団・基金（Anna-Lindt Foundation と Prins Claus Fund）の支援によって二〇〇四年十二月にスーダンの首都ハルトゥームに設立された。[*2*3]

ＣＴＣＺの始動に当たって、ＩＴＩドイツセンターは演劇の専門トレーナーやワークショップリーダーを派遣し、ドキュメンテーションのための各種機材やＰＣ、照明音響機材等を提供した。これにより、ＩＴＩスーダンセンターはスーダン各地で演劇ワークショップを実施することができた。[*4]

ここで行われた演劇ワークショップの手法は、一般的に「フォーラムシアター」と呼ばれるもので、その技法の開発は外国の演劇人との協力によってなされた。[*5] 二〇〇五年には「アラブ文化首都」という催しがハルトゥームで開催された折にドイツの演出家Ａ・シュティルマークが訪れ、二〇〇六年十一月には、リオデジャネイロ（ブラジル）にあるアウグスト・ボアール August Boal の『被抑圧者の演劇』センター」（The Center for the Theatre of the Oppressed）のバーバラ・サントス Barbara Santos がトレーナーとして招聘された。これらも、ＩＴＩドイツセンターの貢献によるものである。[*6]

その後、ＣＴＣＺの活動は世界的に高い評価を受け、アリー氏は二〇一〇年にユネスコ「アラブ文化賞」(the UNESCO Arab Culture Prize)、同じくユネスコ「創造への自由賞」(the UNESCO Freedom to Create main prize) をダブル受賞するとともに、二〇一二年にユネスコ平和アーティスト賞 (UNESCO Artist for Peace Award) を受賞している。

アリー氏の活動を紹介する新聞やウェブサイトの記事から読み取ることができる彼の演劇活動は、およそ次のようなものだ。

アリー氏とアルブガー・シアターの俳優たちは、スーダン各地の難民キャンプで、紛争で被災した少年たちと出会った。少年たちは、幼いときから敵意と暴力が当たり前の日常となっている。アリー氏は、このような少年たちの心に寄り添い、物語を語ることに対する興味を引き出して、スーダンの文化伝統に基づくパフォーマンスに参加させた。この活動は大きな成果を上げ、元少年兵や戦争孤児たちが穏やかな生活に戻り、敵対しあう者たちの間に和解をもたらした。これによって、演劇が悲劇的な状況にいる子どもたちに夢と自信を与えることができるツールであることが示されたとアリー氏は語っている。[*7]

2 「未知の敵」(My unknown enemy)

アリー氏によるスーダンでのプロジェクトに先立って、ＩＴＩドイツセンターがイニシアティブをとって始めたものに、「未知の敵」(My unknown enemy) という国際共同プロジェクトがある。これは、二〇〇二年のボンでの「世界演劇祭（テアタ－・デア・ヴェルト）」(Theatre der Welt) でのドイツとマグレブの俳優たちの出会いから始まった。目的は、おたがいの過去と現在の政治的宗教的文化的な紛争を問い直そうとするものである。二〇〇三年十二月のカイロでのワークショップにはエジプト、ドイツ、スイスの俳優が参加した。次いで二〇〇四年四月にはＩＴＩ

バングラデシュ・センターがホストとなり、インドから七名、パキスタンから六名、ネパールから一名の十四名が参加した俳優のワークショップがバングラデシュのダッカで行われた。このワークショップには、ドイツから演出家A・シュティルマークAlexander Stillmarkやドラマトゥルクが参加し、S・ベケットSamuel Beckettの「ゴドーを待ちながら」を題材にしたワークショップを行った。前者のスポンサーとしてゲーテ・インスティテュートのカイロ事務所、後者については同ダッカ事務所が資金を提供した。パキスタン、ネパールからの旅費に対する支援の獲得は非常に難航したが、直前になってドイツ関連のスポンサーからの支援が得られたという。

3 「壁―分断された世界」(WALLS–Separate Worlds)

「壁―分断された世界」(WALLS–Separate Worlds)というプロジェクトは、二〇〇七―二〇一三年にかけてヨーロッパ連合(EU)が主催するプロジェクトとして行われた。このプロジェクトには、レッチェ(イタリア)にあるアストラガリ劇場(Astragali Theatro)の演出家F・トレッディFabio Tolleddiを中心に各国から俳優が集まった。キプロス島は一九七四年の内戦以来、分離壁(グリーン・ゾーン)によってキプロス共和国(南側、キリスト教系住民が多い)と北キプロス・トルコ共和国(北側、イスラム系住民が多い)に分断されている。ここは、世界のあちこちで見られる壁による分断を象徴する空間だとも言える。地中海世界の多文化的特性を反映して、俳優たちはトルコ、イタリア、キプロスから参加し、ワークショップではトルコ、クルド、アラビア、ギリシャ、ポルトガルの五言語が用いられた。このプロジェクトは、目に見える壁と見えない壁を扱っている。ワークショップのリーダーであるトレッディは「もっとも難しい紛争は、私たちが気づいていない、私たちの内部にある紛争である」と述べている。

4 「ヨーロッパ劇場連合」(The Union of European Theatres/Union des Théâtres de l'Europe (et de la Méditerranée))(UTE)

前項までに、ＩＴＩの世界ネットワークにおける「紛争地域の演劇」関連の取り組みのうち、三つの事例を見てきた。以下では、直接ＩＴＩの活動ではないが、同じように「紛争地域の演劇」というテーマを掲げている事例を見てみよう。

ヨーロッパ各国には、主要な都市ごとにその国や地域あるいは都市の演劇文化を代表する劇場がある。現在、さまざまな都市にある歴史と伝統を誇る四十以上の劇場がネットワークを作っている。その名を「ヨーロッパ劇場連合（The Union of European Theatres/Union des Théâtres de l'Europe (et de la Méditerranée)、略称ＵＴＥ）という。ＵＴＥの参加劇場を順不同で上げていくと、ピッコロ座（イタリア・ミラノ）、ローマ劇場（イタリア・ローマ）、ブランドラ劇場（ルーマニア・ブカレスト）、シュトゥットガルト市立劇場（ドイツ）、ポルトガル国立劇場（ポルト）、チェコ国立劇場（プラハ）、ギリシャ国立劇場（アテネ）、北ギリシャ国立劇場（テッサロニキ）、ハビマ劇場（イスラエル・テルアヴィブ）、民衆劇場（ウィーン）、マールイ劇場（ロシア・モスクワ）などの名前が挙がる。この劇場ネットワークは、ヨーロッパ全体を視野に入れ、アート、政治、社会のそれぞれの領域で活発な議論を生み出している。

「紛争地域のプログラム」(Conflict Zones | Zone de Conflict programme)

ヨーロッパ全域にまたがる主要な劇場のネットワークであるＵＴＥは、ヨーロッパ委員会（ＥＣ）からの支援を受けて活動している。二〇一四年は、第一次世界大戦が始まってからちょうど百年にあたっていた。そのことがきっかけとなり、二〇一四-二〇一七にかけての三年間にわたって、ヨーロッパ委員会による重要課題の一つとして、第一次世界大戦以来今日までのヨーロッパを形作ってきた紛争について探求するプログラムが提供された。それぞれの催しの結果はアーカイブとして保存され、ウェブマガジンではその議論の内容が公開されている。

(http://www.union-theatres-europe.eu)

おわりに

ここまで、ＩＴＩのネットワークの内外で、「紛争地域の演劇」あるいはその関連のテーマが取り上げられて来た世界各地の事例を概観してきた。

今日では、ニュースでしばしば取り上げられる「紛争」は、「紛争」が単に「紛争」として語られるのではなく、それが起こっている地域のことを敢えて「紛争地域」と名指すことで、その問題がまさしく「紛争地域」に固有の問題であるとして語られてきた。

しかしながら、ヨーロッパ内部で今や緊急の課題となっている難民の問題、宗教的不寛容の問題、社会の分断の問題など、今日顕著に現れている問題群の存在は、「紛争地域」の問題が、実はこれまでの「紛争地域」だけに限定される問題ではなくなっていることをしている。それらは、すでにヨーロッパ社会の日常の中に広く深く入り込んできている。

私たちは、この間日本で「紛争地域で生まれた演劇」シリーズに継続して取り組んできた。このシリーズでは、現代の日本社会に生きる私たちが、これまで自分たちが直接の関わりを持ってこなかったかのように見える、遠く離れた「紛争地域」の問題にわざわざ首を突っ込んだり、「高見の見物」のような態度で接してきたわけではない。私たちは、このシリーズに取り組むことによって、つねに皮膚に鋭く突き刺さる痛みのような刺激を受けてきた。その理由は、私たちが私たちの社会と「紛争」との関わりを問いなおす作業につねに直面させられてきたからに違いない。「紛争地域の演劇」が決して他人事ではないことはここ数年の私たちの確かな実感であり、その感覚は年々、あるいは日々強まっている。私たちは、これからも、この感覚をできるだけ多くの人たちと共有していきたいと願っている。

［**註**］

＊1——ＩＴＩスーダンセンターのアリー・マフディ・ヌーリーAli Mahdi Nouri氏は、スーダンの著名な俳優、演出家であり、ＳＯＳスーダン子どもの村（SOS children's villages Sudan）の代表でもある。スーダンでは、第二次世界大戦後イギリスとエジプトによる共同統治が続いていたが、一九五六年に国として独立して以来、国内のアラブ系住民と非アラブ系住民との対立による大規模な内戦が繰り返されてきた。スーダン内戦で公式の停戦が成立したのは二〇〇五年になってからのことである。

＊2——同センターの設立に先立ち、アリー氏は二〇〇〇年にハルトゥーム Khartoumでアルブガー・シアターAl Bugaa Theaterを創立している。

＊3——ＣＴＣＺはその後、ダルフール Darfurとヘア・スルタン Hajr Sultanに移設されている。

＊4——二〇〇六年に、「『紛争地域の演劇』センター」（Center for Theatre in Conflict Zones）は公式にスーダンのＮＧＯとして登録された。アルブガー・シアターとハルトゥーム大学、ハルトゥーム国立劇場は互いに協力関係にあり、六十人のスーダン人俳優がプロの訓練を受けた俳優となった。

＊5——「フォーラム・シアター」とはパフォーマンスを行うことを通じて参加者に社会問題を考えてもらうことを主眼とする「応用演劇」（「アプライド・シアター」、あるいは「アプライド・ドラマ」）のことである。

＊6——二〇〇六年には、演劇による平和構築のための方策を話し合うシンポジウムがアルブガー・フェスティバルにおいて開催され、マケレレ大学（ウガンダ）のジェシカ・カアフア Jessica A. Kaahwa、マンチェスター大学（イギリス）のジェニー・ヒューズ Jennie Hughes、アムステルダム大学（オランダ）のミッケ・コルク Mikke Kolkが参加した。

＊7——その後、アリー氏は、ＩＴＩ日本センターの招きで二〇一五年十二月に来日し、レクチャーやワークショップを行なった。来日時の模様は「国際演劇年鑑２０１６」（国際演劇協会日本センター発行）に収録されている。（同書二四七〜二六八頁。シアター・プラクティショナー花崎攝《せっ》氏によるアリー氏のインタビュー・レポートを含む）

[主要参考文献]

1——「『紛争地域の演劇』センター」(The Center for Theatre in Conflict Zones)

The Worldfolio Jan. 05/2018
"Sudanese performer and UNESCO Artist for Peace recipient uses theatre as an effective tool for conflict resolution"
http://www.theworldfolio.com/news/unesco-prize-winner-promotes-peace-through-performance-/3849/

UNESCO web site, Honorary and Goodwill Ambassadors
http://www.unesco.org/new/en/goodwill-ambassadors/artists-for-peace/ali-mahdi-nouri/

—

Notes on the Chronological development on Theatre in Conflict Zones by Thomas Engel, ITI Germany, directly sent to the author through email on Jan. 5, 2018 トーマス・エンゲル氏提供資料(二〇一八年一月五日入手)

2——「未知の敵」(My unknown enemy)

ITI Germany web site
http://archiv.iti-germany.de/pro_mue_en.shtml

—

Notes on the Chronological development on Theatre in Conflict Zones by Thomas Engel, ITI Germany, directly sent to the author through email on Jan. 5, 2018 トーマス・エンゲル氏提供資料(前出と同じ)

3——**「壁—分断された世界」**（WALLS – Separate Worlds）
Övgü Pınar "Separate worlds brought together through arts" 16/10/2013
BabelMed.net
http://eng.babelmed.net/article/7403-separate-worlds-brought-together-through-arts/

4——**「ヨーロッパ劇場連合」**（The Union of European Theatres/Union des Théâtres de l'Europe（et de la Méditerranée））（UTE）
U.T.E web site
https://www.union-theatres-europe.eu/conflict_zones

ＩＴＩ日本センターとその活動について

国際演劇協会日本センター

国際演劇協会（International Theatre Institute/ITI）の設立

国際演劇協会（International Theatre Institute/ITI）は、演劇・舞踊をはじめとするパフォーミング・アーツ分野の専門団体・機関が集まる世界的なネットワーク組織です。

第二次世界大戦が終息した翌年、一九四六年の冬にパリで開催された国際連合教育科学文化機関（ＵＮＥＳＣＯ／ユネスコ）の会議において、演劇の国際的組織をつくることが討議され、翌一九四七年にはパリのユネスコ会館にてＩＴＩの設立準備会が開かれました。この準備大会には、ジュール・ロマン、ジャン＝ルイ・バロー、Ｊ・Ｂ・プリーストリー、タイロン・ガスリー、リリアン・ヘルマンなど、世界の著名演劇人が参加しました。

そして、一九四八年にプラハで開かれた第一回世界大会にて、ユネスコと密接な関係を持ちつつ、それとは独立した演劇専門の国際組織としてのＩＴＩが創設されました。

ユネスコ憲章の前文は、「戦争は人のこころの中に起こるものであるから、人のこころの中に平和の砦を築かなければならない」という有名な詞章から書き起こされています。ＩＴＩ憲章には、「演劇芸術は人類に共通せる表現であり、世界人民の広汎な集団を結びつける影響と力を持っているので、下記に署名せるわれわれは、それぞれの国における演劇の各国センターを代表して、『インタアナショナル・シアター・インスティテュト』と称する自主的な国際組織を形成することを決定した（抜粋）」とあります。

ＩＴＩ日本センターの設立、沿革

日本は、一九五一年第四回オスロ大会でＩＴＩへの加盟が承認されています。日本センターの事務局に保存されているＩＴＩニュースの第一号[*1]によると、日本センターの設立の経緯は以下の通りです。

一九五〇（昭和二十五）年十月、日本ペンクラブ代表として渡欧した北村喜八[*2]がパリにおいてＩＴＩ国際本部の書記局長アンドレ・ジョッセ氏と会見の際、日本センター設立を要請され、資料を携えて帰国しました。帰国後、北村は日本ペンクラブ幹事会にて設立について諒解を求めました。川端康成、河竹繁俊、北村喜八、久保田万太郎の４名が日本センター設立のための世話人となり、外務省文化課、文部省ユネスコ連絡課、文部省芸術課と協議をしつつ、演劇諸団体の代表者を集め、二回に渡る設立準備会を経て一九五一年五月に日本センターの設立に至りました。

それ以来、国際演劇協会日本センター（Japanese Centre of International Theatre Institute）は、世界のＩＴＩネットワークを構成する各国ナショナルセンターの一つとして活動しています。

その後、一九九〇年には社団法人国際演劇協会、二〇一三年には公益社団法人国際演劇協会日本センターと組織変更して現在に至っています。（日本センターの歴代会長一覧参照）

日本センターの活動

ＩＴＩ日本センターの主な活動としては、一九七二年から、毎年の国内外の舞台芸術状況をまとめた「国際演劇年鑑」を企画・編集・刊行しています（一九九七年から日本語・英語の二分冊）。二〇〇九年からは、これまで日本に紹介されていない海外戯曲を紹介する「紛争地域から生まれた演劇」シリーズを開始しました。

ＩＴＩ設立七十周年（二〇一八）と「世界演劇の日」、「国際舞踊の日」

演劇舞踊の世界的ネットワークであるＩＴＩでは、一九六二年から毎年三月二十七日を「世界演劇の日」[*3]（ワールド・シアター・デイ）、一九八二年からは四月二十九日を「国際舞踊の日」[*4]（インターナショナル・ダンス・デイ）と定め、世界の演劇人・舞踊人に対してメッセージを送っています。

二〇一八年は、ＩＴＩの設立から七十周年にあたり、「世界演劇の日」、「国際舞踊の日」にはアフリカ、アメリカ、アラブ、アジア太平洋、ヨーロッパの五地域から五人のメッセージ・オーサーが選ばれ、それぞれ世界に向けてメッセージを発表しました。

日本センターの歴代会長一覧

初代会長――高橋誠一郎（元文部大臣、初代国立劇場会長）
第2代――北條秀司（劇作家）
第3代――内村直也（劇作家）
第4代――坂本朝一（元ＮＨＫ会長）
第5代――永山武臣（松竹株式会社会長）
第6代――永井多恵子（元ＮＨＫ副会長、せたがや文化財団理事長）

［**註**］

＊1――ＩＴＩニュースVol.1は、日本センターのウェブサイトに掲載されています。（ＰＤＦファイル）

＊2――北村喜八（きたむらきはち、一八九八年十一月十七日―一九六〇年十二月二十七日）日本の演出家、劇作家、翻訳家。一九二四年築地小劇場に参加。

＊3――「世界演劇の日」は、一九六一年のＩＴＩ総会でＩＴＩフィンランド・センターから「世界の舞台人が舞台芸術への思いを共有する日を」という提案があったのを受けて創設が決定されました。翌一九六二年の「諸国民演劇祭」（テアトル・デ・ナシオン）の開幕初日（三月二十七日）に初めてメッセージ（ジャン・コクトーによる）が送信されたのを記念して、毎年同日にメッセージが発信されています。「諸国民演劇祭」は、ＩＴＩが主催していた国際的な演劇祭で（一九五四年に開始）、その後の国際演劇祭の先駆けとなったものです。

＊4――「国際舞踊の日」は、一九八二年、国際演劇協会のダンス委員会が創設し、モダンバレエの創始者であるジャン＝ジョルジュ・ノヴェール（一七二七〜一八一〇）の誕生日である四月二十九日をその日と定めました。

あとがき

鑑賞か問題共有か

青天の霹靂！　本書の企画をひつじ書房からいただいたときの実感。まったく予期せぬことだった。更に輪をかけ本年から彩の国さいたま芸術劇場で「世界最前線の演劇」が始まった。何かが動いている。

新企画「世界最前線の演劇」シリーズは、「紛争地域から生まれた演劇」シリーズ（以下、「『紛争』シリーズ」）に連動するものである。二〇一八年六月に『ジハード』（「紛争」シリーズ8で紹介）、同年十一月には『第三世代』（「紛争」シリーズ4で紹介）が同劇場のさいたまネクスト・シアターØ《ゼロ》によって上演されることになった。

『ジハード』上演の際のトークで作者のイスマエル・サイディは、劇中に登場するマンガ家志望の主人公に触れ「マンガは移民の子供たちの文化、演劇は上流階級の文化」と何気なく語った。「演劇は上流階級（教養市民の意味か）のもの」と主張することが目的ではなく、貧しい状態に置かれた移民の子供たちにマンガというサブカルチャーが極めて親しい存在であったと言おうとしたのだが、移民層から見たときヨーロッパで演劇はそういう位置にあるのだと、この言葉を聞いて改めて認識した。旧来の

「白人」社会、キリスト教をベースとして形成された伝統的なヨーロッパ社会に新たに加入し、居場所を見つけるのに苦労し、社会的にも貧困層を形成する移民の目線から見ると、演劇は「上流階級」の文化なのだ。日本も海外ルーツの人々を除いた移民・外国人は二〇一八年現在、二百万人を越え、世界第四位の移民大国となった。同様の現象はこの国においてもすぐ目の前に広がっていると思われる。

アウグスト・ボアールは劇場の外に演劇の場を作ることを目指した。私が九〇年代にペルーで公演した際も、観客のほとんどは支配層であるヨーロッパ系「白人」で、街で多く見かける人口の八割以上を占める先住民インディヘナや先住民と「白人」との混血メスティーソは少数であった。彼らの多くは貧困層を形成し劇場には来ない。演劇に触れる機会自体が奪われている。

だからボアールは劇場を離れ、彼らの中に入って彼らとともに参加型の演劇を構想した。「紛争」シリーズで取り上げたパレスチナのイエスシアターはボアールの演劇思想を活動理念の拠所にしている。ヤルマー・ホルヘ・ジョーフリ=アイヒホルンもボアールの演劇思想を元に活動を行っている。彼がアフガニスタンなどで手がけるのは、問題の当事者自身が俳優として、自らの物語を再構成し語る、代理表象ではない演劇だ。

『燃えるスタアのバラッド』(「紛争」シリーズ7、二〇一五年)では作者のニル・パルディがイスラエルの占領地で形成された自らのアイデンティティの物語を語りだす。彼は国の外に出て、別の国の俳優たちと共同作業を重ねるなかで批判的に自己の物語と国家の物語を重ね合わせる作業を行った。

さいたまネクスト・シアターØ《ゼロ》
世界最前線の演劇1［ベルギー］『ジハード―Djihad―』 二〇一八年六月二十三日（土）～七月一日（日）
彩の国さいたま芸術劇場 NINAGAWA STUDIO 撮影＝宮川舞子

（左から）鈴木彰紀、堀源起、小久保寿人、竪山隼太

（左から）堀源起、小久保寿人、竪山隼太

「紛争シリーズ10」では、アフガニスタンの戦地に派遣された若い男女の兵士の証言から極限状況下の現実を描き出す『これが戦争だ』(作：ハナ・モスコビッチ、訳：吉原豊司、演出：生田みゆき)と、ユーゴスラビア紛争の加害者、被害者(当事者)に対する観客(非当事者)の問題共有可能な立ち位置を提示する『コモン・グラウンド』(作：ヤエル・ロネン&アンサンブル、訳：庭山由佳、演出：小山ゆうな)が上演される。『第三世代』に続き「紛争」シリーズ再登場となる作家、ヤエル・ロネンのドイツ語圏での活躍の勢いは止まることを知らず、二〇一七年にドイツセンターからＩＴＩ賞を受賞している。ドイツセンターのヨアヒム・ルクス会長による授賞の言葉を以下に引用する。

ヤエル・ロネンは異文化間の抗争・紛争をめぐる作品を創り続けている。しかし！　その作品は遊び心にあふれ、解放的で、軽やかで、イデオロギーをふりかざすことはなく、彼女自身もまた、モラリストでも、ポリティカル・コレクトネスを云々する人物でもない。このようなひとはこれまでのドイツの演劇界になかった——ペーター・ツァデクを除いては。ともすれば過ちを犯してしまいそうなテーマを、ヤエル・ロネンはぶれない明快さとユーモアをもって描き、ひたすら自身の人生における矛盾を追究することで観客の心の中に入っていく。(翻訳＝後藤絢子)

「紛争地域から生まれた演劇」は社会における演劇の立ち位置が大きく変化した二十一世紀の時代環境と呼応したものである。近代演劇における芸術とその鑑賞者という関係から、対立ではなく共生社会を目指した問題共有のための芸術機能に着目し、演劇の社会的価値を認識しなおす場を目指している。

最後に、「紛争地域から生まれた演劇」シリーズを十年に渡って様々に支えてくださったＩＴＩ日本センター理事、事業委員、シリーズ立ち上げの企画委員、初期にいくつもの戯曲をご提案くださった佐藤康氏、その後に出来たアドバイザリーメンバーの坂手洋二氏、七字英輔氏、闘智子氏、新野守広氏、宗重博之氏、作家、翻訳者、研究者、監修者、通訳者、演出家、俳優、スタッフの皆様、共催の東京芸術劇場のスタッフの方々に感謝申し上げたい。

また、このシリーズを本にするようお声をかけてくださったひつじ書房代表の松本功氏、編集部の兼山あずさ氏、海老澤絵莉氏、本書に寄稿くださった執筆者諸氏、ＩＴＩ日本センター事務局の壱岐照美さん、後藤絢子さん、皆様のおかげでなんとか完成にこぎつけました。心から感謝申し上げます。ありがとうございました。

国際演劇協会日本センター 理事 「紛争地域から生まれた演劇」プロデューサー 林英樹

二〇一八年十一月一日

	国際演劇協会（ＩＴＩ）および「紛争地域から生まれた演劇」シリーズにかかわるできごと	国際問題	日本の動き
1929	•カテブ・ヤシン（『包囲された屍体』）生	■ニューヨーク、ウォール街の株価大暴落、世界的経済恐慌おこる	
1930		■ロンドン軍縮会議（海軍補助艦の制限率を協定）	
1931		■満州事変おこる	▼柳条湖事件。満州事変おこる
1932			▼満州国、建国宣言
1933		■日本、国際連盟脱退	▼日本、国際連盟脱退通告
1934	•ウォレ・ショインカ（『狂人と専門家』）生		
1935		■エチオピア戦争（～1936）	
1936		■日独防共協定	▼2・26事件 ▼日独防共協定
1937		■日中戦争おこる ■日独伊三国防共協定	▼日中戦争おこる
1938		■ミュンヘン会談	▼国家総動員法発令
1939		■第2次世界大戦（～1945）	
1940		■日独伊三国軍事同盟	
1941		■大西洋憲章（ルーズヴェルト・チャーチル） ■太平洋戦争（～1945）	▼日本軍、真珠湾攻撃。対英米宣戦。太平洋戦争おこる
1942			▼ミッドウェー海戦
1943		■カイロ会談（米・英・中） ■テヘラン会談（米・英・ソ）	

1945		■ヤルタ会談 （チャーチル・ルーズヴェルト・スターリン） ■国際連合成立（50カ国） ■ポツダム会談（米・英・ソ）。ポツダム宣言 ■ユネスコ憲章 ■国際連合発足	▼広島、長崎に原子爆弾投下される。 ソ連、対日宣戦。 ポツダム宣言受諾。 終戦の詔、無条件降伏。
1946		■ユネスコ創設 ■第1回国連総会。安全保障理事会成立	▼日本国憲法公布
1947	●シャーヒド・ナディーム（『ブルカヴァガンザ』）生	■モスクワ外相会議（米ソ対立の初め） ■コミンフォルム結成	
1948	●国際演劇協会（ITI）創設	■世界人権宣言	
1949		■北大西洋条約機構成立	
1950		■朝鮮戦争	
1951	●国際演劇協会（ITI）日本センター設立 ●初代会長は高橋誠一郎（元文部大臣・初代国立劇場会長）	■サンフランシスコ対日講和会議	▼サンフランシスコ対日講和条約・ 日米安全保障条約調印
1954	●『包囲された屍体』作	■ジュネーヴ会議（インドシナ休戦協定等） ■東南アジア集団防衛条約機構（SEATO） 結成	
1955	●莫言（『ボイラーマンの妻』）生 ●ガンナーム・ガンナーム （『朝のライラック（ダーイシュ時代の死について）』）生	■バグダード条約成立（のち中東防衛条約機構 METO） ■アジア・アフリカ（AA）会議（バンドン）、 平和十原則 ■東欧8カ国、ワルシャワ条約調印 ■ジュネーヴ4国巨頭会談	
1956		■スエズ動乱 ■ハンガリー暴動	▼日ソ共同宣言（ソ連と国交回復）
1958	●『包囲された屍体』初演 ●ギュンター・ゼンケル（『ヴェールを纏った女たち』）生	■中東の危機 ■欧州通貨協定	

1959	●スコット・ランキン（『ナパジ・ナパジ』）生	■ジュネーヴ4国外相会議 ■児童権利宣言採択	
1960	●クロディーヌ・ガレア（『ほとりで』）生 ●プラディット・プラサートーン（『Destination』）生	■第15回国連総会、東西首脳の総出場と対立の激化	▼日米新安全保障条約調印 ▼安保阻止国民運動（6・15事件）
1961	●ミロ・ギャヴラン（『大統領の殺し方』）生	■中立国首脳ベオグラード会議	
1963		■米英ソ3国部分核停条約調印（諸国批准） ■キプロス紛争おこる	▼東京オリンピック開催
1964	●フェリドゥン・ザイモグル（『ヴェールを纏った女たち』）生		
1965		■インドネシア、国連脱退を通告 ■第2回アジア・アフリカ会議（開催予定のところ、アルジェリアのクーデターで延期）	▼日韓基本条約調印
1966		■インドネシア、国連復帰	
1967		■5月ケネディ・ラウンド（関税一括引下げ交渉）妥結（6月、53カ国調印） ■ローマ教皇とギリシア正教会総主教との会見	▼日米首脳会談
1968		■金プール7カ国中央銀行総裁会議（金の二重価格制） ■ヴェトナム和平パリ会議開始	▼小笠原諸島返還協定調印（6月正式復帰）
1969	●ラエッド・シュウヒィ（『3 in 1』）生		
1970	●『狂人と専門家』ユージン・オニール劇場（アメリカ）での初演 ●タヘル・ナジーブ（『唖の届く距離で』）生		▼日本万国博覧会（大阪）
1971	●『狂人と専門家』ナイジェリア、イバダンでの初演	■中華人民共和国、国連加盟 ■台湾、国連脱退 ■スミソニアン体制発足	▼沖縄返還協定調印
1972	●「国際演劇年鑑」第1号発行		▼沖縄復帰 ▼日中国交正常化

年	生	世界	日本
1973		■国際通貨危機再燃 ■EC蔵相会議、拡大10カ国蔵相会議（ブリュッセル、スミソニアン体制崩壊） ■東西ドイツ、国連加盟 ■第３回非同盟諸国首脳会議（アルジェ） ■第４次中東戦争 ■石油危機発生	▼金融引締め始まる ▼円為替を変動相場制に移行 ▼石油危機発生、狂乱物価現象おこる
1974	**•ミレナ・マルコヴィッチ（『足跡～TRACKS』）生** **•クワン・タワ（『罠』）生**		▼佐藤栄作、ノーベル平和賞受賞
1975	**•トレヴァー・ジェイミソン（『ナパジ・ナパジ』原案）生** **•アドナーン・アルアウダ（『ハイル・ターイハ』）生**	■国際婦人年世界会議 ■全欧安保首脳会議 ■第１回先進国首脳会議（日・米・英・仏・西独・伊）	▼沖縄海洋博覧会 ▼天皇・皇后、訪米
1976	**•イスマエル・サイディ（『ジハード』）生** **•ヤエル・ロネン（『第三世代』）生**	■第２回先進国首脳会議（日・米・英・仏・西独・伊・加）	▼ロッキード疑獄事件
1977	**•ジャニーナ・カルブナリウ（『ケバブ』）生** **•ヤルマー・ホルヘ・ジョーフリ＝アイヒホルン（『修復不能』）生** **•イハッブ・ザハダァ（『３ｉｎ１』）生** **•ムハンマド・ティティ（『３ｉｎ１』）生**	■国連砂漠会議（ナイロビ）	
1978		■中東和平３国キャンプデーヴィッド会談	
1979		■国際金相場急騰 ■ＷＨＯ、天然痘の根絶を宣言	
1981	**•ナシーム・スレイマンプール（『白いウサギ、赤いウサギ』）生**		
1982	**•ニル・パルディ（『燃えるスタアのバラッド』）生**	■海洋法条約	
1983		■大韓航空機撃墜事件	▼ソ連軍による大韓航空機サハリン沖撃墜事件
1985	**•ヤーセル・アブー＝シャクラ（『夕食の前に』）生**		▼科学万博つくば'85 ▼日航ジャンボ機墜落事故、死者５２０人

1986	•ウォレ・ショインカ（『狂人と専門家』）ノーベル文学賞受賞		
1988		■アフガン和平4カ国協定調印 ■EC・コメコン、相互援助関係樹立宣言	▼青函トンネル鉄道開業 ▼瀬戸大橋開通
1989	•カテブ・ヤシン（『包囲された屍体』）没	■オゾン層保護（フロンガス全廃）ヘルシンキ宣言	▼昭和天皇崩御
1990			▼消費税実施 ▼天皇の即位式・大嘗祭挙行
1991		■湾岸戦争	
1993		■化学兵器禁止条約調印（130カ国） ■ウルグアイ・ラウンド（GATTの新多角的貿易交渉）最終的妥結	
1995		■世界貿易機関（WTO）発足 ■第4回国連世界女性会議（北京）	▼阪神・淡路大震災 ▼東京地下鉄サリン事件を契機にオウム真理教の強制捜査始まる
1996		■国連、CTBT（包括的核実験禁止条約）採択	▼住宅金融専門会社処理法成立
1997		■化学兵器禁止条約発効 ■対人地雷全面禁止条約調印（1999年3月発効）	▼日米防衛協力のための指針合意
1999			▼防衛指針（ガイドライン）法成立 ▼国旗・国歌法成立 ▼核燃料工場で国内初の臨界事故
2000	•『罠』初演		
2001		■米、同時多発テロ	
2002	•『足跡～TRACKS』作	■欧州単一通貨「ユーロ」12カ国で流通開始 ■環境開発サミット ■日米欧で同時株安続く	▼小泉首相訪朝、金正日総書記と会談
2003	•『大統領の殺し方』作	■米英軍、イラク攻撃開始 ■WTO閣僚会合、先進国と開発途上国との対決により決裂	▼有事法制関連三法（武力攻撃事態法、改正自衛隊法、改正安全保障会議設置法）成立 ▼イラク復興支援特別措置法成立

2004	•『大統領の殺し方』初演	■EU、25カ国体制成立	
2005	•『ほとりで』作	■京都議定書発効	
2006	•『ナパジ・ナパジ』初演		
2007	•『唖の届く距離で』初演 •『ケバブ』初演 •『ブルカヴァガンザ』初演	■米の低所得者向け住宅融資（サブプライムローン）問題から、世界の金融市場混乱拡がる ■EU新基本条約採択（リスボン条約）	
2008		■米投資銀行リーマン・ブラザーズ破綻。金融危機深刻	
2009	•紛争地域から生まれた演劇1 リーディング上演 『足跡～TRACKS』 『大統領の殺し方』 『ケバブ』 •『第三世代』初演 •『イスマイルとイザベル』作 •『イスマイルとイザベル』初演 •AHRDO（Afganistan Human Rights and Democracy Organization アフガニスタン人権民主主義連盟）（『修復不能』）結成	■米オバマ大統領、「核のない世界めざす」演説（プラハ） ■安保理首脳会合、「核なき世界」初決議	▾鳩山由紀夫（民主・社民・国民新連立）内閣発足
2010	•紛争地域から生まれた演劇2 リーディング上演 『唖の届く距離で』 『ヴェールを纏った女たち』 •『Destination』作 •『修復不能』作 •『修復不能』初演 •『ほとりで』初演		
2011	•紛争地域から生まれた演劇3 リーディング上演 『ボイラーマンの妻』（初演） 『罠』 『ナパジ・ナパジ』 •『白いウサギ、赤いウサギ』初演		▾東日本大震災、福島第一原発事故

2012	•莫言ノーベル文学賞受賞 •紛争地域から生まれた演劇4 リーディング上演 『ほとりで』 『Destination』 『第三世代』 •『3 in 1』作		▾第2次安倍内閣
2013	•紛争地域から生まれた演劇5 リーディング上演 『3 in 1』 『修復不能』 『包囲された屍体』 •『燃えるスタアのバラッド』初演		▾特定秘密保護法案可決
2014	•紛争地域から生まれた演劇6 リーディング上演 『燃えるスタアのバラッド』 『ブルカヴァガンザ』 •『ジハード』初演 •『夕食の前に』初演 •『狂人と専門家』特別講座		
2015	•紛争地域から生まれた演劇7 リーディング上演 『狂人と専門家』 『イスマイルとイサベル』 『夕食の前に』 •『ハイル・ターイハ』初演	■TPP12カ国大筋合意	▾選挙権年齢18歳以上に引き下げ ▾安全保障関連法案成立
2016	•紛争地域から生まれた演劇8 リーディング上演 『白いウサギ、赤いウサギ』 『ジハード』	■パナマ文書で各国首脳等のタックスヘイブン関与が暴露 ■世界各国で「ホームグロウン」型のテロ相次ぐ	▾天皇、生前退位の意向を表明
2017	•紛争地域から生まれた演劇9 リーディング上演 『ハイル・ターイハ(さすらう馬)』 『朝のライラック(ダーイシュ時代の死について)』(初演)		

2018	**•紛争地域から生まれた演劇10 リーディング上演 『コモン・グラウンド』 『これが戦争だ』**

＊国際問題と日本の出来事は、吉川弘文館「世界史年表・地図」（2018年）の「重要事項」に基づく。

本書に登場する国・地域（旧名を含む）

アフリカ

- アルジェリア
- ウガンダ
- エジプト
- エチオピア
- カメルーン
- 北アフリカ
- スーダン
- チャド
- チュニジア
- ナイジェリア
- ニジェール
- マリ
- 南アフリカ
- モロッコ
- リビア
- ルワンダ

中東

- アフガニスタン
- イエメン
- イスラエル
- イラク
- イラン
- 北キプロス・トルコ共和国
- シリア
- トルコ
- パレスチナ（ガザ地区、ヨルダン川西岸地区）
- ヨルダン
- レバノン

アジア

- インド
- インドネシア
- 韓国
- カンボジア
- シンガポール
- タイ
- 中国
- 日本
- ネパール
- パキスタン
- バングラデシュ
- フィリピン
- ベトナム

太洋州

- オーストラリア

＊地域区分は、外務省ホームページに倣った。

北米

- アメリカ
- カナダ

中南米

- ブラジル
- ボリビア

欧州

- アイルランド
- アブハジア自治共和国
- アルメニア
- イギリス
- イタリア
- ウクライナ
- オーストリア
- オランダ
- カザフスタン
- キプロス共和国
- ギリシャ
- クロアチア
- コソボ
- ジョージア
- スイス
- スウェーデン
- スペイン
- スロバキア
- セルビア
- セルビア・モンテネグロ
- ソヴィエト連邦
- チェコ
- チェチェン自治共和国
- ドイツ（西ドイツ、東ドイツ）
- ノルウェー
- ハンガリー
- フランス
- ブルガリア
- ベルギー
- ポーランド
- ボスニア・ヘルツェゴビナ
- ポルトガル
- マケドニア
- 南オセチア自治共和国
- モルドヴァ
- ユーゴスラヴィア連邦
- ルーマニア
- ロシア

執筆者プロフィール（掲載順）

曽田修司（そた　しゅうじ）
跡見学園女子大学マネジメント学部教授（二〇〇二年〜）。二〇〇九年十一月より、国際演劇協会日本センター事務局長。公益社団法人化（二〇一三年）を機に同センター常務理事／事務局長。社会デザイン学会などの学会役員や複数の自治体の文化審議会等の委員を務める。

林英樹（はやし　ひでき）
早稲田大学在学時に演劇集団アジア劇場設立。劇作・演出担当。その後、テラ・アーツ・ファクトリー創立・代表。公演だけでなく演劇を介した様々な交流事業や演劇ワークショップを国内外で実施。国際演劇協会日本センター理事。「紛争地域から生まれた演劇」総合プロデューサー。

鴻英良（おおとり　ひでなが）
一九四八年生まれ。演劇批評家。国際演劇祭ラオコオーン芸術監督（カンプナーゲル、ハンブルグ）、京都舞台芸術研究センター副所長などを歴任。著書に、『二十世紀劇場：歴史としての芸術と世界』（朝日新聞社）、訳書に、タルコフスキー『映像のポエジア：刻印された時間』（キネマ旬報社）、カントール『芸術家よ、くたばれ！』（作品社）など。

關智子（せき　ともこ）
早稲田大学他非常勤講師、早稲田大学演劇博物館招聘研究員。専門は演劇学および戯曲理論（特に九〇年代以降のイギリス演劇）。「紛争地域から生まれた演劇」シリーズアドバイザリー・グループメンバー。ナシーム・スレイマンプール作『白いウサギ、赤いウサギ』翻訳。

宗重博之（むねしげ　ひろゆき）

一九七八年に「黒色テント68／71」に参加。旧西ドイツ留学や、セルビア在外研修などを通じ、ヨーロッパ大陸における演劇交流を深める。近年ではタイ、韓国、フィリピンに加えて、ベトナムの演劇事情の研究に着手し、西欧演劇の受容ではない、双方の表現欲求が交錯する場と関係づくりに力を注いでいる。劇団黒テント所属。壁なき演劇センター理事。

坂手洋二（さかて　ようじ）

劇作家・演出家。一九八三年に燐光群を旗揚げし新作を発表し続け、国内外で翻訳・上演もされている。日本劇作家協会理事。日本演出者協会副理事長。国際演劇協会日本センター理事。作品に『くじらの墓標』『神々の国の首都』『天皇と接吻』『ブラインド・タッチ』『屋根裏』『だるまさんがころんだ』『星の息子』『カウラの班長会議』など。

七字英輔（しちじ　えいすけ）

一九四六年生まれ。都立西高卒。季刊「is」（ポーラ文化研究所）編集長を経て、演劇評論家。著書に『演劇は越境する』（三一書房）、『ルーマニア演劇に魅せられて』（せりか書房）などがある。二〇一四年まで読売演劇大賞選考委員。二〇〇三年より国際演劇協会日本センター刊「国際演劇年鑑」で東欧の演劇事情を紹介。「紛争地域から生まれた演劇」プロジェクト創立およびアドバイザリー・グループメンバー。

新野守広（にいの　もりひろ）

一九五八年生まれ。国際演劇評論家協会（ＡＩＣＴ）日本センター元会長。ドイツ語圏の演劇の翻訳・研究に携わる。著書に『演劇都市ベルリン』、『知ってほしい国ドイツ』。訳書に『ポストドラマ演劇』（共訳）、『最後の炎』、『ガウク自伝』など多数。第2回小田島雄志・翻訳戯曲賞受賞。立教大学教授。

細田和江（ほそだ　かずえ）

中央大学大学院総合政策研究科博士後期課程修了（博士）。イスラエルとパレスチナの文学・文化研究が専門。現在は人間文化研究機構人間文化研究推進センター・研究員、東京外国語大学アジア・アフリカ言語文化研究所・特任助教。論文「ヘブライ文学からイスラエル文学への系譜」（『ユダヤ・イスラエル研究』30号、二〇一六年）など。

鵜戸聡（うど　さとし）
鹿児島大学法文学部人文学科准教授。アルジェリアやレバノンなどフランス語圏を中心としたアラブ＝ベルベル文学・演劇を研究。共著に『反響する文学』（風媒社）、『アルジェリアを知るための62章』『シリア・レバノンを知るための64章』（明石書店）など。

珍田真弓（ちんだ　まゆみ）
一九七四年生まれ。大阪外国語大学フィリピノ語学科卒業。在学時、文部省の交換留学制度でアテネオ・デ・マニラ大学に一年間留学し、大学卒業後は四年間のマニラでの就業経験を経て、フリーのタガログ語通訳・翻訳者、英語医薬翻訳者に。燐光群＋フィリピン国際交流プログラム「フィリピン ベッドタイム ストーリーズ２」（二〇〇六年）で戯曲翻訳を担当。

佐和田敬司（さわだ　けいじ）
早稲田大学教授、翻訳家（湯浅芳子賞受賞）。単著『オーストラリア先住民とパフォーマンス』（東京大学出版会）、『現代演劇と文化の混淆』（早稲田大学出版部）。共編著『演劇学のキーワーズ』（ぺりかん社）など。一九九六年より、国際演劇協会日本センター刊「国際演劇年鑑」でオーストラリアの演劇事情を紹介。

村山和之（むらやま　かずゆき）
一九六四年生まれ。和光大学、中央大学兼任講師（専門は南・西アジア言語文化研究）。ヒンディー語の講座を主軸に、インド、パキスタン、アフガニスタン、イランの辺境部族地帯において宗教芸能、民俗音楽、演劇を対象とした文化研究に従事している。「紛争地域から生まれた演劇」シリーズでは『ブルカヴァガンザ』翻訳、『修復不能』翻訳監修。

河野孝（こうの　たかし）
文化ジャーナリスト・演劇評論家。一九五〇年東京生まれ。東京外国語大学アラビア語学科卒業後、七四年、日本経済新聞社入社。国際部（イラン、エジプト、英国駐在を含む）などを経て九五年から文化部編集委員として演劇、宗教分野を担当。二〇一五年に退職後、各種新聞、演劇誌、ネット媒体で執筆。

赤澤ムック（あかざわ　むっく）

劇作家・演出家・俳優。桐朋短期大学演劇専攻科中退。二〇〇三年に劇団黒色綺譚カナリア派を旗揚げ。一一年に同劇団の活動を停止して以降は作風を変え、商業演劇やミュージカル、2.5次元演劇の作・演出として幅広く活躍している。俳優としての活動は映画などの映像作品が主体。

和田喜夫（わだ　よしお）

一九五一年下関生まれ。一九八二年から十一年間、劇作家・岸田理生と共同作業。九二年アデレード、パース国際演劇祭で『糸地獄』を上演。〇一年よりオーストラリアやカナダ先住民の劇作家との共同作業を始める。「在日」の演劇人との共同作業も多い。代表作『居留地姉妹』『ウィンドミル・ベイビー』など。演劇企画集団楽天団代表。日本演出者協会事務局長。

鈴木アツト（すずき　あつと）

劇作家、演出家。劇団印象-indian elephant-主宰。『グローバル・ベイビー・ファクトリー』で劇作家協会新人戯曲賞最終候補作、『青鬼』で若手演出家コンクール優秀賞、観客賞受賞。二〇一六年、『The Bite』（英訳版青鬼）と『Global Baby Factory』が英語に翻訳され、ロンドンで上演される。韓国やタイの演劇祭でも作品を上演している。

中津留章仁（なかつる　あきひと）

一九七三年三月生まれ、大分県出身。TRASHMASTERS主宰。現代社会の抱える問題点と、そこで生きる人々の骨太で硬質な人間ドラマを描く。近年では劇団外への執筆等も多く手掛けている。主な作品『背水の孤島』『そぞろの民』『極東の地　西の果て』『奇行遊戯』『来訪者』『埋没』など。主な受賞歴　紀伊國屋演劇賞個人賞、千田是也賞、読売演劇大賞選考委員特別及び同優秀演出家賞、など。

杉山剛志（すぎやま　つよし）

一般社団法人壁なき演劇センター代表理事。演出家。ユーリー・エリョーミン氏に師事しロシア国立Mossovet劇場で研修演出家として演出を学ぶ。国内外で俳優育成や、演劇ワークショップも実施。セルビア五都市ツアー、ベトナム国際演劇祭（最優秀演出家賞受賞）、南東欧三ヵ国五都市ツアー、ベトナム国立青年劇場との共同制作など海外での公演や共同制作も行なっている。

公家義徳（こうけ　よしのり）

東京演劇アンサンブル所属。俳優として十一ヵ国二十都市での海外公演（うち八ヵ国十一都市での主演公演）を経験。二〇〇七年以降演出家としての活動を中心とし、ドイツ現代演劇作品や学校公演作品などを手掛ける。高校演劇の審査員やワークショップ講師なども精力的に行い、二〇一六年にはパレスチナのイエスシアターとの共同作品・共同演出を果たす。演出者協会国際部所属。

広田淳一（ひろた　じゅんいち）

一九七八年東京生まれ。劇作家・演出家、アマヤドリ主宰。二〇〇一年に劇団を旗揚げして以降、ほぼ全作品で脚本・演出を担当。劇団活動を中心に全国各地で公演を行う。また、頻繁にワークショップを開催し、「演技のためのジム」を主宰するなど演技トレーナーとしても精力的に活動している。

伊藤大（いとう　まさる）

東京大学卒業後、劇団青年座に入団。一九九五年文化庁在外派遣研修によりパリ留学。帰国後『ジャンナ』（A・ガーリン作）の演出により注目を集める。『THAT FACE―その顔』（P・ステナム）にて第15回千田是也賞を受賞。以後、『LOVE,LOVE,LOVE』（M・バートレット）、『世界へ』（J・ポムラ）など。

立山ひろみ（たてやま　ひろみ）

一九七九年宮崎県生まれ。劇作家、演出家。東京学芸大学卒。黒テントを経て、ニグリノーダ主宰。二〇一五年より宮崎県立芸術劇場演劇ディレクター。主な作品に『帝国の建設者』（演出）、『楽園』『オイコス・ノモス』『おぐりとてるて―説経節「小栗判官照手姫」より―』『アリス』『河の童―かわのわっぱ―』（以上作・演出）など。日本劇作家協会会員。

シライケイタ（しらい　けいた）

一九七四年生まれ。温泉ドラゴン代表。九八年に蜷川幸雄演出、「ロミオとジュリエット」で俳優デビュー。一一年より劇作と演出を開始。社会的なテーマのオリジナル作品から、映画や小説の舞台化まで幅広い創作活動を行う。一五年、韓国密陽演劇祭で戯曲賞。一八年、第25回読売演劇大賞杉村春子賞。一八年より、セゾン文化財団シニアフェロー。

瀬戸山美咲（せとやま　みさき）

ミナモザ主宰・劇作家・演出家。代表作に『ホットパーティクル』『指』『みえない雲』など。二〇一六年、『彼らの敵』で第二十三回読売演劇大賞優秀作品賞受賞。さいたまネクスト・シアターØで上演した『ジハード』でも演出をつとめる。劇団外の活動として日英合同プロジェクト『ヒロシマの孫たち』の脚本などがある。

千徳美穂（せんとく　みほ）

早稲田大学第一文学部演劇専修卒業。在学中、タイ国タマサート大学に一年間留学。二〇〇〇年十一月より一年間、タイ国文化センター公演部客員研究員としてバンコクに滞在、タイの現代演劇について調査研究。以降、フリーのコーディネイターとして、アジアと日本の舞台芸術交流に携わる。

後藤絢子（ごとう　あやこ）

一九八二年仙台生まれ。結城座、静岡県舞台芸術センター（SPAC）制作部、バイエルン州立レジデンツ劇場でのドラマトゥルク研修を経て、現在国際演劇協会日本センター勤務。翻訳戯曲に「紛争地域から生まれた演劇5」で紹介されたアフガニスタン人権民主主義連盟『修復不能』ほか。

小田切ようこ（おだぎり　ようこ）

東京藝大美術学部大学院修了（日本画専攻）。パリ国立高等装飾美術学校舞台美術科卒。太陽劇団の映画『モリエール』美術スタッフ。『風と共に去りぬ』（帝劇）、『ベニスの商人』（前進座）、『兵士の物語』（YPA）など、美術衣裳デザイン多数。公共空間の環境美術計画、個展・公募展で作品発表。九五—〇九年ITI日本センター事務局長。

紛争地域から生まれた演劇

Theatre Born in Conflict Zones

Edited by Japanese Centre of International Theatre Institute

Supervised by Hayashi Hideki and Sota Shuji

発行	2019年8月8日　初版1刷
定価	3600円＋税
編者	© 国際演劇協会日本センター
責任編集	林英樹・曽田修司
発行者	松本功
ブックデザイン	中垣デザイン事務所＋三好誠
印刷・製本所	株式会社 シナノ
発行所	株式会社 ひつじ書房
	〒112-0011 東京都文京区千石2-1-2 大和ビル2階
	Tel.03-5319-4916　Fax.03-5319-4917
	郵便振替 00120-8-142852
	toiawase@hituzi.co.jp　http://www.hituzi.co.jp/

ISBN978-4-89476-948-9